一跃七年

李毓良 / 著

21 二十一世纪出版社集团
21st Century Publishing Group

图书在版编目（CIP）数据

一跃七年 / 李毓良著 . -- 南昌：二十一世纪出版社集团，
2016.4

ISBN 978-7-5568-1807-5

Ⅰ . ①一… Ⅱ . ①李… Ⅲ . ①体育课—教学研究—中学
Ⅳ . ① G633.962

中国版本图书馆 CIP 数据核字 (2016) 第 081132 号

一跃七年　　　　　　　　　　　　　　　　　　　李毓良 / 著

责任编辑 敖登格日乐
出版发行 二十一世纪出版社集团
　　　　　（江西省南昌市子安路 75 号　　330009）
　　　　　www.21cccc.com.　cc21@163.net
出 版 人 张秋林
经　　销 新华书店
印　　刷 河北环京美印刷有限公司
版　　次 2019 年 4 月第 1 版第 2 次印刷
开　　本 720mm×1000mm　1/16
印　　张 18
字　　数 260 千
书　　号 ISBN 978-7-5568-1807-5
定　　价 36.00 元

赣版权登字—04—2016—355
如发现印装质量问题，请寄本社图书发行公司调换 0791-86524997

目　录

自　序

　　2000 年我大学毕业后回到了母校——北京市昌平区第二中学，成为了一名中学体育教师。2003 年 12 月我有幸参与学校课余田径训练工作，和我的恩师——马思勇老师一起工作。马老师作为一名中学体育教师，兢兢业业工作近三十年，在中学生课余田径训练领域，取得了骄人的成绩和至高的荣誉。他先后培养出十名国家一级运动员，在国内外重大赛事中多次获得金牌。因为马老师工作业绩突出，他被评为北京市特级教师，并享受国务院政府津贴；获得"全国优秀教师""全国百名优秀体育教师""全国体育卫生先进个人""全国体育传统项目学校先进工作者"等称号；在中华人民共和国成立 60 周年庆典中，他作为基层体育工作的杰出代表，站在国庆游行队伍的彩车上，接受祖国人民的检阅。

　　我作为马思勇的学生，并且有幸和他在中学体育教师的岗位上并肩工作，感到无上荣幸。马老师对待工作的态度是我学习的榜样，他所取得的成绩和荣誉也成为我工作的奋斗目标。2003 年参加学校课余田径训练工作后，在马老师的指导和帮助下，我的训练工作逐渐有了起色，所带队员在参加北京市中学不同级别的跳远和三级跳远比赛中摘金夺银拿名次。2010 年我训练的队员李晨东，在北京市中学生田径运动会高中男子跳远项目比赛中夺冠，并达到国家一级运动员标准。这是他在 2009 年三级跳远成绩达到国家一级运动员标准后的又一个达到一级运动员标准的项目。他成为我校有史以来第一位"双料"国家一级运动员。

在课余田径训练工作中，我不仅带出了李晨东这样的达到国家一级运动员标准的队员，也带出高中年级的马战山、库振华、李雪艳，初中年级的李金焱、李怡蒙等很有发展前景的后备队员。在马老师的榜样力量鼓舞下，我的课余田径训练工作不断向新的目标迈进。

2010 年 8 月，新学年开学前，学校安排我新的工作，从此离开了深深眷恋的课余田径训练岗位。

回忆七年的课余田径训练工作，在马老师的帮助和指导下，我学习到了很多有益的知识，也取得了喜人的成绩。在这七年时间里，我和我的队员同甘共苦，在自己不断进步的同时也见证了他们的不断成长，彼此之间建立了深厚的师生情谊；我的家人为支持我的课余田径训练工作，默默地奉献，减少了我的后顾之忧；我为队员取得优异成绩而欣喜、为队员不服从管理而恼怒、为队员受伤而哀愁、为与队员欢聚一堂而快乐，……当我把训练队交还到马老师手里的那一刻，我的难分难舍之情油然而生，心里觉得无比惆怅。在走出运动场的一刹那，我终于忍不住让眼泪涌了出来，……

虽然离开课余田径训练岗位已经整整五年了，但是那段岁月给我留下的美好记忆却终生难忘。在怀恋那段时光的同时，我的心里也总涌出一种未竟之情，感觉应该对自己的七年课余田径训练工作做一总结。于是我利用闲暇，对有关跳远和三级跳远项目的专业知识，以及七年课余田径训练工作的一些感受做了整理，就算是和眷恋的岗位再做一回亲密的接触吧！

最后，我还要特别感谢昌平二中王志强校长，支持并鼓励我将文字整理成册，为教师的发展搭建了更大的平台，让一名普通教师在专业道路上走得更高、更远！

第一章　担任课余田径教练员

进入课余田径训练队工作的背景

马思勇老师是我人生中遇到的最重要的一位老师，他是北京市昌平区第二中学的一名体育教师，是学校培养出的第一位享受国务院特殊津贴的特级教师，国家级优秀体育教师、优秀教练员，还担任中国中学生体育协会田径分会教练委员会副主任。2012年退休时已获得诸多荣誉。马老师从教三十多年，始终奋斗在教学一线，并常年坚持中学生课余田径训练工作，先后培养出国家一级运动员十人，向清华、北大等知名高校输送了近百名体育特长生。他培养的体育特长生曾在世界、亚洲中学生田径运动会上屡次摘金夺银，成绩显赫。在三十多年的教学实践过程中，马老师形成了其独特的教学思想和教学风格，他的著作及论文有很高的学术价值，屡屡获奖。

2000年我从首都体育学院体育系本科毕业后，回到了母校北京市昌平区第二中学担任体育教学工作，成为了一名体育教师。无论是在校人数还是办学质量，我的母校在昌平区为首屈一指的完全中学。特别是中学生课余田径训练工作，成绩显赫，在全国乃至世界中学生田径运动会的赛场上摘金夺银。上世纪90年代，昌平区第二中学先后被授予国家级田径传统项目学校和国家级培养体育后备人才试点学校的称号（后更名为奥林匹克教育学校培养体育后备人才基地学校）。

学校的体育组分为训练组和教学组。训练组的教师在做好体育课教学工作的同时主抓学校的课余田径训练，我所在的教学组在做好体育教学工作的同时主抓足球、篮球、乒乓球、健美操等课余训练工作。遇有学校重大集体活动，需要所有体育教师参与时，由两个组长协调解决。

多数情况是由教学组长统一指挥安排。为了让训练组教师能有更多精力投入到训练工作中，学校适当地减少了训练组教师体育教学的课时数。

训练组和教学组的教师是分开办公的。因为我是马老师的学生，且曾经作为一名体育特长生在他的训练队训练，我们师生之间的感情非常深，所以我经常到马老师所在的训练组办公室和他聊天，听他讲一些带队经验和外出比赛的奇闻趣事。

在昌平区的中学里，如果能够成为二中课余田径训练组的一名体育教师，是非常荣耀的事情。中学时代我曾作为一名体育特长生在学校的特长班学习，如今若能以二中体育教师的身份带领自己的队员到赛场去拼搏，对我来说是一种无尚的荣耀。

2001年，在参加工作一年以后，我向马老师表露了想加入到田径训练组的想法。马老师对我有这方面的志向感到高兴，然后他向我介绍了学校田径队的发展过程。1984年学校开始招收体育特长生后，在竞技体育方面取得了优异的成绩，1988年昌平县教育局决定在我校设立特长班，面向全县招收文、体特长生。体育特长班的师生，在待遇和奖励方面都有专门的政策。考虑到待遇和奖励方面的平衡，学校安排几乎所有体育老师都带田径队训练，有的训练项目还分为男、女队。可是经过一段时间以后，田径训练队的竞赛成绩不但没有提高，甚至还出现了下滑。于是校领导决定调整，确定学校的课余田径训练分为短跑、中长跑、投掷和跳跃四个项目组，由四名体育教师各带一个项目组，学校"一把手"直接管理。马思勇老师任训练组组长，负责跳跃项目的训练工作。此后，虽然各项目组的教师多次调整，但四个项目组的框架一直没有变动，这也是二中课余田径训练工作能够取得骄人成绩的重要保障。如今二中的课余田径训练兵强马壮，人才济济，已经成为昌平区中小学竞技体育的一面旗帜。在这样的情况下，学校对田径训练组是不会轻易调整的。

为了不影响我的积极性，马老师鼓励我多向教学组长王世国老师多多学习，把教学工作做扎实，在与王老师一起管理学校男子篮球队的工作中，注意学习并积累带队经验。一旦有机会，一定把我想加入训练组的想法向学校领导汇报。在王老师的帮助和指导下，我在体育教学方面迅速成长，很快便承担了区级的研究课和公开课。

2002年，与马老师的一次聊天中，他向我透露为了给年轻人创造锻炼的机会，准备把自己所带的跳跃项目中的跳远和三级跳远项目交给比我早参加工作的他的另外一位学生，而他自己专攻跳高项目。马老师这样做，对他自身来讲等于主动放弃很多比赛获奖的机会，因为当时跳远项目还有相当优秀的队员，如跳远成绩在7米以上接近国家一级运动员标准的王超等。马老师为了培养年轻人，能够做出这种利益割舍，令我十分钦佩和感动。

2003年6月17日，学校组织我们与兄弟学校教工打了一场篮球比赛。在比赛中我受了很严重的伤，用积水潭医院一位骨科大夫的话说，"我做骨科大夫很多年了，除了严重的车祸，我还没有见过打球摔成你这样的"。经过专家会诊，决定采取保守治疗回家静养。经过五个月的休养，身体恢复得不错，给我做复查的大夫都表示我的伤是他们治疗过的病人中恢复最快的。当然，之所以恢复的快，与我妻子（当时她还只是我的女朋友）的精心照顾密不可分。11月初我到单位报到，重新回到了工作岗位。

此时学校已经启用了新的办公楼，我仿佛到了一个陌生的环境。原来我所在的办公楼已经改为学生宿舍，训练组搬到操场北侧的器材室旁，教学组搬到操场南侧的体育馆处。我们教学组又新来了两位老师。

回到学校重新开始工作不久，一天，马老师找我说，学校准备对体育训练组的人员进行调整，如果你对田径训练工作依旧感兴趣的话，可以向学校领导申请参与田径训练工作。于是我连夜写了申请书，表达了我的愿望。

2003年12月25日马老师找我到他的办公室，比马老师年长的中长跑项目教练员王宗述老师也在场。马老师对我说："带队训练工作比较辛苦，特别是中长跑项目需要经常带学生到校外做耐力训练。学校考虑到王老师年龄比较大，决定对王老师的工作进行调整，由你来接替王老师的中长跑训练工作。明天是一年一度的区中小学生冬季长跑比赛，比赛结束后你们就交接工作。"马老师的话令我欣喜万分，自己的愿望终于得以实现。

随即王老师主动和我调换了办公室，并把训练计划交给了我。下午的训练一开始，他就把我介绍给中长跑训练队的队员，并说明了更换教练员的原因。由于明天就要参加全区中小学冬季长跑比赛，所以这一天没有安排训练内容，王老师嘱咐大家早点休息，准备好比赛的证件、号码等。中长跑训练队曾培养出许多优秀运动员，能成为中长跑训练队的教练员我非常荣幸。当晚，我仔细地研读了王老师交给我的训练计划。

第二天上午的比赛非常顺利，实现了预期目标。比赛后恰逢周末，按照王老师的计划，队员休息两天，下周一再开始训练。我也利用两天的休息时间抓紧充实自己的专业知识。

周一一早我来到了和马老师共用的办公室，我刚把屋里的卫生收拾好，马老师就来了。他一进门就对我说："毓良，你坐下，我和你说点儿事情。"接着他向我讲了学校田径训练队更换教练更深层次的原因。

区里每年召开春、秋两次全区中小学生田径运动会。秋季运动会比赛项目少，且不设集体项目，所以各学校的重视程度不高。就拿我校而言，只把秋季运动会当作练兵，主要派年龄小、比赛机会少的队员参加。而春季运动会则不同，它是检验各学校课余田径训练工作开展情况的重要机会，从上到下都非常重视。

因特殊的招生政策，上级将我校和六中体校的初中组设为对抗组，另取成绩和名次。两所学校的学制和学生的培养方向不同，所以相对于初中组，我校更看重高中组。自 1984 年我校开始招收体育特长生以来，近二十年的时间从没有让高中组团体总分冠军的荣誉旁落过。2003 年受"非典"影响，区教委把春季运动会的比赛时间改在了 10 月份举行。在这次运动会上我校高中组团体总分以近百分之差输给了主要竞争对手，这让全区关心课余田径训练的人士感到震惊。为此，区教委副主任等相关领导，数次来学校了解此次比赛失利的原因。

一场比赛为什么能引起这样大的震动呢？主要有以下原因：第一，我校是国家级田径项目传统学校、培养体育后备人才试点学校，是昌平区课余竞技体育训练的一面旗帜。第二，我校体育特长生享受初中全区招生、高中全市招生的特殊政策；每年都有专项资金投入，训练条件是全区最好的；学校为教练员减少体育课教学的工作量，保障训练时间，鼓励并创造机会让教练员外出学习和培训，根据比赛成绩给予物质奖励等。第三，区教委把我校输送优秀体育特长生人数，作为奖励的一项标准；我校是完全中学，从初一到高三有六年时间培养运动员，在体育人才的储备和培养方面具有得天独厚的优势。所以，比赛不能输，也输不起。

学校对本次比赛的失利进行了认真总结，决定采取两步走的战略。第一步，调整教练员队伍，吸收新鲜血液；第二步，调整训练项目，加强内部竞争机制。学校决定由我来接替年龄较大的王宗树老师中长跑项目的训练工作，这属于学校战略第一步的内容。关于调整训练项目，加强内部竞争机制，学校的安排是，从下一学年招生开始，如果投掷项目没有优秀生源，将取消该项目，改招短跑项目的学生。短跑项目训练队由原来的一支改为两支。这也是考虑到学校受场地条件的限制，不适合再发展投掷项目。短跑在各级比赛中设立项目较多，还有双倍积分的集体项目，而且短跑与跳远项目的招生选才有许多类似之处，从招生选才开始就让几支训练队加强竞争，有利于提高短、跳项目实力，培养高、精、尖运动员。

听了马老师的这些话，我感到自己的压力很大。然而让我没有料到的是，他又对我说："毓良，我决定让你带跳远项目的训练队。"这个决定让我很吃惊！看到我的样子，马老师不慌不忙地向我做了解释。

首先，学校对训练组人事调整后，马老师考虑跳远项目和跳高项目有很多类似之处，相对于其他几个项目，身体素质和技术要求非常高。从学校课余训练长久发展着想，他更希望我来带着个项目，经过再三考虑，最终决定安排我做跳远项目的教练员。其次，他还有不到十年的时间就将退休，退休之前想在跳远项目培养接班人，他左右衡量之后觉得我更为合适。第三，在课余训练的圈子里能立得住就必须要有业务能力，现在的跳远训练队近乎于一张白纸，正是展现能力的大好机会。

听了马老师的话，我痛快地答应接手跳远训练队的安排。随后，马老师说，接手跳远项目的训练，困难可能远远超出我的想象，他将全力以赴帮助我。

当天下午，组内召开全体教练员会议，当晚又召开全体运动员会议，落实工作安排。就这样，从 2003 年 12 月 29 日起我成为了昌平二中跳远和三级跳远项目的教练员，从此开始了我七年的中学课余田径训练的教练员生涯。

旧貌换新颜——开始重新打造训练队

我接手跳远训练队以后，才深深地体会到马老师所说的"困难可能要远远超出想象"这句话的含义。

首先，这支训练队是"一穷二白"。队内共有学生13人，但是运动成绩能达到国家二级运动员水平的一个没有，甚至能在区运动会保证拿个冠军的人也没有。要知道，我们可是享受特殊政策的田径传统项目学校。

其次，我没有发现有较大发展潜力的队员。队员在身体形态上没有几个特别顺溜的，个别队员的脚呈明显的大外八字形。一次我与同在二中工作的妻子聊天，当我提到接手的这些队员时，妻子对我说："真的不想打击你，你的这些队员我在操场上都见过了，单从身材上说，有很多队员是我这样的一个外行都不敢恭维。"接手跳远训练队时，我还收到某个学生家长写的承诺书，承认这个学生在心脏功能方面有一些问题，但还是希望孩子继续参加训练，如果出现不良后果责任自负。我看了后心里说"天哪，怎么可能！"

第三，身体素质整体偏弱，专项运动能力不突出。我在接手队伍后给队员进行了30米计时跑、100米计时跑、后抛铅球、4~6步助跑五级单足跳以及半程助跑跳远等几项身体素质和专项能力测验。并用较轻的杠铃进行快推、抓举、弓步跳、半蹲跳练习，还有台阶换腿跳、腹背肌徒手练习等。在速度、力量、柔韧性方面、专项跳跃能力方面、动作技术规范性方面，队员表现出的欠缺较多。

第四，队伍纪律涣散，队员有抵触情绪。仅2003年12月27日至2004年1月27日一个月的时间里，队员因各种原因未能参加训练的人次高达66次之多，没有出现过一天的全勤，这还不包括我外出参加教练员培训，队员自己练习的时间。队员训练的惰性很强，特别是在做循环项目的练习时躲着我，你在东他们就在西，只要看不住或不催促，练习的密度就保证不了，更不要说练习的技术动作质量。在练习的组间休

姓名	性别	30米	100米	后抛铅球（米）	4~6步助跑五级单足跳（米）	半程助跑跳远（米）
焦春媛	女	4″41	14″58	9.4	15	4.4
侯婉菲	女	4″50	14″11	7.4	12.6	4
钟冉	女	4″26	13″37	8	14	4.3
方芳	女	4″69	15″13	7.6	14.1	4.2
佟祎	女	4″71	15″19	7	12.5	4
刘少波	女	4″63	15″51	5.4	11.6	3.5
王阔	男	4″08	12″04	10.1	15	4.4
李湃	男	4″06	12″10	10.8	17	5.5
聂彤	男	4″10	12″38	10.5	16.2	5.1
贺子龙	男	4″10	12″99	10.4	16.2	5
张弛	男	4″28	13″29	8.2	12.6	4.5
邢斌	男	4″14	12″79	8.5	13.9	4.2
孙骁雄	男	4″49	13″30	7.1	13.9	4.5

注：高中男生使用5千克铅球，女生及初中男生使用4千克铅球。数据参照《中国田径教学训练大纲》比较使用。

息时，追、跑、打、闹。同时，抵触情绪也暗暗涌动，有一种无声的语言在说"你不是在中长跑项目当教练吗？怎么又来我们跳远队了？你有何德何能啊？！"谁要是和我说话多了，就好像背叛了队伍似的。学校没有专门做股后肌群练习的器材，于是我设计了一种让队员趴在地上用收小腿抻拉橡皮条的方法作股后肌群的力量练习。为了检验练习质量，有时会用手指按压队员的股后肌群，这时在一旁练习的队员便甩出闲话："当体育老师真好，可以随便摸女生。"一次在满是器械的力量房里用杠铃进行力量训练，初中组的一名男生和一名女生在旁边追跑打闹，看着十分危险，我当场严厉批评了两位学生，结果高年级的队员对于我的批评看不过去，居然摔门而出。

我把这些情况向马老师作了汇报，他问我打算怎样处理。我说首先要和队员在思想上多沟通，知道他们在想些什么，同时也要让队员明白教练员严格要求的目的，师生间达成共识。正所谓"亲其师、信其道"。"学高为师、身正为范"，带队训练同样如此，教练员要有很好的理论知识和专业技能，同时一言一行都要注意为人师表，这样才能使队员信服。

其次，把身体条件一般、发展潜力不大，以及训练消极、屡次教育不见改进的队员调整出去。第三，在训练中逐渐形成自己的带队风格——"活而不乱，有思想地进行训练"。马老师对我的想法表示赞同，但他建议调整队员最好在一年半载以后进行，要有余地。

接手训练队一个月后，我开始要求队员写训练和反思笔记。刚开始的时候是所有队员都写，两个星期以后我看到低年级小队员只是把每天的训练内容写一遍，没有什么思想内容。于是我只让高年级的队员写，每周交给我一次，我一字一句认真读过之后，再以书面的形式反馈交流。这种做法有利于了解和掌握队伍的思想动态。

对于追跑打闹、训练偷懒等队内普遍存在的问题，除了及时制止、现场批评、纠正错误，我还告诉队员为什么要严肃地处理这些问题。例如：在处理追跑打闹问题时，我向队员说明它在训练过程中的危险性，并让他们自己体验：先用力绷紧腹肌，然后突然地发笑，肌肉明显地失去了力量，这时如果正在负重练习，练习者会很危险。另外，穿着跑鞋追跑打闹很容易给他人带来伤害。

我通过队友之间为高效完成训练任务而互相竞争，为队友精彩表现而加油喝彩等方式，活跃训练气氛，缓解疲劳，提高练习的积极性；也培养了拼搏竞争、团结友好的团队精神，队员们逐渐理解了我，积极予以配合。在组间休息时，我把队员集中在一起，分析总结练习过程中的问题，询问练习后的身体感受，表扬表现突出的队员。这不仅可以及时掌握训练效果，还有益于增进与队员的情感。

马老师常对我说，很多优秀的人才往往个性十足，有人把能够发现优秀运动员苗子，并把他们培养成高水平运动员的教练员比喻成伯乐。千里马被征服之前往往野性十足，温顺的小毛驴是无法驰骋沙场的。竞技体育运动能够培养运动员吃苦耐劳、顽强拼搏的优秀品质，也容易使其形成张扬的个性，特别是处在青春期阶段的中学生队员，叛逆心理显得更强。所以，与队员在思想上交流沟通的同时，我也找机会与队员的家长、班主任交流沟通，相互了解，齐抓共管。在最短的时间内，我和队内所有队员的家长都见了面，特别是对于个别自律性较差的队员，我多次约见家长，共同着手对孩子进行思想教育的方法。

为了提高训练课的效率，每次训练我都提前进入地下跑廊，把跑道用水浇湿，把沙坑一锹一锹地翻好、平好，练习过程中几乎不用队员平沙坑。这些细节使队员感到教练员对他们的关爱。一次和队员聊天，他们说以前挖沙坑、平沙坑的活儿都是自己干，是"被要求的"，所以总想着偷懒，不好好地干，这种心态也影响到训练。现在我这样做，队员们感觉好像有无形的力量在推动自己，觉得不好好训练过意不去。对于我做思想工作的方法，队员们认为其特点是"置之死地而后生"。先是让人一下子处于谷底，距离目标的那片天空极其遥远，然后才渐渐看到希望，而希望是要通过努力去一步步实现的，付出越多希望越大，于是也就越来越有动力。而以前他们先是被捧到天上，感觉一切都那样简单容易，继而飘飘然。结果往往是从天上跌到地上，甚至会被一脚踹到谷底。对这两种教育风格，我不能说孰优孰劣，我只能告诉队员可能你们更适合我的这种风格吧。

为了更加科学地指导队员训练，我在专业理论方面刻苦充电，找了很多跳远和三级跳远项目的教学、训练、比赛等视频，反复观看。大脑中一遍遍地过着自己队员技术动作的影像，甚至很多时候梦中都出现这些内容。功夫不负有心人，2004年开春后，两名高中女队员先后达到国家二级运动员标准，这使我和队员们都增强了信心。

教练员怎样做，做得怎么样，队员心里都有一杆秤。以下是当时的训练队队长焦春媛的训练日记所记：

2004年1月20日　　　星期二

……说实话，在您带队训练前，我给队员们开了个会。因为受一些因素影响，当时他们心里都有些不服气，担心他们会不接受您，所以我和他们讲了好多好多。那时我对自己充满了信心，认为我可以第一个接受您，而且能带领其他同学一同配合您。事与愿违，其他队员都一个个地接受您了，而我却不知是怎么回事开始对您有了偏见。还好，经过和您聊天，内心的矛盾全都解开了，感谢您对我的理解。我希望能够和您多多沟通，让我们的这支训练队更加融洽、蒸蒸日上。……

2004 年 2 月 13 日　　　星期五

力量对于咱们队来讲一直是个弱项，但经过这一段时间的练习，我感觉大家都有了很大的进步，这也正是您所希望看到的，现在至少从这一点来看您是基本成功了。

最明显的就是王阔的力量，提高得很快。以前，他一个高一男生力量练习的重量和初二女生力量练习的重量差不多，现在他有了很大的突破。而且王阔在训练态度上和以前相比也有了很大的转变，因为以前只要做力量练习，他不是这儿疼就是那儿疼，总是想着怎样偷懒，而现在他真的像变了个人似的，训练变得越来越刻苦，对自己的要求也越来越严格。……

在马老师的大力帮助下，我招收了第一批学生。并且在 2004 至 2005 年对队员做了调整，完成了跳远和三级跳远训练队的重组。

2004 年训练队重组后师生合影

前排由左至右：王雨、刘少波、侯婉菲、钟冉、李晨东　后排由左至右：王阔、张驰、刘健、孙晨超、李毓良、王欣

11

队员小档案

焦春媛：女，1987年出生。我接手训练队时她在读高二。2004年4月达到国家二级运动员标准，2004年5月17日退队，2005年高三毕业离校。

侯婉菲：女，1988年出生。从昌平区第四中学招收，我接手训练队时她在读高一。2004年达到国家二级运动员标准，2006年高中毕业考入首都体育学院。跳远最好成绩5.5米，三级跳远最好成绩11.30米。

钟冉：女，1988年出生。我接手训练队时她在读高一。2005年5月10日退队，2006年高三毕业。

王阔：男，1987年出生。从昌平区第五中学招收，我接手训练队时他在读高一。2005年达到国家二级运动员标准，2006年高中毕业考入北京体育大学。

李湃：男，1988年出生。从我校初中以优异的文化课成绩考入我校高中实验班。我接手训练队时他在读高一。2004年2月14日退队，2006年高中毕业考入某医学院。

佟祎：女，1990年出生。我接手训练队时她在读初二。2004年10月25日退队，2005年初三毕业离校。

方芳：女，1989年出生。我接手训练队时她在读初二。不久后其家长证明其不适宜参加剧烈体育运动，于2004年6月9日退队，2005年初三毕业离校。

贺子龙：男，1990年出生。我接手训练队时他在读初二。不久后其家长、班主任证明其不适宜参加剧烈体育运动，于2004年2月14日退队，2005年初三毕业离校。

张弛：男，1990年出生。我接手训练队时他在读初二。2005年达到国家二级运动员标准，2008年高中毕业考入沈阳体育学院。跳远最好成绩6.93米，三级跳远最好成绩14.60米。

聂彤：男，1989年出生。我接手训练队时他在读初二。因其酷爱篮球而无法保障正常的训练，2004年6月9日退队改练篮球，2005年初三毕业考入北京市篮球传统项目的高中。

刘少波：女，1991年出生。我接手训练队时她在读初一。2006年达到国家二级运动员标准，2006年初中毕业考入其他区的国家级田径传统项目学校。跳远最好成绩5米，三级跳远最好成绩11.30米。

邢斌：男，1990年出生。我接手训练队时他在读初一。2004年5月11日退队，2006年初三毕业离校。

孙晨超：男，1989年出生。初中时曾获北京市中学生运动会跳高项目金牌，并达到国家二级运动员标准。2004年在我校初中毕业后，从跳高项目转来。2005年跳远和三级跳远达到国家二级运动员标准，2007年高中毕业考入首都体育学院。跳远最好成绩6.94米，三级跳远最好成绩14.56米。

刘健：男，1988年出生。初中时曾获北京市中学生运动会三级跳远项目金牌，并达到国家二级运动员标准。2004年从昌平区第六中学初中毕业考入我校高中，是我带队后、也是我校建校以来第一位在三级跳远项目跳过15米的男队员，也是最让我心痛的学生，2007年高中毕业离校。三级跳远最好成绩15.05米。

马跃：女，1989 年出生。2006 年暑期由跳高项目转来，当时跳高、三级跳远两个项目都已经达到国家二级运动员标准。经过一年的训练，成为我校建校以来第一位在三级跳远项目跳过 12.10 米的女运动员。2007 年高中毕业考入中央财经大学。三级跳远最好成绩 12.13 米。

王欣：男，1989 年出生。初中时曾获昌平区中小学田径运动会三级跳远项目金牌，并达到国家二级运动员标准。2004 年从昌平区第四中学初中毕业考入我校高中，2007 年高中毕业考入首都体育学院。跳远最好成绩 6.78 米，三级跳远最好成绩 14.60 米。

刘冬：男，1988 年出生。2006 年高二时从前锋学校转入我校，当时已接近国家二级运动员标准。2007 年高中毕业离校。跳远最好成绩 6.88 米。

李晨东：男，1992 年出生。2004 年小学毕业进我校，初一开始跟随我训练，2007 年达到国家二级运动员标准，2009 年三级跳远项目达到国家一级运动员标准，2010 年跳远项目达到国家一级运动员标准，是我校建校以来第一位在两个项目上达到国家一级运动员标准的学生。2010 年高中毕业考入中央财经大学。跳远最好成绩 7.56 米，三级跳远最好成绩 15.43 米。

王雨：男，1991 年出生。2004 年小学毕业进我校，初一开始跟随我训练。2007 年初中毕业离校。

刘雨蒙：女，1992 年出生。2004 年小学毕业进我校，初一开始训练跳高项目，2005 年暑期转我训练跳远和三级跳远项目。2007 年 1 月 29 日退队，2007 年初三毕业离校。

张洁：女，1989 年出生。2005 年从昌平区第四中学初中毕业考入我校高中，2008 年 2 月退队，改练跆拳道项目。2009 年高中毕业考入沈阳体育学院。

张萌：女，1989 年出生。2005 年从昌平区第六中学初中毕业考入我校高中，进入高中后停止训练，2007 年 9 月恢复训练。2008 年达到国家二级运动员标准，2008 年高中毕业考入首都体育学院。跳远最好成绩 5.35 米，三级跳远最好成绩 11.47 米。

马战山：男，1992 年出生。2005 年小学毕业进我校，初一开始跟随我训练。2007 年 9 月因意外受伤休学至 2009 年 1 月恢复训练。2009 年达到国家二级运动员标准并升入我校高中。2010 年我离开训练队时他跳远最好成绩 6.80 米，三级跳远最好成绩 14.30 米。2012 年高中毕业考入首都体育学院。

单雪峰：男，1993 年出生。2005 年小学毕业进我校，初一开始跟随我训练，2008 年 1 月转到其他区县的国家级田径传统项目学校。

李晨：男，1992 年出生。2005 年小学毕业进我校，初一开始跟随我训练，2006 年 5 月 10 日退队，2008 年初中毕业离校。

周雪桐：女，1993 年出生。2005 年小学毕业进我校，初一开始跟随我训练，2006 年 10 月 10 日退队，2008 年初中毕业离校。

刘雪娜：女，1993 年出生。2005 年小学毕业进我校，初一开始跟随我训练，一个学期后转到体校。

赵一鲜：女，1992 年出生。2005 年小学毕业进我校，初一开始跟随我训练，训练两年后退队。

库振华：男，1993 年出生。2006 年小学毕业进我校，初一开始跟随我训练， 2009 年达到国家二级运动员标准并升入我校高中。2012 年高中毕业考入首都体育学院。

刘鑫：男，1994 年出生。2006 年小学毕业进我校，初一开始跟随我训练，半年后因其他原因退出训练队。

李雪艳：女，1993 年出生。2006 年小学毕业进我校，初一开始跟随我训练， 2009 年达到国家二级运动员标准并升入我校高中。2010 年我离开训练队时跳远最好成绩 5.17 米，三级跳远最好成绩 11.70 米。2012 年高中毕业考入首都体育学院。

李莉莉：女，1993 年出生。2006 年小学毕业进我校，初一开始跟随我训练，2008 年退出训练队，2009 年初中毕业离校。

朱思宇：女，1995 年出生。2007 年小学毕业进我校，初一开始跟随我训练，2009 年暑期退出训练队。2010 年初中毕业离校。

吕赛超：男，1992 年出生。初中时曾获昌平区中小学田径运动会三级跳远项目金牌，并达到国家二级运动员标准。2008 年从昌平区第四中学初中毕业考入我校高中，2010 年我离开训练队时跳远最好成绩 6.92 米，三级跳远最好成绩 14.30 米。2011 年高中毕业考入首都体育学院。

王禹森：男，1996 年出生。2008 年小学毕业进我校，初一开始跟随我训练，初二时跳远最好成绩 5.91 米。2014 年考入首都体育学院。

郑阔：男，1995 年出生。2008 年小学毕业进我校，初一开始跟随我训练，一年后因病不能参加剧烈运动退队。

徐盈：男，1995 年出生。2008 年小学毕业进我校，初一开始跟随我训练，一年后转到体校，后进入专业队。

王思涵：女，1996 年出生。2008 年小学毕业进我校，初一开始跟随我训练，2010 年退出训练队。

李金焱（女）、宋鑫雨（女）、李帅（男）：2009 年小学毕业进我校，初一开始跟随我训练。尤其李金焱各方面条件都不错，是我重点培养的对象。2010 年我离开训练队时，其短距离跑计时成绩已经和大她三届的李雪艳不相上下，跳远训练成绩达到 5 米。

李怡蒙（女）、毛宇彤言（女）、蒋俊超（男）：2010 年小学毕业进我校，初一开始跟随我训练。尤其李怡蒙的身体条件、脚下爆发力、训练感觉都非常好，是我费了九牛二虎之力才招进队伍的。毛宇彤言也是经过了很多波折才进入到我的训练队。

第二章 跳远与三级跳远运动简介

跳 远

一、概述

跳远是田径运动跳跃项目，又称急行跳远，由助跑、起跳、腾空和落地四个动作组成。运动员沿直线助跑，在起跳板前沿线后用单足起跳，经腾空阶段，然后用双足在沙坑落地。比赛时以跳的远度来决定名次。

二、跳远项目的起源与发展

跳远是最古老的竞技项目之一，在古希腊奥林匹克的"五项运动"中就有跳远。

跳远最初为人类猎取或逃避野兽时跨越河沟等的活动，后成为军事训练的手段。公元前 708 年为古代奥运会五项全能项目之一，距今已有两千七百多年的历史。当时跳远的设施非常简单，只是把地面的土质刨松，然后在前面放一条门槛代替起跳板。为避免落地时产生伤害事故，以后用沙坑代替了松土。

18 世纪末，法国教育家古特木斯和雅安把跳远列为锻炼身体的重要项目之一，并在他们的著作里详细介绍了跳远运动的设备和训练方法，高度肯定了跳远在人体运动中的重要作用。

现代跳远运动始于英国。在近代田径比赛中，有记载的第一个男子跳远世界纪录是英国运动员麦切尔在 1864 年创造的，成绩为 5.48 米。比蒙在第 19 届奥运会获得跳远冠军，其 8.90 米的世界纪录一直保持了二十多年，才被美国选手鲍威尔以 8.95 米的新纪录打破。

跳远的腾空动作有蹲距式、挺身式和走步式。20 世纪 70 年代出现前空翻跳远，因危险性大，被国际田联禁用。最初运动员是在地面起跳，1886 年开始采用起跳板。起跳板为白色，埋入地下，与地面齐平，长1.22 米，宽 20 厘米，距沙坑近端不少于 1 米。起跳板前有起跳线，起

18

跳线前有用于判断运动员起跳是否犯规的橡皮泥显示板或沙台。运动员必须在起跳线后起跳。比赛时，如运动员不足 8 人，每人可试跳 6 次，超过 8 人，则先试跳 3 次，8 名成绩最好的运动员再试跳 3 次。以运动员 6 次试跳的最好成绩排列名次。男、女跳远分别于 1896 年和 1948 年正式列为奥运会比赛项目。跳远在中国直至上世纪 50 年代初期才开始有较好的开展和提高，从 60 年代起，取得不少好成绩。

三、著名运动员

跳远王鲍威尔：是 1991 年东京世界田径锦标赛的跳远冠军，并以 8 米 95 的成绩打破了鲍勃·比蒙 1968 年在墨西哥城创造的世界纪录。鲍威尔还是两届奥运会的银牌得主。

一代传奇卡尔 . 刘易斯：连续参加了洛杉矶、汉城、巴塞罗那和亚特兰大四届奥运会，共获得 9 块金牌，其中在跳远项目上实现了奥运会四连冠。

中国新星李金哲：2014 年 3 月 9 日，获得国际田联室内世锦赛男子跳远银牌，成为首个站在世界最高水平田径赛亚军领奖台上的中国男子跳远选手。2014 年 6 月 29 日，李金哲以 8 米 47 的成绩获得德国巴特朗根萨尔察跳远专项赛冠军，并且打破了劳剑峰在 1997 年 5 月 28 日创造的 8 米 40 的全国纪录。

四、世界纪录与我国运动员技术等级

1. 男子：美国的迈克·鲍威尔（Mike Powell）在第三届世界田径锦标赛创造的 8 米 95。

2. 女子：前苏联的加琳娜·奇斯佳科娃（Galina Chistyakova）1988 年创造的 7.52 米。

3. 我国跳远技术等级：

男子	女子
5.60 米：国家三级运动员	4.50 米：国家三级运动员
6.50 米：国家二级运动员	5.20 米：国家二级运动员
7.30 米：国家一级运动员	5.85 米：国家一级运动员

7.80 米：国家健将级运动员　　　6.35 米：国家健将级运动员

8.00 米：国际健将级运动员　　　6.65 米：国际健将级运动员

五、跳远的运动技巧

跳远是由助跑、起跳、腾空和落地四个部分组成的。它们是一个完整的统一体。因此，正确地完成跳远技术的各个部分动作，以及实现各部分动作的有机结合是跳远技术的关键。

助跑——跑是跳的基础，跳是跑的发展与结果。跑不好，就跳不好。跳远的助跑速度与跳远成绩密切相关。跳远助跑的任务就是获得最高的助跑速度，并为准确踏板和快而有力的起跳做好技术、身体和心理上的准备。

起跳——起跳是跳远技术中难度最大和最重要的阶段。起跳的任务是在快速助跑的条件下，通过合理的起跳动作改变人体运动方向，获得适宜的身体重心腾起角度和尽可能大的腾起初速度。

腾空——起跳离地以后可以用"蹲踞式""挺身式"或"走步式"的动作使身体在空中保持平衡并为落地动作做好准备。在空中保持起跳姿势，然后两腿在体前抬起伸直落入沙坑，就是"蹲踞式"跳远动作。"挺身式"的跳法是在空中上体充分伸展或稍有挺身动作，为使动作更加舒展、自然、连贯，两臂可经身体两侧 向下后方摆，同时两膝微屈保持在空中平衡滑行，当滑行进入下落时，两臂自体侧继续向上向前绕环，同时两腿由身后摆至身前，抬起伸直，落入沙坑。有更多的运动员采用"走步式"和更接近于跑步式的动作。

落地——落地是人体腾空后到达抛物线的终点。落地的方式有侧倒式、前倒式和坐落式。

六、现代跳远技术的发展趋势

技术的速度化趋势——主要体现在具有快速的助跑速度；较高的助跑速度利用率；在跑跳结合技术方面表现出自然连贯的快节奏跑上板起跳。

合理有效的起跳技术与有力的起跳力量相结合——起跳腿较小的屈膝缓冲幅度，较强的支撑能力和快速起跳技术。

更加重视发挥摆动腿在起跳技术中的作用——突出的表现在起摆早，摆动速度快且摆动幅度大。

充分发挥个人身体素质的特点——在符合技术规范，不违背运动科学规律的前提下形成个人技术风格。

七、跳远运动的比赛规则

平局——任何平局都由比较次好成绩决出胜负。如果还不能解决问题，就比较第三好的成绩，以此类推。如仍相等，并涉及第一名者，则令比赛队员，按原来的比赛成绩，进行新一轮试跳，直到决出名次为止。

丈量尺度——跳远距离的测量是从起跳线远端量起到运动员在沙坑中留下的最近痕迹为止。如果出现非整数的情况，则长度数值应四舍五入到最接近的厘米数。

犯规——如果运动员踏过了跑道尽头的起跳线，或者碰到了离沙坑最接近标记后面的坑外场地就构成了犯规。后一种情况常常发生在运动员想伸出手支撑身体以维持平衡的时候。

风速助力——跳远的成绩在顺风风速超过 7.2 米 / 秒时不能承认为新的世界纪录。

其他规则——如果运动员在跳跃时遇到障碍，裁判员可以判妨碍并给与第二次试跳机会。运动员在比赛期间可以离 开赛区，但必须经过裁判的批准并由裁判陪同离开。比赛进行过程中运动员不能接受帮助。除非是经过指定的医务人员进行身体检查或者与不在比赛区里的个人进行交谈或其他通讯联络。裁判可以因运动员超过比赛时间限制而不按规定跳跃判罚试跳无效。如果在时间用尽前已经起跑则成绩算数。

竞赛场地——跳远的助跑至少 40 米长。犯规线是 20 厘米宽的起跳板的远端线，运动员落到长方形的柔软、潮湿的沙坑里。在跳远比赛中，沙坑离起跳板有 1 到 3 米远。起跳板远端有一道粘土制作的犯规线以辨别运动员是否在起跳时犯规。

八、犯规的判定

跳远有下列之一情况即判犯规：

1. 运动员以身体任何部位触及起跳线之前的地面；

2. 从起跳板两端之外起跳，无论是否超过起跳线的延长线；

3. 触及起跳线和落地区之间的地面；

4. 在落地过程中触及落地区以外的地面，而落地区外的触地点较落地区内的最接近触地点更靠近起跳线；

5. 离开落地区时，运动员在落地区外地面的第一触地点较落地区内最接近触地点和在落地区内因身体失去平衡而留下的任何痕迹更靠近起跳线；

6. 在助跑或跳跃中采用任何空翻姿势；

7. 还未通知试跳而进行试跳，不管是否成功，都应判该次试跳失败；

8. 无故错过该次试跳顺序；

9. 跳进沙坑之后，应一直向前走或向两侧走沙坑，如果向后走出沙坑成绩无效；

10. 无故延误时限。比赛时，运动员无故延误时间，即不准参加该次跳，以失败论处。如果在比赛中再次无故延误比赛时间，即取消该运动员的比赛资格，但在此之前的比赛成绩仍然有效。每次试跳的时限为1分钟，只有当一名运动员连续两次试跳时，其试跳时限为两分钟。在时限只剩最后15秒时，计时员举黄旗示意，当时限到时，落下黄旗，主裁判应判定运动员该次试跳失败。如时限到的同时，运动员已开始试跳，应允许其进行该次试跳。当裁判员通知运动员试跳开始后，运动员才决定免跳，当时限已过时，应判为该次试跳失败。

九、裁判员的旗示

在跳跃项目比赛中，通常有一名主裁判手中持有红、白旗帜各一面，用来示意运动员试跳是否成功。举红旗表示试跳失败，成绩无效；举白旗表示成功，成绩有效。

三级跳远

一、概述

　　三级跳远是田径项目之一，由单脚跳、跨步跳和跳跃组成。三跳顺序是一次单足跳、一次跨步跳和一次跳跃。单足跳时应用起跳腿落地，跨步跳时用另一条腿（摆动腿）落地，然后完成跳跃动作。比赛时以三跳的远度来决定名次。

二、三级跳远项目的起源与发展

　　三级跳远起源于18世纪中叶的苏格兰和爱尔兰，两地跳法不同，苏格兰采用单足跳、跨步跳、跳跃，而爱尔兰采用单足跳、单足跳、跳跃。现规定必须使用苏格兰跳法。最早的正式比赛可以追溯到1826年3月17日首次举行的苏格兰地区运动会，比蒂（Andre Beattie）创造了12.95米的第一个纪录。三级跳远是田径运动中发展较晚的一个项目，男子三级跳远于1896年被列为首届奥运会比赛项目，女子三级跳远于20世纪80年代初逐渐广泛开展，1992年被列为奥运会比赛项目。当时的最高成绩是13.71米。

　　最初的三级跳远技术是比较低级的，人们对于这项运动的技术特点认识比较肤浅，第二跳的跨步跳，仅仅是作为第一跳和第三跳的过渡。1936年日本运动员第一个跳了16米，其技术特点是第一跳跳得高而远，起跳有力，动作灵巧。但第二跳起跳迟缓，远度较短，三跳的节奏不均匀。以后各国运动员曾努力使三级跳远发展到三跳紧密衔接，没有停顿的技术阶段。巴西的一名运动员在1955年跳出了16.56米的新成绩。

　　上世纪50年代中期，前苏联运动员改进了单脚跳的技术，其特点是腾空抛物线高，交换腿的时间晚，用高摆腿的落地方式，使成绩又有新的提高。60年代初，波兰运动员跳过了17米，其技术特点是助跳速度快，腾空抛物线低，身体的向前性好，第三跳跳得远。人们在不断的运动实践中加深了对三级跳的认识。

　　我国男子三级跳远曾是很有优势的运动项目，在亚洲具有绝对优势，也取得过年度世界排名第二和第三的好成绩。但是在20世纪90年代中

23

后期，该项目的成绩与世界的差距越来越大，在亚洲也失去了优势地位。

三、著名运动员

维克托·萨涅耶夫：前苏联运动员，四次参加奥运会，夺得三金一银，在奥运史上是获三级跳远金牌最多的运动员。从 1968 年至 1976 年，他三次创造三级跳远世界纪录，连续九年在这个项目上排名世界第一。美国《田径新闻》评选他为"70 年代世界最佳男子田径运动员"

邹振先：中国著名男子三级跳远运动员，多次打破全国和亚洲三级跳远纪录。1981 年 9 月在第 3 届世界杯田径赛中以 17.34 米获亚军，并破亚洲纪录。1984 年洛杉矶奥运会获得第五名。

四、世界纪录与我国运动员技术等级

1. 男子：英国运动员爱德华兹于 1995 年 8 月 7 日在瑞典创造出 18.29 米的世界纪录。

2. 女子：乌克兰运动员伊尼莎·克拉维茨于 1995 年 8 月 10 日在瑞典创造出 15.50 米的世界纪录。

3. 我国三级跳远技术等级：

男子	女子
12.00 米：国家三级运动员	9.40 米：国家三级运动员
13.60 米：国家二级运动员	11.00 米：国家二级运动员
15.25 米：国家一级运动员	12.50 米：国家一级运动员
16.00 米：国家健将级运动员	13.30 米：国家健将级运动员
16.80 米：国际健将级运动员	14.15 米：国际健将级运动员

五、三级跳远的运动技巧

三级跳远是在助跑以后沿直线连续进行三次跳跃的一项运动。由于这项运动使下肢的负担很大，所以对身体素质的要求比其他项目要高一些。它要求运动员有快速的助跑速度和良好的弹跳力，以及强大的腿部力量。

助跑——助跑步数一般是 18~20 步，距离长达 38~40 米。与跳远助跑不同之处有：最后几步助跑步长且更加均匀；身体的前倾度比跳远较大些；起跳脚踏板的瞬间落地点较靠近身体重心投影点。助跑的速度、方法以及使用的助跑标志等与跳远助跑基本相同。

单足跳——第一跳为单足跳，身体重心的腾空轨迹比较平。保证有一定远度的基础上减少跑速的损耗。

跨步跳——第二跳为跨步跳，空中动作要求在较长的时间内保持跨步姿势。在身体向前腾越的过程中，必须注意保持较大的两大腿夹角。同时，还要尽可能延长腾空时间，以便及时开始第三跳。

跳跃——这是第三次跳跃，经过前两次起跳之后，水平速度有明显下降，因此，在第三跳中，要充分利用剩余的水平速度，尽可能提高垂直速度，以获得一个较高、较远的腾空轨迹，取得第三跳的远度。在第三跳的腾空中，最好采用跳远的挺身式或走步式姿势。这一跳的空中动作和落地技术与跳远基本相同。

六、现代三级跳远技术的发展趋势

20世纪60年代又出现了三种技术风格——"垂直式""划水式"和"跑步式"。

垂直式的技术特点，在于没有大腿高摆动作，小腿向大腿收拢，然后垂直向下落腿着地。采用这种技术风格的运动员，速度素质和速度力量素质比较突出。

划水式（这是奥卓林教授确定的术语）的技术特点，在于在大腿高摆之后，直腿以划水动作积极着地。采用这种技术风格的运动员，力量素质和速度力量素质比较突出。

跑步式的技术特点，是在三级跳远的行进过程中，快速向前推进。起跳腿以跑步动作进入起跳，上体保持跑步前倾姿势。采用这种技术风格的运动员的首要任务，是保持进入第三跳的速度。采用这种技术风格的运动员，速度素质比较突出。首先突破17米大关的，就是跑步式技术风格的代表人物——波兰运动员施米特。

到20世纪80年代又出现了跳越—跑步式，典型代表是世界纪录保持者英国的爱德华兹。1981 年，乌兹洛夫对这种技术风格进行过描述，他认为跳越—跑步式技术优于划水—力量式技术。从达到最高运动成绩的观点来看，三级跳远的跳越—跑步式技术最有发展前途。

七、三级跳远运动的比赛规则

平局——任何平局都由比较次好成绩决出胜负。如果还不能解决问题，就比较第三好的成绩，以此类推。如仍相等，并涉及第一名者，则令比赛队员，按原来的比赛成绩，进行新一轮试跳，直到决出名次为止。

丈量尺度——三级跳远距离的测量是从起跳线远端量起到运动员在沙坑中留下的最近痕迹为止。如果出现非整数的情况，则长度数值应四舍五入到最接近的厘米数。

犯规——如果运动员踏过了跑道尽头的起跳线，或者碰到了离沙坑最接近标记后面的坑外场地就构成了犯规。后一种情况常常发生在运动员想伸出手支撑身体以维持平衡的时候。

风速助力——三级跳的成绩在顺风风速超过 7.2 米 / 秒时不能承认为新的世界纪录。

其他规则——如果运动员在跳跃时遇到障碍，裁判员可以判妨碍并给与第二次试跳机会。运动员在比赛期间可以离开赛区，但必须经过裁判的批准并由裁判陪同离开。比赛进行过程中运动员不能接受帮助。除非是经过指定的医务人员进行身体检查或者与不在比赛区里的个人进行交谈或其他通讯联络。裁判可以因运动员超过比赛时间限制而不按规定跳跃判罚试跳无效。如果在时间用尽前已经起跑则成绩算数。

竞赛场地——三级跳的助跑至少 40 米长。犯规线是 20 厘米宽的起跳板的远端线，运动员落到长方形的柔软、潮湿的沙坑里。三级跳比赛中，男子比赛的沙坑离起跳板 13 米远，女子比赛则是 11 米远。起跳板远端有一道粘土制作的犯规线以辨别运动员是否在起跳时犯规。

八、犯规的判定

三级跳远有下列之一情况即判犯规：

1. 运动员以身体任何部位触及起跳线之前的地面；

2. 从起跳板两端之外起跳，无论是否超过起跳线的延长线；

3. 触及起跳线和落地区之间的地面；

4. 在落地过程中触及落地区以外的地面，而落地区外的触地点较落地区内的最接近触地点更靠近起跳线；

5. 离开落地区时，运动员在落地区外地面的第一触地点较落地区内最接近触地点和在落地区内因身体失去平衡而留下的任何痕迹更靠近起跳线；

6. 在助跑或跳跃中采用任何空翻姿势；

7. 还未通知试跳而进行试跳，不管是否成功，都应判该次试跳失败；

8. 无故错过该次试跳顺序；

9. 跳进沙坑之后，应一直向前走或向两侧走出沙坑，如果向后走出沙坑成绩无效；

10. 无故延误时限。比赛时，运动员无故延误时间，即不准参加该次跳，以失败论处。如果在比赛中再次无故延误比赛时间，即取消该运动员的比赛资格，但在此之前的比赛成绩仍然有效。每次试跳的时限为1分钟，只有当一名运动员连续两次试跳时，其试跳时限为两分钟。在时限只剩最后15秒时，计时员举黄旗示意，当时限到时，落下黄旗，主裁判应判定运动员该次试跳失败。如时限到的同时，运动员已开始试跳，应允许其进行该次试跳。当裁判员通知运动员试跳开始后，运动员才决定免跳，当时限已过时，应判为该次试跳失败。

九、裁判员的旗示

在跳跃项目比赛中，通常有一名主裁判手中持有红、白旗帜各一面，用来示意运动员试跳是否成功。举红旗表示试跳失败，成绩无效；举白旗表示成功，成绩有效。

第三章　选材工作感受

"巧妇难为无米之炊"，我参加训练工作后对这句话的感受更加深刻。很多人说成功地选材，是训练成功的一半，我个人则认为，一位教练员带出一名优秀的运动员，选材的重要性占成功因素的 70%，训练手段占 20%，其它因素占 10%。苗子优秀，练起来事半功倍。

选材标准

1. 身体形态：身材匀称，下肢稍长，全身肌肉发达、健壮，身体的围度和宽度较小，臀部肌肉紧缩呈上翘状，跟腱长而有力，踝关节围度小，脚弓高，脚趾短齐有力，脚掌富有弹性等。

2. 生理机能：体质好，心肺功能强，思维敏捷，神经系统兴奋与抑制机能均衡。家族无不良病史，自己无先天性、遗传性疾病，身体健康（入学健康检查证明），骨龄检测与出生年龄相符，最大不超过 1.5 岁。

3. 身体素质：速度、爆发力、跳跃及支撑能力突出。

4. 心理素质：注意力集中程度高，时间、空间感觉准确，表象清晰力强。对跳远、三级跳远感兴趣，积极参加训练，守纪律，有礼貌，肯吃苦耐劳，心理稳定，有拼搏精神。

5. 助跑节奏明显，快速助跑起跳能力强，各技术环节配合协调，动作幅度大，平衡能力强。

选材的实用手段与方法

一、拜访与交流

1. 主动拜访多年在中小学田径运动会比赛中取得优异成绩的学校的体育教师，他们对其校内身体条件不错、有培养潜力的学生的学习状况、遵守纪律状况、性格特征等有更多的了解，有助于招生选材的指向性。另外，主动拜访外校体育教师，可以增进彼此之间的信任和了解，有助于他们主动推荐优秀的体育苗子。例如，我带出的跳远、三级跳远双料国家一级运动员李晨东，就是他的小学体育老师推荐的。

2. 与拟招生对象谈话与交流，加深了解，为选材工作打好基础。在这个过程中可以介入遗传选材法，了解学生父母以及家族成员的身高等情况，利用隔代遗传、交叉遗传等知识，初步判断其运动发展潜质。当然，这种选材方法也不能绝对。以身高为例，它不仅受先天遗传因素的影响，也受到饮食营养、体育锻炼、运动项目、训练手段和方法等后天因素的影响。跑、跳类项目的运动员，与投掷、举重等力量型项目的运动员相比，身高和速度都占有优势。我训练的队员，到高三时男生都超过了自己父亲的身高，女生都超过了母亲的身高，甚至有的女生超过了父亲的身高。

队员身高与父母身高对比表

姓　　名	性　别	高三时的身高（厘米）	父亲身高（厘米）	母亲身高（厘米）
孙晨超	男	189	180	170
刘　健	男	185	178	165
王　欣	男	181	160	160
张　驰	男	183	170	162
李晨东	男	185	171	162
吕赛超	男	187	178	164
马占山	男	183	175	162
库振华	男	187	183	165
王禹森	男	189	173	163
侯婉菲	女	174	178	170
马　跃	女	175	179	163
李雪艳	女	170	165	160
李金焱	女	172	170	162

在同届情况下，我更愿意招收在出生年份上小一年，但在出生月份上较大的学生。因为年龄较小的学生发育得较晚一些，发展潜能更多一些；而出生的月份大，其身体在同龄人中发育早。在我们学校，以年龄来进行分组的比赛很多，所以年龄小、月份大、早上学的队员，与同龄队员相比，多了一年的系统训练，在比赛时就会有一定的优势。在上表列出的 13 名队员里，有 8 名队员属于比适龄早一年上学的，占到 62% 的比例。

通过交流观察拟招生对象的反应能力如何，属于哪种神经类型、哪种气质类型。例如在询问其父母的身高时，很多学生说不出父母的具体身高，但反应快的学生会用自己的身高做参照，表明自己已经达到父亲或是母亲身体的哪个位置。在与拟招的小学生交流时，我对他们说："你好，我是昌平二中的体育老师，能问你一些问题吗？"很多小学生都知道昌平二中在区内中小学田径竞技体育中的影响力，所以当知道我是昌平二中的体育老师时，有的学生会表现得比较兴奋，有的则比较羞涩。在言谈方面，有的学生表达清晰，说话简洁明了；有的说话吱吱呜呜。通过交流，对其反应快慢，属于兴奋型还是抑郁型，属于胆汁质还是粘液质，……可以一目了然。

通过交流可以了解拟招生对象的家长对参与课余田径训练的态度。例如，有的家长对孩子在小学时参与课余田径训练还是同意的，但到了中学担心会影响孩子的文化课学习；有的家长不想让自己的孩子吃苦；有的家长想把孩子送到市里去上学。所以对于想要招收的对象，有必要了解其家长的真实想法。

二、指标检测

指标检测是选材过程中的重要组成部分，是确定招生对象的重要参考。

1. 身体形态和身体素质检测。身体形态是体育训练的物质基础，而运动员的运动成绩的高低，与身体素质密切相关。良好的身体形态是基本的生物力学条件，而良好的身体素质是提高竞技成绩的基础，同时也能间接地反映出与素质密切相关的技能水平。前面介绍说过身体形态中的身高受遗传因素的影响很大，但也不能绝对化。同样，身体素质主要受先天遗传因素的影响，也与后天的环境、训练等因素有关。指标检测非常简便，按照相关的要求进行测量，即可得到相关的指标数据。

跳远、三级跳远队员的选材身体形态及素质检测参考指标

性别 项目	女 子					男 子				
年　　龄	12	13	14	15	16	12	13	14	15	16
身高 ±3 厘米	157	162	166	170	173	162	167	172	176	180
（下肢／身高）×100%±0.5	50	50	51	51	52	50	50	51	51	52
立定跳远 ±0.2 米	2.1	2.2	2.4	2.5	2.6	2.2	2.2	2.4	2.6	2.8
后抛铅球 ±2 米	9	10	9	10	11	10	11	11	12	12
30 米跑 ±0.1 秒	4.8	4.7	4.6	4.5	4.5	4.6	4.5	4.4	4.3	4.1
100 米跑 ±0.3 秒	13.5	13.5	12.5	12.6	12.4	13.1	12.9	12.4	12.0	11.4
五步内助跑 5 级单足跳 ±2 米	11	12	13	14	15	13	14	16	17	19
十步内助跑跳远 ±0.3 米	4.2	4.5	4.9	5.2	5.5	4.7	5.0	5.5	5.9	6.4
备　　注	铅球：男子 13 岁用 3 千克、13 岁以上用 5 千克；女子 13 岁用 3 千克、13 岁以上用 4 千克。									

2.生理和生化指标检测。包括心血管系统功能、呼吸系统功能、骨骼系统、血红蛋白等等，可以进一步判断学生的运动发展潜能。

三、经验评定

教练员把指标检测的数据和自己的经验评价有机结合起来，可使选材工作更趋合理。

1.试训。受条件的限制，不可能与拟招生对象长时间的接触，但试训是一个很好的方法。如果条件允许，可以邀请学生进行试训，对其节奏感、协调性、柔韧性和灵活性，接受能力及智力水平，跑、跳等基本

技术的合理性及熟练性，意志品质和训练作风等进行更加全面的了解和评定。

2. 名师指导。在马老师的帮助下，我在课余田径训练的各项工作中少走了很多弯路。比如在选材过程中，拿不准的问题，我都会请教马老师帮我定夺。

来自外部的竞争

在刚刚接手跳远、三级跳远训练队后，我在选材时只是根据书本上学到的那点知识，也没有实践经验，因此遇到了不少困难。

关键时刻还是马老师出手帮我了。他在参加 2004 年昌平区春季中小学生田径运动会的领队会议后告诉我，回龙观中心小学的王宏斌老师向他推荐了一名六年级的男生，因为马老师已经看好了两个男生，不想再招男生了，但马老师建议我去看看。于是我们急忙前去见那个男生，看后我觉得还不错，挺适合练跳远的，也得到了马老师的认可。那个男生表示愿意来我校上学。他就是后来成为我校第一位跳远、三级跳远达到国家一级运动员标准的李晨东。

再返回的路上，马老师告诉我，学校给每位教练小学升初中六个招生名额，初中升高中六个名额。我们招来学生就要对学生负责，要根据现实情况而定，不一定必须招满，宁缺毋滥。全队人数要保持适中，队员太多教练员照顾不过来，队员太少训练没有气氛，缺少竞争。鉴于我刚刚带队，他建议我在小学升初中的男、女生中各招收一至二人，初中升高中男、女生中各招收一至二人。他告诉我在体校的刘平老师那里有一男一女两个已经上初三的三级跳远队员，条件不错；小学升初中有条件合适的，再招一二名女生就足以了。

于是我们顺路来到了体校，见到了刘平老师，也见到了那两名队员，身体条件确实不错，我非常喜欢。

　　后来，马老师又帮我物色到了一名叫刘子扬的六年级女生，并且把准备升入高中的跳高队员孙晨超转到了我的队。至此，我已招到新初一男、女生各一名，新高一三男一女，共六名队员。

　　可事情并不一帆风顺。先是体校的那名初三女生被上一级体校招走。接着李晨东的父亲给我来电话说，东城等几所城区体校的教练员想要招收李晨东，在我苦口婆心地做了大量工作后，才决定来我们学校。刘子扬在小学毕业考试一结束就到我这里来训练了，但只训练了两天就没再来，原来她被什刹海体校招走了。

　　就这样，我最初招来的几名队员，被外单位连续抢走两个，这种事在后来的招生过程中也陆续出现过。例如，在2007年北京市一次中小学田径运动会上，当时我校初二的男生单雪峰在比赛中获得一枚金牌。比赛结束后，他就和我说有一名教练员找他做工作，想招收他去别的学校。经过了解，我知道那名教练员是通州潞河中学的。于是我故意对单雪峰说："那所学校是市重点中学，教练员是专业队下来的，你要去我不会阻拦的。"单雪峰明确表态不会离开我这里。我把此事告诉了马老师，马老师带我去见那所学校负责训练工作的组长，因马老师与其甚熟，一见面便毫不留情地说："好啊你，挖墙脚都挖到我这里了，你是要拆我的台呀？"那位组长被问得一头雾水，了解了事情的原委后，他反复向马老师道歉，并表示回去后一定要批评那位教练员。无独有偶，2008年，昌平区四中学生吕赛超已经以我校的招生指标通过北京市初中升高中的体育测试，可是在测试后不久他告诉我，顺义牛栏山的一所中学已经做通了他父母的工作，他要到那里去上学。后来经过我和其初中教练员的耐心劝说，最终留在我校。

　　这种从别人手中撬走队员的行为并非正当的竞争，是一种不道德的行为，也容易引发问题。我记得在一次北京市田径项目传统学校运动会的赛场外，一位体校女教练员狂抽撬走自己队员的外校体育教师，虽然其行为过激，但足可看出这种不正当的行为是遭人痛恨的。

来自内部的竞争

　　招生的竞争不仅来自于外部，也来自于训练组内部。在训练组里，有时候会出现几名教练员同时看中一名招生对象的情况。在训练组内，马老师经常教育我们："攻破堡垒的，往往来自于堡垒内部。团结的集体才是有战斗力的。"为了增强训练组的凝聚力，避免组内恶性竞争带来的内耗，马老师在组内制定了一条不成文的规矩。当组内有教练员同时看中一名招生对象时，只要不采用相互诋毁的手段，谁都可以去给那名学生做工作。一旦招生对象选择其愿意的项目后，其他教练员就不能再继续做工作。

　　2010年小学升初中招生时，我看好了一名六年级的女生，经过做工作，家长和学生都同意到我的训练队。按照以往的习惯，在完成春季高中会考的监考工作后，我就开始安排那些准备招收且放假在家的小学毕业生来我这里训练。那天，在完成监考工作后，我来到了田径场准备下午的训练，发现同意到我队来训练的那个女生，正在别的训练队做准备活动，他的家长也正在和那个队的教练员说话，我很是诧异。于是，我来到他们面前，向他们说明一旦学生来校，在哪个项目进行训练，是不能更改的，其他教练员也不能再继续做工作。这与学校内部训练项目之间的调整是有本质区别的。

　　当天晚上，我接到了那名学生家长的电话，他对我说，在来校训练的前一天晚上，接到了自称是昌平二中老师的电话，通知他学校统一安排明天到学校训练。他带孩子到学校以后，那个教练员接待了他，并且让孩子跟随他的队一起训练。他对我校的招生原则并不清楚。孩子知道了这些情况后明确表示，只进我的训练队。

　　听了家长解释，我清楚了事情的原委。首先，我自责没有提前告知学校的招生原则。其次，是个别教练员在暗中搞鬼。但是，出于大局考虑，我还是真心劝说家长，让孩子到那位教练员的队里去训练。

　　第二天，我把这件事情告诉了马老师。就在我们说这件事情的时候，学校的一名老教师也来找我们说这件事。原来，那个孩子是这位老教师的亲戚，昨天孩子给她打电话说了此事，并明确表示只愿意到我的队来训练。我虽有些为难，但出于大局的考虑，还是没有同意孩子来我的队训练。

过了几天，负责训练工作的校领导对我和马老师说，学校要求必须由我的队来接收这名学生，其它问题暂时搁置。对于学校的决定，我和马老师都表示服从。

来自学校的压力

学校领导是教师队伍的车头，学校的规章制度是铁轨。在学校，老师的工作如果没有学校的制度保障，没有学校领导的全力支持，很难顺利开展并取得优异成绩。

2004年我第一次招生的时候，一名小学六年级毕业的女生被我看好，虽然还没有接到我校的录取通知书，但已经在我这里训练两天了，后来却被什刹海体校给挖走了。在女生决定离开之前，学校的一位刚刚退休的老教师来找过我，她是这名女生的亲戚。她对我说那个女孩想离开我们学校到别的学校，并且她已经找过负责教学的校长了。我问她校长是什么意思，她说校长不管，全听你们教练员的。我和马老师苦口婆心地给这位老教师做工作，希望她能帮忙挽留住孩子。但最终那名学生还是去了什刹海体校。

2007年李晨东初中升高中时，由于他的中考成绩距离学校内定的体育特长生录取分数线差了几分，最终只能以借读生的身份留在学校读书训练，直到他以国家一级运动员的身份考入中央财经大学。

同样是在2007年，刘健受伤后没有听我的劝告办理休学，他以应届生的身份重读一年后参加了第二年的高考，最终没有考入理想的高校。当他找学校申请复读时，学校领导要求我必须做出书面承诺，保证刘健在下一年的高考中一定能够考上大学。这一年，学校正在大刀阔斧地对教师队伍实行淘汰政策。我不敢保证刘健来年肯定能考上大学，也不敢保证来年学校不会因此而不把我淘汰，所以我选择了放弃。每每想到这些，心里一直难以平静。

2009 年，库振华、李雪艳两名队员初中升高中。这两名队员都是很有实力和潜力的，他们俩在初中时就已经达到国家二级运动员的标准。学校在制定本年度初中升高中体育特长生招生政策前，所有的校领导、主管体育训练的领导和所有教练员在一起进行商讨，最终确定了当年的招生政策。按照学校制定的招生政策，库振华和李雪艳考上我校高中是没有任何困难的。这年暑假，我们到四川参加每年一届的全国中学生田径锦标赛，在返京的火车上，马老师告诉我，学校打来电话说，库振华、李雪艳不够获得我校初中升高中的体育特长生录取资格，不会被学校录取。我当时感觉好像是被打了一闷棍。一路煎熬回到了北京。我回到学校后的第一件事是给主管体育训练的领导打电话，想问清楚是怎么一回事，可他让我去问主管教学的校长，说招生的事情都由教学校长负责。于是我打电话给教学校长，教学校长说他不负责体育特长生的招生，让我还是去找主管体育训练的领导。于是我又找主管体育训练的领导，他告诉我，现在所有的招生信息都汇总到了教学校长那里，他现在管不了，还是要去找教学校长。于是我再回过来找教学校长，并把主管体育训练的领导的话转述给他，他说，学生信息确实在他这里，但他只是统计信息，不负责体育特长生的录取，让我去找主管体育训练的领导。

我像一只皮球一样被踢来踢去。无奈之下，我只得给校长打电话，我说："我非常着急。我的两个队员培养了三年，体育成绩优秀，按照学校当初制定的招生政策，他们完全可以上我校高中，可是在返京的路上我被告知学校的政策变了，他们不会被录取……"然后我又把被学校领导像皮球一样踢来踢去的经过讲述给他。这时，电话那头的校长说："你来我办公室吧。"

在校长办公室，我也无所顾忌了，开门见山，据理力争。听了我的陈述，校长说："你说你的这些学生优秀，有什么证据吗？"我当时的情绪很激动，立即说：“您等着，我去拿。”然后扭头跑回自己的办公室，把库振华、李雪艳所参加比赛的秩序册、成绩册以及等级运动员证书全部搬到校长办公室，逐一拿给他看。看罢，校长对我说：“你去找教学校长吧，告诉他，我同意招收这两名学生了。”就这样，库振华和李雪艳两名队员终于进入我校高中了。

以上这些学生能够最终留在训练队中，很多都是有了学校领导的支持才得以实现的。而这些学生在招进过程中，教练员也要顶住学校的压力，和学校力争。

第四章　运动训练原则在课余田径训练中的应用

在运动训练实践中遵循运动训练原则，可以使训练产生良好的效果；违背运动训练原则，就是违背运动训练的客观规律，训练就达不到预期的效果，甚至会走向失败。参加课余田径训练的中学生，正处在身心迅速发展的黄金阶段，遵守运动训练原则，有利于他们的身心健康成长，运动成绩向更高水平发展。

系统训练原则的应用

系统训练原则即指持续地、循序渐进地组织运动训练过程的原则。对训练原则的基本要点与应用，我主要有以下一些体会。

1. 我校对课余田径训练有比较系统的组织，从分管领导到教练员形成了一条龙体系；对体育特长生的招生选材和入学后的管理有专门的政策和措施；组织教练员参加学习培训，为师生参赛提供必要的保障，协调训练与班级管理；鼓励教练员全身心地投入到训练中，与教练员签订队员培养协议；建立相应的奖励制度，等等。作为教练员，我认为自己要做好的是运动人才的选拔、培养和毕业输送的工作，带领队员刻苦训练，取得优异的运动成绩。

2. 树立正确的训练动机，可以使训练态度端正，训练方向正确，训练效果良好。首先，思想上要意识到课余训练对于丰富学生的课余生活，增强学生的身体素质，丰富校园生活，培养运动人才的意义。其次，在提高学生运动技能的同时，磨炼其意志品质，教育学生懂得优异的成绩不仅来源于艰苦的付出，也与认真思考总结密切相关；教育学生正确处理学习与训练的关系，实现德智体全面发展。再次，可以增加收入，获得更多的个人荣誉。

3. 按照时间，训练计划可分为多年训练计划、年度训练计划、阶段训练计划、周训练计划和课时训练计划。我在制定各时间段的训练计划时都要明确训练目标和任务。我的总体训练目标是学生到高三时能够取得优异的运动成绩，能达到国家一级运动员的标准，能代表学校、区县、北京市甚至是国家参加各种级别的比赛。（详见第五章）

4. 课余体育训练不仅有教练员和学生，还要有家长和班主任老师的积极配合。

学生在周末回到家里总算放松了，贪玩的学生有时会睡得很晚，进而影响到周日和周一的训练。为此我要求学生，周六晚上绝对不能超过十二点睡觉，周日上午不要进行体能消耗过大的活动，以保障周日下午的训练。因贪玩过度，状态不佳而影响训练的学生，我一定严厉批评。为了加强督促，我也主动与家长沟通，请他们配合。

学生在周末回家后，家长都想为孩子改善一下伙食，这是人之常情。但作为运动员，若毫无节制，饮食过度，不仅不利于营养的吸收，甚至会造成急性肠胃病，影响正常训练。对此，我在对队员反复说明的同时，也耐心地劝说家长，求得理解和支持。

为了使课余训练工作开展得更加顺利，我也积极与班主任联系，彼此沟通队员在班里和队里的表现。队员张萌的运动成绩报考首都体育学院没有问题，但她的文化课成绩并不理想。对此，我和其班主任及时沟通，希望班主任能够在文化课学习中对张萌多加督促和鼓励，增强她的自信。功夫不负有心人，最终张萌顺利考入首都体育学院。

动机激励原则的应用

动机激励原则是针对运动员的特点，通过多种方法和手段，激发运动员主动参与艰苦训练的原则。

1.加强正确价值观教育。我们对学校的优秀队员做了展板，上面有他们的照片以及取得成绩的事迹，鼓励学生丰富课余生活，培养体育特长，磨练意志品质。另外，学校在每学年还要评选出年度优秀队员，在全校范围内予以表彰。对在市级比赛表现突出的队员给予金、银帆奖表彰。

2.激励方法要有针对性。学校对运动员采取比赛奖励金、参加全国比赛取得成绩报销路费、初中升高中降分录取等办法给予鼓励。我们教练员则针对不同队员的不同情况，采用不同的激励方法。

对于初三、高三毕业年级的队员，我鼓励他们创造优异的成绩，考上理想的学校继续深造，使自己的人生道路更加光明。以前，达到国家二级运动员标准的学生高考最多可以加20分，达到国家一级及以上运动员标准的学生高考可以加5~100分，运动成绩尤为突出的可以直接被保送高校。随着国家高考制度的改革，各项加分政策陆续被取消，但对体育特长生仍然有照顾政策。包括北大、清华在内的全国几十所具备高水平运动队建设的高校，仍然可以按政策录取体育特长生——在省级招生考试机构划定的本科第二批次录取控制分数线上录取体育测试合格考生。对于体育测试成绩特别突出的考生，高校可适度降低高考文化成绩，但不得低于本科第二批次录取控制分数线的65%；高校确定的此类考生入围公示人数不得超过本校当年高水平运动员招生计划的30%；在已合并调整录取批次的省份，试点高校要适度提高文化成绩录取标准。获得一级运动员、运动健将、国际健将及武术武英级（或以上）称号之一的考生，可申请参加试点高校组织的文化课单独考试，也可选择参加高考。对于通过高校文化课单独考试录取的考生，高校确定并公示的入围人数不得超过本校当年高水平运动员招生计划的20%。

对于低年级的小队员，我鼓励他们向屡创佳绩的高年级队员看齐，力争早日取得优异成绩。我也鼓励高年级队员为小队员树立榜样，不断突破自我，取得佳绩。我几乎不安排初一、初二的小队员进行完整的专项技术练习，更多安排身体素质练习。在小队员休息的时候，我常让他们来观看高年级队员的专项训练。高年级队员的表现令小队员羡慕不已，而在小队员羡慕的目光下，高年级队员的表现欲望更强烈，练得也更认真，更卖力。

在我接手队伍后，我曾激励队员说，昌平二中跳远、三级跳远项目自开设以来近二十年时间里，只有马思勇老师带出了一位女子跳远国家一级运动员，你们当中谁将来能成为国家一级运动员，甚至是第一位跳远、三级跳远双料国家一级运动员？从队员跃跃欲试的神情，我能感觉到我的话已经触碰到他们的心灵。

3. 调动训练的主动性。我有一个训练数据记录本，主要记录了两方面内容。一是队员每年一次的身体素质监测数据；一是我平时训练过程中的各种数据记录。在训练过程中，凡是需要计时的各种练习，凡是需要丈量远度的各种跳跃练习，我都做了记录。这样，队员的成长过程无论是横向比还是纵向比，都一目了然。我常利用练习间歇为队员做数据分析，对他们短时间内或近期的表现做简要的评价。久而久之，在训练休息时，队员都会主动翻阅这个记录本，进行自我分析，并将自己训练起伏变化的原因讲给我听。

对于高中队员，我在重点阶段针对重点队员制定短期训练计划时，都要和他们进行探讨。在专项技术训练的时候，指导是以我为主，但也参考重点队员的意见，因为经过多年的训练，重点队员在训练方面有自己的一些看法，有益于训练，应当引起教练员的重视。

我对小队员主动性的调动，主要是通过高年级队员的榜样作用和低难度的练习，使他们逐步树立成功感。

4. 教练员的榜样作用。做一名称职的教练员，首先要有正确的训练态度和高度的责任心，马思勇老师给我做了很好的示范。其次，要不断充实自己的专业理论知识，把理论和实践相结合。刚加入到训练组时，我的理论知识和实际经验都很欠缺，所以我在工作中注意多学、多想、多听、多问。在训练过程中，遇到实际问题，及时向马老师和其他教练员请教。每一次外出学习交流，我都虚心向同行和专家请教。"可以不会，但不能不学"这是马老师经常教导我的一句话。

每次训练前，如果没有特殊情况，我都会提前到达训练场地，为队员做好训练准备，给队员起示范作用。训练结束后，一定要与最后一名队员离开训练场。

我认为，教练员身体力行，把吃苦当成是一种享受，才能得到队员的认可，才能建立一支作风良好的队伍。

全面发展原则的应用

全面发展原则是根据运动员成长的身心特点，为提高其竞技能力、获得优异的运动成绩，科学地安排身体训练，实现均衡、协调和全面发展的训练原则。

1.掌握青少年身心发展阶段的特点及训练注意事项。

（1）青少年骨骼与关节的生理特点及训练注意事项。随着年龄的变化，青少年骨的成分也随之变化，年龄越小骨中的水分和有机物成分所占比例越大，钙化程度越低，软骨成分也越多。在训练中，应重视保持正确的姿势，防止局部用力过多；在生长高峰期应该采用轻负荷、高频率的练习，少做静力力量练习；在饮食方面要重视钙、磷的足够摄取。

（2）青少年肌肉的生理特点及训练注意事项。青少年的肌肉在发育过程中，有"一多三少"和发育不平衡的特点。"一多三少"即水分多，蛋白质、脂肪、无机盐类偏少。发育不平衡表现在，随着年龄的增长变化，肌肉的发育呈现屈肌先于伸肌、上肢肌先于下肢肌、躯干先于四肢、大块肌先于小块肌。在训练中，应重视小肌肉群和伸肌力量的发展，减少肌纤维的快速增粗，根据年龄和性别特点选择练习方法和运动负荷。

（3）青少年心血管的生理特点及训练注意事项。青少年的心血管系统在发育过程中，会出现运动性贫血、"青春性"高血压等。在训练过程中，应严格控制训练时的运动负荷，并加强医务监督。

（4）青少年呼吸系统的生理特点及训练注意事项。青少年的呼吸器官发育不完善，呼吸道相对狭窄，肺活量小，肺内弹力组织较差，肺泡数量少，呼吸深度差，呼吸能力有限。在训练中，根据年龄区别对待，有氧运动与无氧运动全方面发展。

（5）青少年神经系统的生理特点及训练注意事项。青少年的大脑皮质的神经细胞工作能力低，不稳定，易疲劳，年龄越小越明显。同时，青少年的神经系统灵活性高，神经细胞的物质代谢旺盛，合成代谢迅速，疲劳消除较快。在训练中，必须注意劳逸结合，保证充足的精力投入训练；在训练内容方面注意生动活泼，手段和方法的多样化、简单化。

（6）青少年心理特点及训练注意事项。初中阶段（13~15岁）处于半幼稚、半成熟的时期，独立性和依赖性、自觉性和幼稚性错综矛盾。在训练中，要多从正面教育入手，采用鼓励和表扬的方法，激发他们的自信心。

高中阶段（16~18岁）自觉性、独立性已有显著提高，独立思考能力接近成人水平。在训练中，要严格要求，并通过参加各种比赛，不断提高他们的自信心，培养他们善于观察和勤于思考的习惯，提高分析问题和解决问题的能力。

2.牢固树立全面发展和突出重点的思想。有人用"木桶原理"来形容训练中全面发展的重要性，有人用"全能全不能"的反面例子形容训练中突出重点的重要性。而我的观点是，在全面发展的基础上突出重点地进行训练，保持可持续的发展。

我把中学六年的训练计划分成三个培养阶段：初一、初二为第一阶段，初三、高一为第二阶段，高二、高三为第三阶段。每一阶段都在全面发展的基础上，顺应学生素质发展的敏感期，有重点地进行发展。例如第一阶段突出速度练习，第二阶段突出增强力量，开始发展专项技术，第三阶段突出力量和专项能力提高。

青少年身体各项素质的成长与发展有时间上的先后快慢，也受个人条件和训练系统性的影响，但都有快速阶段和敏感阶段。抓住敏感阶段进行科学合理的训练会取得明显的训练效果，为后续的训练打下坚实的基础。

素质类别	敏感素质的年龄段
速 度	10~13 岁（速率为主）
力 量	12~14 岁（一般性力量、力量快速）　15~17 岁（较大的专项力量）
耐 力	10~13 岁（一般性耐力）　14~16 岁（专项耐力）
灵 敏	12~14 岁
柔韧性	10~13 岁
爆发力	12~14 岁

为了促进队员的全面发展，在训练手段上我经常使用各种方法的跨栏练习，久而久之队员的跨栏技术得到了发展，即便是跳远、三级跳远专项技术练习很少的小队员，在跨栏跑的整体技术上也有一定实力。2007 年的北京奥林匹克教育学校体育后备人才培养基地学校田径运动会，由于男子丙组三级跳远的比赛报名人数不足，组委会取消了该项目的比赛，但允许已报名选手临时该报其他项目。于是我给单雪峰改了300 米栏项目，由于有跨栏练习的基础，再加上平时对速度跑能力练习比较多，在此项比赛中单雪峰夺得了冠军。这正是队员全面发展的一个很好体现。

3. 合理安排训练内容，正确处理一般身体训练和专项身体训练的关系。一般身体训练可以使各项身体素质，如力量、速度、耐力、灵敏、协调性等得到均衡发展，是掌握田径技术和提高运动成绩的基础。专项身体训练能直接促进掌握专项技术和提高专项成绩。两者都是运动训练不可缺少的内容，在训练中应做到合理安排。

我在训练过程中，每周三都要安排一节一般身体素质训练课，一是全面发展身体素质，二是在周中对一周的训练负荷进行调节。主要是通过田径、球类、体操、游戏等项目进行。对于使用球类活动方法训练，有的教练员认为，球类活动身体对抗性多，很容易在活动过程中受伤。这一点不可否认，我的队员刘健就是因为偷着打篮球受了重伤，以致影响到自己的发展。但是，球类运动对于队员的灵活性、协调性、反应能力等方面的发展很有帮助，是其他一些活动方法很难替代的。关键是要做好合理的安排，不能因噎废食。所以，在一般身体训练中，我坚持使用球类活动的方法。

我在利用球类活动方法训练时，首先，把主要时间段安排在一个赛季结束，进入下一个赛季冬训开始前的过渡期，以及一个赛季初的一般准备期，这些时间段内我允许队员进行不太激烈的比赛。在其他时间段内，要求队员只能进行简单的活动，不能进行身体对抗性比赛。在比赛前一个月内禁止队员的球类活动。其次，在活动的过程中，特别是有身体对抗的比赛时，我一定严格监督，控制好队员参与活动的激烈程度。

不间断性与周期性原则的应用

不间断性与周期性原则是根据运动员生物节奏的变化规律，竞技状态形成与发展的周期性规律，以及运动竞赛安排的周期性特点，周期性地组织运动训练过程的训练原则。

1. 不间断性是周期性的基础。运动技术的形成，身体素质的提高，都必须经过多次重复的、长期不间断的训练才能获得，不间断性训练是周期性系统训练的基础。

为了保证训练的不间断性和系统性，我校的课余田径训练每周练习六天，考虑到住宿学生要在周日返校，所以只安排在周六休息一天，无论寒、暑假，即便是春节，也只是在腊月三十、正月初一、初二休息三天。新入队的小队员和他们的家长在刚开始会不适应，对此，一是要做通学生和家长的思想工作，让他们逐渐认识到系统的、不间断训练的重要意义。二是教练员要率先垂范，发挥示范作用。我在参加课余田径训练工作的七年里，没有休息过一个完整的周末。如果想在周末与亲友一起聚聚的话，我只能选择周六不训练的时间。七年中为了不耽误训练工作，我只是带着夫人赶场似的在周末出京旅游过一次；小孩儿生病了，也是先由我夫人带孩子去医院，我要等到训练结束后再赶到医院。由于我能身体力行，渐渐地，队员就很少有缺席训练的了。

2. 从实际出发做好训练周期规划和周期间的衔接。合理规划训练周期是科学训练的重要组成部分。前一周期是后一周期的基础，后一周期是前一周期的延续和结果。要保证队员训练水平逐步提高，保持良好的竞技状态，就必须从实际出发做好训练周期规划和周期间的衔接。

全国和全市的中学生运动会每四年举办一届，而我校也很重视每年4月初的区春季中小学生田径运动会、4月底的北京市中学生田径运动会（现在10月份举办）、5月初的北京市奥林匹克教育学校体育后备人才基地学校田径运动会、8月中旬的全国中学生田径锦标赛和北京市青少年田径锦标赛、10月中旬的区秋季中小学生田径运动会和10月下旬的北京市体育传统项目学校田径运动会。对此，我的全年基本周期训练安排是：

全年课余训练基本周期划分表

过渡期	一般准备期		赛前期	竞赛期	过渡期	一般准备期	赛前期	竞赛期	赛前期	竞赛期
	冬训阶段	春训阶段								
11月	12月	1月	2月	3月	4月	5月	6月	7月	8月	9月	10月

年度周期规划也要从实际出发，4月中旬至5月初，队员经过连续的几场比赛后处于疲劳期，应该进行短暂的调整过渡。6~7月份是学生各种考试、加试比较集中的时间段，8月的比赛一般在中旬，所以要根据实际情况安排准备期、赛前期的具体时段。

做好周期规划后，还必须落实好每周六次的小周期的具体安排，训练内容与运动负荷安排要符合这一时期的训练特点。只有完成好小周期的训练，才能保障大周期规划的顺利实施。

适宜负荷原则的应用

适宜负荷原则是指在训练过程中，根据训练任务、项目特点、运动员的能力水平、提高竞技能力的需要，给与运动员相应量度训练负荷，以取得理想训练效果的训练原则。

1. 正确理解运动负荷构成。训练负荷是在运动训练过程中各种身体练习对运动员有机体产生的刺激。运动员有机体在训练负荷的刺激下，经过疲劳—恢复—提高的过程，使专项运动成绩不断得到提高。

训练负荷对运动员有机体的刺激表现在生理和心理两个方面，所以训练负荷可分为生理负荷和心理负荷。根据运动特点，训练负荷可分为专项负荷和非专项负荷；根据运动生理供能体系的作用范围，训练负荷可分为有氧性的、无氧性的、混合性的、无氧非乳酸性的；根据所安排的身体练习的复杂程度，负荷可以按照动作完成的难度分为大小负荷；根据度量标准，训练负荷分为负荷量和负荷强度。

运动训练过程中的任何一个负荷，都包含着负荷的量与强度。前者反映着负荷对机体刺激的量的大小，后者反映着负荷对机体刺激的深度。一般运用次数、时间、距离、重量等指标来反映负荷量的大小。在负荷强度方面，常常以训练的实际与其最大可能（即最快的速度、最大的远度和高度以及最高的负重量）的百分比值作为衡量的指标。

2. 科学合理地安排运动负荷。训练负荷的安排形式主要有三种，第一种是直接上升式，即训练负荷量和强度均逐步增加；第二种是台阶式，即训练负荷量和强度在短暂的稳定后以较大幅度"跳跃式"增长；第三种是波浪式，即把负荷逐步提高并急剧增加，紧接着又与减小结合起来，然后这种峰点在更高的水平上出现。

根据不同的训练任务和目的，选择不同的训练负荷形式。随着队员年龄的增长、竞技能力与运动成绩的提高，我选择台阶式的训练负荷安排。在以全年为大周期和以周为小周期的训练过程中，根据疲劳和恢复的原理，我选择波浪式的训练负荷安排。在大周期特定的时段，我根据实际情况的需要，也会使用直接上升式的训练负荷安排。

无论采取哪种安排形式，负荷的量与强度构成了负荷的整体，两者相互依存而又相互影响，任何负荷的量都是以一定的强度为条件而存在的，任何负荷的强度又都以一定的量为其存在的必要基础。一个方面的变化必然会影响另一个方面的变化，所以在比较负荷的大小时，一定要考虑到这两个因素。并根据实际情况具体问题具体分析。下面三幅图表，是青少年跳远队员全年各训练内容的负荷量参考，以及我的全年训练负荷和准备期周训练负荷度量变化图。

根据实际情况，我特别注意把强度作为运动负荷的核心。除去寒、暑假，训练的时间段主要是在下午放学到上晚自习前，在不到两个小时的训练时间内，如果不把训练的强度作为运动负荷的核心来安排，总体训练负荷是无法得到保障的。

青少年跳远队员全年各训练内容的负荷量参考

训练内容		训练总量	占全年训练的%
速度（快跑量）（千米）		40～60	30～40%
力量（吨）		100～350	10～15%
跳跃练习（跳次）		5000～10000	20%
其他素质（课次）		80～120	5～10%
技术	完整技术（次）	120～350	30%
	中、短程助跑跳远（次）	700～1400	
	全程助跑（次）	500～900	

全年训练负荷度量图

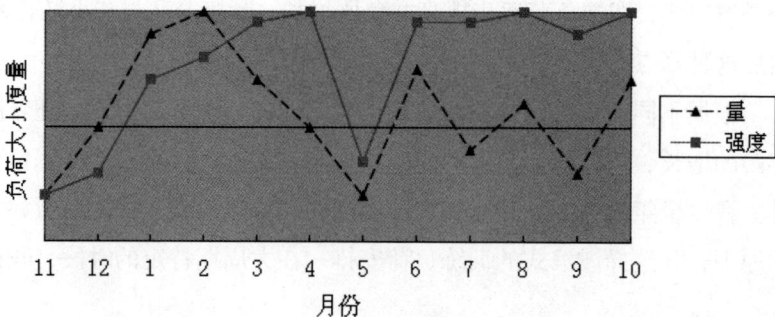

48

准备期一周训练负荷总体量度图

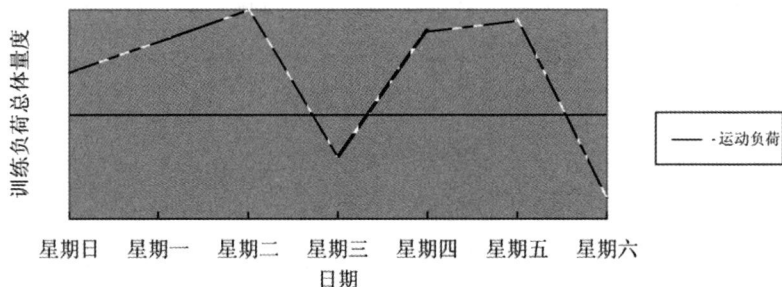

3.做好监测和诊断，正确处理负荷与恢复的关系。训练离不开负荷，没有负荷就不成其为训练；训练也离不开恢复，没有恢复，负荷只会导致机体能量物质的消耗和机能的下降。为了使训练取得效果，提高队员的竞技能力，就必须重视恢复。在训练过程中，要及时把握不同时期队员的竞技能力状态，通过科学手段尽可能准确地判断训练负荷的适宜度和恢复程度。

区别对待原则的应用

区别对待原则是指对于不同的专项、不同的训练状态、不同的训练任务及不停的训练条件的运动员，有区别地安排相应的训练过程、训练内容，给与相应训练负荷的训练原则。

1.教练员必须了解队员的具体情况。参加课余田径训练的青少年存在着生物年龄跨度大、男女水平差异大的特点，同一性别不同年龄段和同一年龄段不同性别的青少年，在生理和心理特征方面都有着显著区别。另外，在家庭状况、生活习惯、文化水平、理解能力等诸多社会学特征方面，也都存在一定的差别。例如，我的队里年龄最小的 12 岁，处在少儿阶段，年龄最大的已经满 18 周岁，开始接近成人；有的队员家在城镇，有的家在农村；有的走读，有的住宿；有的家庭条件比较优越，有的家庭条件较差；有的文化课成绩在全年级排在前几名，有的多科不及格；有的已经具备国家一级运动员的标准，有的还没有接触过完整的专项技术练习，……仅仅十几个人的训练队，队员的情况就千差万别。所以，教练员必须详细掌握队员各方面的情况，在课余训练过程中区别对待，才能保证良好的训练效果。

2. 有针对性地制定训练计划。训练计划是选择训练内容、训练手段、训练方法的指挥棒。有针对性的训练计划是良好训练效果的基本保障。

我根据青少年身心发展的特点，把中学六年分为三个培养阶段来制定训练计划。初一、初二为第一阶段，主要任务是增强队员的兴趣，培养队员的良好习惯，全面发展队员身体素质的同时突出速度素质，稳固各种运动技能基本技术，形成基础动作的基本技术的正确定型，发展队员的动作思维能力，形成正确的课余运动训练动机；初三、高一为第二阶段，全面发展，在保证速度练习的同时逐步增强队员的力量练习，开始发展队员的专项技能，开始进行三级跳远技术的完整练习，专项运动技能初步发展，初三毕业前可以达到国家二级运动员标准，把没有发展潜力的队员调整出队；高二、高三为第三阶段，全面发展，在保证速度练习的同时进一步增强力量练习，专项技能得到进一步发展，有较为突出的专项运动成绩，应该达到国家一级运动员的标准。

在全年训练计划的制定方面，我主要围绕有比赛任务的主力队员制定训练计划，安排全年的运动负荷变化。

3. 正确处理训练中的共性与个性的关系。我在《对中学生运动员跳远与三级跳远互为兼项的探索》一文中提到，跳远、三级跳远都是以远度决定比赛成绩的田赛跳跃项目，两者有着相同相通的地方。而跳远和三级跳远作为田径比赛中两个独立的项目，又有着很大的区别。同为田径跳跃类项目，两者在生物力学原理、助跑技术、主要用力肌群及其训练方法方面是相同相通的。而在项目类型、成绩的决定因素、起跳角度与技术、身体素质的要求等方面则有着很大区别。队员及其教练，要明确两个项目的特征，在训练时区别对待，训练方法的选择要有针对性。各种身体素质练习，应以围绕主要项目练习为主。例如，队员马跃和刘健在三级跳远项目上的成绩都已经接近国家一级运动员标准，但在跳远项目上只是刚刚达到国家二级运动员标准，队员李晨东在两个项目上都达到了国家一级运动员标准。所以在选择训练手段和方法时，既要注意他们的共性，也要照顾到他们的个性。

直观教练原则的应用

直观教练原则是指在运动训练中运用多种直观手段，通过运动员的视觉观，建立正确的动作表象，培养运动员的视觉能力和思维能力，提高他们竞技水平的训练原则。

1. 规范的动作示范。直观信息更利于队员接受，规范的示范动作是教练员的基本技能教法之一，对于能够亲自示范的动作，都应该亲自示范。而对于身体能力所不能达到的示范动作，我会找高年级的优秀队员进行动作示范。

2. 多种直观手段的运用。除师生的动作示范以外，直观手段还有多媒体技术视频、挂图、教具模型等。我把挂图挂在了地下跑廊的跳远沙坑旁边和队员的更衣室内，他们随时可以看到。因为教练员不能既现场指导，又兼顾不同角度的摄像录像，所以录像这种手段我只是偶尔使用。

3、直观教练与积极思维的结合。

适时恢复原则的应用

适时恢复原则是指及时消除运动员在训练中所产生的疲劳，并通过生物适应过程产生超量恢复，提高机体能力的训练原则。

1. 正确认识疲劳与恢复。队员对疲劳和恢复有了正确的认识，在训练中就能以积极正确的心态处理疲劳，恢复疲劳，更好地投入到训练中。

训练是在承受外界负荷对机体的刺激，在适宜的负荷刺激范围内遵循适应—提高—再适应—再提高的应变过程，这是提高运动竞技水平的必经之路。在训练过程中产生运动疲劳是不可避免的现象，但是当负荷大大超出了最大承受能力时，就会对运动竞技能力的提高产生消极作用，有的会出现伤病，早早结束竞技运动寿命，严重的甚至会威胁到生命。

青少年的特点是在训练时容易产生疲劳，但是恢复起来也很快。恢复是训练过程中必不可少的重要组成部分，要想继续进行训练，提高运动水平，在训练中和训练后积极恢复疲劳是训练的关键。"没有恢复，就没有训练"已经成为运动训练领域的共识。

所以，我要求队员必须毫不隐瞒地告诉我训练的感觉，以便根据实际情况调整训练内容和计划安排等。但也不能稍感劳累就退缩。既不能逞强，也不能装怂。在训练中积极恢复，做放松活动时积极认真，提高放松活动的质量。

2. 准确判别疲劳程度。可以通过自我感觉、外部观察、生理测试、心理测试等手段进行。因条件限制，我在判别队员的疲劳程度时主要采用询问其自我感觉、观察其外部表现的方法。当训练时队员反映有肌肉僵硬、局部酸痛、胸部发闷等感觉，观察到队员有脸色发白、反应迟钝、技术规格下降等现象时，我就要对当天或第二天的训练做出调整。在一个训练阶段后，当队员反映有四肢无力、力不从心的感觉，观察到队员有眼神无光、连打哈欠、动作无力、错误增多等现象时，我就要对下一阶段的训练计划和安排做出调整。

3. 采取积极的恢复措施。主要有训练学恢复手段、医学和生物学恢复手段、营养学恢复手段、心理学恢复手段等。

　　在训练的间歇，我会要求队员利用走或慢跑的方式进行积极的恢复，或者给队员讲个小笑话、开个小玩笑来调节一下气氛，转移一下队员的注意力。每次训练课结束时的放松活动，我都会牢牢盯住队员，敦促他们在做静力抻拉练习和按摩活动时要保证质量。平时向他们传授合理营养、保障睡眠、听听自己喜欢的音乐等恢复方法。有时在训练中也采用一些游戏方法进行积极的恢复。

第五章　中学生跳远、三级跳远训练计划

合理的工作计划可以使工作的目标更加明确，效率大大提高。为了对队员进行系统而科学的训练，获得好成绩，必须制定训练计划。制定训练计划是教练员训练工作的重要组成部分。

根据训练时间的长短，训练计划可分为多年训练计划，年度训练计划，短期训练计划和周、课训练计划。

制定训练计划的主要依据是训练目的任务，预期目标，训练的年限、时间、水平，运动员的基本条件，上一年度或前一阶段的训练情况等。

多年训练计划

多年训练计划是对训练工作的整体规划，一般包括以下内容：总体目的任务，分段训练，各阶段的训练要求，完成任务的措施和有关注意事项。

多年训练计划是一种具有指导性的远景框架计划，不可能也不必要制定得非常具体。但在制定时必须要本着实事求是的原则，建立在有可能实现的基础上，根据实际情况和具体特点，及时充实、修改和完善。

我的多年训练计划是，首先，把队员在校六年的训练总体目标定为，达到国家一级运动员及以上标准；其次，把训练划分为基础训练、发展专项、专项提高三个阶段；再次，对不同阶段明确相关的训练要求。具体情况见下表。

昌平二中跳远、三级跳远项目多年训练计划

阶 段	主 要 任 务	时段（年龄段）	训练重点内容	负荷特点
基础训练阶段	发展一般运动能力	初一～初二（12～14 岁）	全面发展队员身体素质的同时突出速度素质，稳固各种运动技能基本技术，形成基础动作的基本技术的正确定型	循序渐进，留有余地
发展专项阶段	发展专项竞技能力	初三～高一（14～16 岁）	在保证速度练习的同时逐步增强队员的力量练习，开始发展队员的专项技能，开始进行三级跳远技术的完整练习，专项运动技能初步发展	区别对待，循序渐进，逐步增加
专项提高阶段	提高专项竞技能力	初二～高三（16～18 岁）	在保证速度练习的同时进一步增强力量练习，专项技能得到进一步的发展，有较为突出的专项运动成绩	逐年增加，逼近极限

年度训练计划

　　年度训练计划是教练员依据多年训练计划，在总结、分析上一年度训练基础上，根据下一年度的具体训练目标和任务，以及下一年度的主要比赛任务所做的具体安排。由于每个训练年度在多年训练计划中的地位和具体的训练任务不同，可以分为基础训练年度计划、发展专项阶段年度计划、专项提高阶段年度计划。根据每个训练年度内结构的不同，以及训练大周期的不同数量，可以把年度训练分为单周期、双周期或多周期等。

年度训练计划内容一般包括：队员的基本情况、专项成绩、素质水平和技术特点；上一年度训练的基本情况及存在的问题；年度的训练和比赛任务；全年训练阶段的划分和各阶段的主要训练任务；全年训练负荷安排和比赛次数安排；各项训练内容与主要训练手段；全年训练检查性指标、测试时间和注意事项等。

下面是 2006 ～ 2007 年度的训练计划及完成情况。

一、重点队员情况分析

	姓名	孙晨超	刘健	李晨东	马跃
基本情况	性别	男	男	男	女
	出生年月	1989．3	1988．8	1992．6	1989．5
	在本队训练年限	2	2	2	0
身体形态	身高（厘米）	190	186	173	175
	体重（公斤）	80	79	60	63
基本运动素质	行进间30米计时跑（秒）	3.1	3.25	3.65	3.86
	站立式100米计时跑（秒）	11.35	11.45	12.3	13.6
	立定跳远（米）	2.9	2.8	2.5	2.3
	4～5步助跑五级单足跳（米）	20	20	16.5	15.0
	8～10步助跑跳远（米）	6.5	6.4	5.6	4.8
	柔韧性	差	优	差	良
	灵活性	良	优	良	良
	协调性	良	优	良	良
专项成绩	跳远最好成绩（米）	6.94	6.5	6.15	5.0
	三级跳远最好成绩（米）	14.56	15.02	12.56	11.4

孙晨超、刘健、马跃三名队员当时已经是高三的学生，李晨东正在读初三。孙晨超和刘健都是升入高中开始由我训练的。初中时孙晨超在我校练跳高，刘健在体校练110米栏，兼三级跳远项目。他们两位在初中时都获得过北京市中学生田径运动会比赛的金牌。由我训练的两年时间里，他俩的主项一个是跳远，一个是三级跳远，成绩一直在稳步提高。

在上一年度里，孙晨超因伤病，参加的比赛较少，基本稳定在自己的最好成绩；刘健在上半年度的成绩稳步提高，但是在暑期因伤病，成绩有些停滞，恢复后逐步找回状态，在 2006 年 10 月北京市田径传统学校运动会三级跳远比赛中，成绩达到 15.02 米，距离国家一级运动员标准只有一步之遥，他对自己的状态和能力信心满满。马跃是 2006 年 8 月由跳高项目转到我这里来训练的，以前的专项是跳高，在比赛时兼三级跳远，成绩基本稳定在国家二级运动员标准上下。李晨东是我从小学招入初中的队员，按照我制定的多年训练阶段划分，已经进入第二阶段——发展专项阶段。

我感觉这四位队员接受能力比较强，在运动素质方面，跑的速度比较慢，专项的支撑跳跃能力不是很好，爆发力和快速跳跃有潜力；在专项技术方面，李晨东的起跳，孙晨超的助跑上板节奏，刘健和马跃的三跳水平速度利用率都有较大改进的空间。另外，升学的压力肯定会或多或少地影响到他们的训练，所以如何提高训练效率，也是我当时特别留意的。

二、年度训练任务

1. 全面加强身体素质训练，着重提高专项素质，特别是专项力量素质水平；

2. 改进和完善跳远、三级跳远专项技术，提高专项能力和比赛成绩；

3. 积累比赛经验，培养良好的比赛能力和心理调控能力；

4. 养成良好的训练意识和良好的生活习惯，保证学习和训练的正常进行，有高考任务的三名队员考入自己理想的高校。

三、年度训练成绩目标

	孙晨超	刘健	李晨东	马跃
运动项目	跳远	三级跳远	跳远、三级跳远	三级跳远

运动成绩（米）	7.3	15.35	6.5／13.5	12.5
运动员等级	一级	一级	二级	一级
实施情况	因伤病困扰未完成	如不是意外受伤，可以实现预期目标	6.28／13.6	12.13

四、年度训练阶段的划分

1. 基础准备期：2006 年 11 月中旬～2007 年 3 月中旬；

2. 专项准备期：2007 年 3 月中旬～4 月中旬；

3. 第一比赛期：2007 年 4 月中下旬～5 月下旬；

4. 过渡期：2007 年 5 月下旬～6 月上旬；

5. 专项准备期：2007 年 6 月中旬～7 月下旬；

6. 第二比赛期：2007 年 8 月上旬；

7. 过渡期：8 月中旬；

8. 专项准备期：2007 年 8 月下旬～10 月上旬；

9. 第三比赛期：2007 年 10 月中旬；

10. 过渡期：2007 年 10 月下旬～11 月上旬。

五、2006 ～ 2007 年度训练计划具体安排

阶段	时间	主要训练任务	主要训练手段	训练负荷
基础准备期	2006 年 11 月中旬～2007 年 3 月中旬	1. 恢复训练水平，全面提高身体运动能力；2. 提高速度和爆发力；3. 改进专项技术，提高专项跳跃能力。	1. 采用各种练习方法增强身体运动能力；2. 利用专门的跳跃练习进一步提高专项身体素质；3. 利用各种专项辅助跳跃练习、完整的技术练习，改进专项技术，提高专项跳跃能力。	负荷量由中到大，负荷强度由小到中。

专项准备期	2007 年 3 月中旬～4 月中旬	进一步全面增强身体素质，提高专项身体能力，改进专项技术水平，提高专项运动成绩。	1. 采用灵活实用的训练方法进行全面的身体素质练习；2. 较大强度的专项跳跃辅助练习和专项练习。	负荷量由中到小，负荷强度由中到大。
第一比赛期	2007 年 4 月中下旬～5 月下旬	1. 加强专项身体素质；2. 进一步改进专项技术；3. 提高专项成绩。	1. 各种的支撑跳跃能力练习，跑的速度练习；2. 大强度的半、全程专项跳跃；3. 参加 3～4 次比赛。	负荷量由中到小，负荷强度由大到最大。
过渡期	2007 年 5 月下旬～6 月上旬	保持基本运动状态，缓解身心疲劳。	球类练习为主。	负荷量小，负荷强度小。
专项准备期	2007 年 6 月中旬～2007 年 7 月下旬	进一步全面增强身体素质，提高专项身体能力，改进专项技术水平，提高专项运动成绩。	1. 采用灵活实用的训练方法进行全面的身体素质练习；2. 较大强度的专项跳跃辅助练习和专项练习。	负荷量由中到小，负荷强度由中到大。
第二比赛期	8 月上旬	1. 加强专项身体素质；2. 进一步改进专项技术；3. 提高专项成绩。	1. 各种支撑跳跃能力练习，跑的速度练习；2. 大强度的半、全程专项跳跃；3. 参加 2～3 次比赛。	负荷量由中到小，负荷强度由大到最大。

过渡期	8月下旬	保持基本运动状态，缓解身心疲劳。	球类练习为主。	负荷量小，负荷强度小。
专项准备期	9月～10月上旬	进一步全面增强身体素质，提高专项身体能力，改进专项技术水平，提高专项运动成绩。	1. 采用灵活实用的训练方法进行全面的身体素质练习； 2. 较大强度的专项跳跃辅助练习和专项练习。	负荷量由中到小，负荷强度由中到大。
第三比赛期	10月中旬	1. 加强专项身体素质； 2. 进一步改进专项技术； 3. 提高专项成绩。	1. 各种支撑跳跃能力练习，跑的速度练习； 2.大强度的半、全程专项跳跃 3. 参加2～3次比赛。	负荷量由中到小，负荷强度由大到最大。
过渡期	10月下旬～10月上旬	保持基本运动状态，缓解身心疲劳。	球类练习为主。	负荷量小，负荷强度小。

周训练计划

周训练计划是根据训练时期及其季节阶段的训练任务、运动量、强度等要求制定的，在各类训练计划中起着承上启下的作用，是落实多年和全年计划及规定各次训练课的任务、内容、方法的重要环节。在制定周训练计划时，应将各周期训练计划密切衔接，使其完整和连贯。

根据训练时期及阶段训练任务、训练内容比重、运动量和运动要求、上周训练计划完成情况和本周实际情况等确定周训练任务、训练次数和时间、各次训练课的任务、主要训练手段、运动量和强度的节奏等。

周训练计划中要以合理的顺序安排训练内容及其运动量和强度的节奏。一般情况下把技术和速度训练安排在头两天，耐力和力量训练安排在最后两天。

周训练计划有时在下周重复，但随着训练工作的进展，应对训练的方法、强度、运动量进行增减或调整，并提出较高的要求，而不是简单的重复。

昌平二中跳远、三级跳远项目不同时期的周训练计划示例

	一般准备期			专项准备期			过渡期		
	训练内容	负荷		训练内容	负荷		训练内容	负荷	
		强度	量		强度	量		强度	量
星期日	专项素质	中	中	专项素质	大	中	专项素质	小	中
星期一	速度	中	中	速度	中	大	速度	小	中
星期二	力量	大	大	专项	小	中	力量	小	小
星期三	一般素质	中	中	一般素质	中	中	一般素质	小	中
星期四	专项	小	中	专项	中	中	专项	小	中
星期五	力量	中	大	力量	中	小	力量	中	中
星期六	休息			休息			休息		

昌平二中跳远、三级跳远项目赛前四周的训练总负荷安排计划示例

周次	一	二	三	四
训练总负荷	中	大	大	中

昌平二中跳远、三级跳远项目比赛周的训练计划安排示例

	训练内容	负荷强度	负荷量
星期日	一般身体素质练习	小	小
星期一	速　度	大	小
星期二	力　量	大	中
星期三	专项能力练习	大	小
星期四	休　息		
星期五	赛前准备活动	小	小
星期六	比　赛		

训练课计划

　　训练课是训练过程的最基本单元，包括实践课和理论课。但在实际工作中以实践课为主，理论课分散穿插在实践课中讲授。

　　实践课是根据周训练计划制定的，它是将训练计划付诸实践的最基本的训练形式。实践课的教案是根据周训练计划规定的课次训练任务、方法等结合队员日前训练的身体机能、场地、器材和气候等实际情况制定的。实践课训练计划的结构分为准备部分、基本部分和结束部分。

　　准备部分的主要内容是准备活动，目的是通过专门选择的综合性练习，使队员有机体对将做的训练有最佳的准备，为基本部分的练习提供有效的保障，占训练课总量的 15% 左右。基本部分是训练课的主要内容，所选择练习手段必须保证专项身体、心理训练水平得到提高，技战术进一步完善，占训练课总量的 70% 左右。结束部分主要是为课后迅速恢复创造有利条件，占训练课总量的 15% 左右。下面是我的一节单行课训练计划案例。

　　北京 2008 奥林匹克教育学校体育后备人才培养基地课余训练研究课阶段训练计划任务：

基础准备阶段：

时间：11月1日至2月28日

任务：恢复训练水平，全面提高身体素质；提高速度和爆发力；改进提高专项技术中的助跑、起跳和跑跳结合技术；改进三级跳远三跳的节奏。

手段：1.通过各种身体练习全面提高身体素质。2.专项身体素质的专门跳跃练习，速度及速度耐力练习。3.改进专项技术的各种器械的跳跃，短、中程助跑的各种辅助性练习和全程完整技术练习。负荷量由中到大，强度由小到中。

专项准备阶段：

时间：3月1日至4月13日

任务：继续加强全面身体练习，突出快速跑和快速起跳的能力；进一步改进专项技术，重点是改进上板前几步和跳远起跳技术；进一步改进三级跳远三跳的节奏，使三跳的比例更加合理；提高专项技能和训练水平。

手段：1.全面的身体素质练习。2.通过行进间30米、60米跑，助跑后10米计时，各种短距离跳跃的计时等方法来提高快速跑和快速起跳的能力。3.设立标志点来改进三级跳远三跳的节奏和比例。4.通过增长跳跃距离，变换视觉效果的方法加强专项技术强度，提高专项能力。负荷量由中到小，专项强度由中到最大。

本次训练课是专项准备阶段第三周的第二次训练课，专项训练要求负荷量接近最小，负荷强度接近最大，整体负荷处于中上。

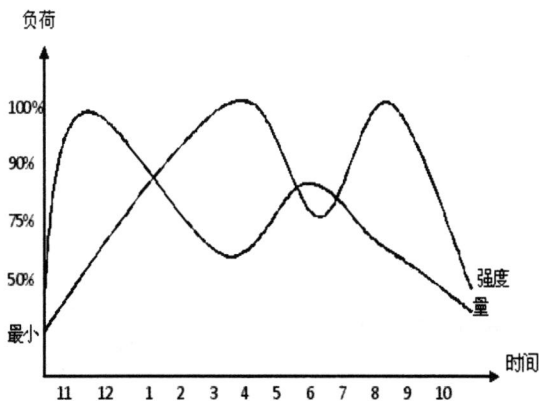

内容	跳远和三级跳远专项技术：下肢及协调力量				预计负荷：70%
目的任务	1. 增强跳远、三级跳远专项能力；改进跑跳结合技术。				
	2. 发展下肢力量，改善身体协调用力能力。				重、难点：跑跳结合技术
	3. 培养队员顽强拼搏、勇攀高峰的优秀品质。				
	课的内容与练习量	强度	时间	组织、教法与要求	备注
准备部分	一、课堂常规 二、一般性准备活动 1. 慢跑800米 2. 抻拉韧带 3. 徒手操：扩胸、体侧、体转、俯背运动，正侧压腿 4. 活动小关节：膝、踝腕等。 三、行进间准备活动 1. 正侧踢腿　2. 小步跑 3. 高抬腿　4. 跨步跳	30% 50%	20′	教练员观察指导，进行个别纠正。 带领学生做操	4×8拍 30米×2次
基本部分	一、专项准备活动 1. 跳远和三级跳远全程助跑：2～3次 2. 跳远和三级跳远半程专项跳跃：两次 二、专项技术： 跳远和三级跳远全程助跑完整专项技术训练：4～5次 二、下肢及协调力量 1. 负重深蹲：5次×3组 2. 挺举：6～8次×3组 3. 大步跑：80米×3次	90% 50%	40′ 15′	教练员说明每个人的练习目的。进行各自的专项练习。 高中男生跳远用5.6米的踏板，三级跳远用13米的踏板，采用抻着跳的方法。 力量练习三项循环进行。 练习间歇2～3分钟	根据队员的不同情况，完成4～5次练习。 杠铃重量：15千克、10千克、25磅、20磅，根据年龄、性别和实际情况，分别进行选择

64

结束部分	一、慢跑 400 米 二、抻拉韧带 三、相互放松 四、小结		15′		
小结					

训练笔记

　　教练员的训练笔记主要记载的是训练计划执行情况，队员完成练习的数量、质量（计时、远度、高度和技术表现等），指导工作心得，改进训练措施等。教练员通过训练笔记可以积累大量的第一手资料，总结训练经验，提高自身能力，有助于检验、修改和完善训练计划，提高训练的质量。

　　以下是我 2004 ～ 2005 年度、2006 ～ 2007 年度、2009 ～ 2010 年度的训练笔记遴选。这些训练笔记是我近七年从事课余田径训练工作的缩影。2004 ～ 2005 年度是刚刚参加课余田径训练工作；2006 ～ 2007 年度开始有队员获得市级比赛的金牌；2009 ～ 2010 年度已经有队员达到国家一级运动员标准，我也逐步形成自己的训练风格。

一、2004 至 2005 年度训练笔记遴选

　　时间：2004 年 6 月 28 日 ～ 7 月 4 日，第 26 周。

　　任务：1. 发展身体素质重点在速度方面，以位移速度和力量速度

为主；

2. 改进专项技术中的跑跳结合技术；

3. 培养队员吃苦耐劳、顽强拼搏的精神。

内容（基本部分）：

星期一，速度练习：

1. 行进间30米跑：2次/组×2组。

2. 行进间60米跑：2次/组×2组。

3. 行进间80米跑：2次/组×2组。

本日小结：

1. 因为任教年级开会，所以队员的准备活动我没有在场。

2. 训练内容改为60米加速跑，侯婉菲：4次/组×4组，张弛：4次/组×3组、3次/组×1组，王欣、佟祎：4次/组×2组、3次/组×2组，刘少波：3次/组×4组。

3. 王欣从昌平四中初中毕业后刚来队里训练，还有些不适应，特别是在体能上表现得更为明显。

4. 队员各项技术动作的正确掌握与提高还需要精雕细琢。

5. 提醒队员天气炎热，注意饮食卫生，注意不要中暑。

星期二，力量练习：

1.（负重上两步大台阶：×10次→皮条摆腿：×40次→连续三步助跑起跳腾空步：×5跳）/循环组×4组。

2.（计时负重深蹲起：×5次→单足换腿跳：×50米→抓举杠铃：×5次）/循环组×4组。

3. 节奏跑：60米×4次。

本日小结：

1. 从准备活动开始，就要一板一眼地抓，保证练习的质量，养成良好的训练习惯。

2. 单足换腿跳改为做跨步跳，增加肋木收腹举腿的练习。

3. 队员感觉比较疲惫，明天调整运动负荷。

4.王欣很多练习都不会做，还需要细细地抠，他每项练习只做 3 组。

5.放松时询问队员对训练内容的安排感觉如何，队员反馈没有问题，都可以接受。

星期三，一般身体练习：

1.行进间 60 米加速跑：×4 次。

2.跳深：4 次／组 ×3 组。

3.伸髋练习：30 次／组 ×4 组。

本日小结：

1.跳深练习做三项：深度、远度、双远度。

2.孙晨超显得很疲惫，安排他去投一会儿篮球。

星期四，专项练习：

1.全程助跑起跳，起跳腿落入沙坑后跑出：4 次／组 ×2 组。

2.全程助跑起跳，摆动腿落入沙坑后跑出：4 次／组 ×2 组。

3.腹肌两头起：40 次／组 ×4 组。

本日小结：由于学校开会所以安排队员自己练习，通过私下询问，队员的练习效果还是比较好的。我感觉这半学期以来通过严格管理，这支训练队的训练氛围越来越好。

星期五，力量练习：

1.（负重杠铃纵跳：×10 跳→单足换腿跳：×50 米→负重杠铃弓步前进：×20 步→快速跨步跳：×50 米）／循环组 ×4 组。

2.（负重杠铃半蹲跳：×8 跳→连续半蹲蛙跳：×8 跳→高翻杠铃：×6 次→肋木收腹举退：×20 次）／循环组 ×4 组。

3.节奏跑：60 米 ×20 次。

本日小结：参加学校的组织活动，没能到训练场，只安排队员跑了几次加速跑。训练时我不在场，出于安全考虑，坚决不允许队员自己用杠铃练习。

星期六，休息调整。

星期日，专项练习：

1. 全程助跑跳远：×5次。

2. 全程助跑三级跳远：×5次。

3. 快推：20—40次／组 ×4组；仰卧起坐：40—50次／组 ×4组。

本日小结：队员的状态都不是很好，很明显周末没有在家好好休息，经询问果然如此，对他们进行了教育。

本周小结：通过这一周的训练，我感觉队员在速度和力量方面真的差太多，并且缺少身体能力的全面发展，特别是新来的王欣，各方面都还要下大力气抓。侯婉菲该上高二了，在能力上虽然有了一定的提高，但我深深地感觉到从初一到高一这几年底子没有打好，以后要想出好一点的成绩真的会很难。队员应该从小就全面发展，注重每一个细小动作的正确性，把握好敏感期的特征。

时间：2004年8月2日～8日，第31周。

任务：

1. 抓好基本素质训练，特别是跑的速度和力量速度练习。

2. 在专项技术上加强跳远起跳技术和空中动作技术的改进。

3. 培养队员顽强拼搏的精神。

内容（基本部分）：

星期一，速度练习：

1. 行进间30米计时跑：3次／组 ×3组。

2. 行进间60米计时跑：3次／组 ×2组。

3. 背肌和踝关节力量练习：40次／组 ×4组。

本日小结：

1. 跑的练习改为坐姿起跑30米跑：3次／组 ×1组；行进间30米计时跑：次／组 ×2～4组，不同的队员区别对待。

2.整体上队员练习的不错。初一的队员做一些简单的徒手跳跃练习。

星期二，力量练习：

1.（负重杠铃上两步大台阶：×15次→连续踏跳上大台阶6级：×6次）/ 循环组 ×6组。

2.（负重杠铃半蹲跳：×10次→快速跨步跳：×60米）/ 循环组 ×6组。

3.节奏跑：80 米 ×4 次。

本日小结：个别队员私自减少运动量，训练后对其进行了教育。对于队员的思想、行为必须要及时了解，掌握动向，做好教育工作。王欣近一段时间在力量上有了明显增长。

星期三，一般身体练习：

1.跳深练习：4 次 / 组 ×3 组。

2.伸髋练习：40 次 / 组 ×2 组。

3.快跑小台阶：12 级 ×5 次。

本日小结：训练结束后给队员做了一些形态指标的测量。定期进行形态指标的测量，做好数据的积累，对于掌握队员的身体发育情况，以及今后的参考很有意义。在训练过程中，无论是教练员还是队员，都要全身心地投入到训练之中。这样可以相互感染，营造浓厚的训练气氛，有助于训练质量的进一步提高。

星期四，专项练习：

1.连续三步助跑起跳：5 跳 ×4 次。

2.连续五步助跑起跳：4 跳 ×4 次。

3.半程助跑起跳：4 次 ×2 组。

4.腹肌及上肢力量练习：×4 组。

本日小结：

1.王欣做 6 次跳远、6 次三级跳、4 组力量练习，由于胫骨疼，跳跃练习减半。

2.初一的小队员专项练习做上步踏跳的模仿练习：30 次 ×4 组。

星期五，力量练习：

1.（高翻杠铃：×10 次→沙坑纵跳：×30″→负重弓步前进：×20 步→单足换腿跳：×60 米）/循环组 ×6 组。

2.（负重半蹲跳：×10 跳→十级跳）/循环组 ×6 组。

3.节奏跑：80 米 ×3 次。

本日小结：首先做第二循环组的练习，通过队员的表现和反馈，把此项练习的组数增加到 9 组。第二单元 6 组做的是杠铃高翻 ×10 次和沙坑纵跳 ×30″。第三单元 4 次 60 米的节奏跑。

星期六，休息调整。

星期日，专项练习：

1.半程助跑跳远：5 次 / 组 ×2 组。

2.半程助跑三级跳远：5 次 / 组 ×2 组。

3.快推：20 ～ 40 次 / 组 ×4 组；仰卧起坐：40 ～ 50 次 / 组 ×4 组。

本日小结：在半程专项技术的练习过程中，队员基本上都能把注意力放到自己的技术练习上，薄弱的环节努力改正。应注意巩固队员突出的个人特点。初一队员做模仿练习。王欣跳完整技术。

本周小结：本周对队员的一些形态指标进行了测量，这样的测量应保证每学期一次，并且要做好数据资料的保存积累。在训练过程中，个别队员私自减少运动负荷量，必须要注意，并及时纠正。队员总是在观察教练员，如果稍加放松，队员就会立刻察觉到，进而影响他们的训练质量。训练内容和运动负荷，受自身身体状态的影响，有的队员可能会出现对负荷的不适应，训练内容与负荷的调整，必须要经过教练员批准，坚决不能让队员养成私自减量的不好习惯。

对于力量练习，我现在深刻体会到，小关节及腰背肌的力量要坚持天天练习，大肌群的力量要做到少而精，要有较强的针对性，尽量结合项目特点。

哪种练习方法，对哪个技术环节影响大，要通过平时的训练摸索掌握。

时间：2004年8月30日至9月5日，第35周。

任务：

1．抓好初一队员的全面身体训练。

2．加强高一队员的专项能力训练。

3．改进助跑与起跳相结合的专项技术。

4．培养队员顽强拼搏的精神。

内容（基本部分）：

星期一，速度练习：

1．行进间30米计时跑：×3次。

2．60米计时跑：×3次。

3．100米计时跑：×2次。

4．踝关节及腰背肌力量练习：×4组。

初一、初二队员：

1．跑格：30米 ×3次/组 ×4组。

2．跨栏摆动腿技术练习：5个栏 ×3次/组 ×3组。

3．（沙坑纵跳：×30″ →侧拉壶铃：15千克 ×10次）/循环组 ×4组。

本日小结：队员反映，由于太晒所以跑起来觉着没有劲儿。孙晨超因为感冒发烧刚好，所以100米没有跑。刘少波在练习中身体感觉放松了很多，没有那么僵硬了。李晨东在跨栏练习中动作表现得很僵硬，我感觉还是练的少，加上自身的感觉并不是很好所致。

星期二，技术练习：

1．跑格接起跳练习：10次/组 ×2组。

2．短助跑五级跳：6次/组 ×2组。

3.高翻杠铃：5次／组×6组。

初一、初二队员：

1.连续三步助跑起跳过障碍：4跳×5次。

2.跨栏起跨腿技术练习：5个栏×3次／组×3组。

3.高翻杠铃：4次／组×4组。

本日小结：小队员利用栏架的练习，我觉得可以多放几个栏架，有利于更好地体会掌握动作。起跳练习时李晨东的腰明显立不住，不过比起他以前跳远时一起跳就要转体的情况已经是好多了。

星期三，一般身体练习：

1.多级跳：60米×3～4次／组×4组。

2.后抛实心球：15～20次。

本日小结：多级跳的时候每组都要变换一下跳的形式，跨步跳、单足换腿跳、双单跨。后抛实心球时让实力差不多的队员相互比着抛。

星期四，力量练习：

1.（负重半蹲跳：×5跳→立定十级跳进沙坑）／循环组×15组。

2.（肋木悬垂收腹举腿：×25次→60米加速跑）／循环组×6组。

初一、初二队员：

1.跳大台阶：12级×3次／组×3组。

2.快跑小台阶：12级×3次／组×3组。

3.跳跃展腹手摸脚后跟：10跳／组×3组。

本日小结：收腹举腿和加速跑的练习实际只做4组。刘健说他以前在体校训练时力量和跳跃练习都是在最后做，而且立定多级跳的练习最后一下也不用进沙坑。我对队员的解释是，今天是力量训练，主要内容当然要放在中间部分，要在身体状态最好的时段进行练习。组合练习的目的，一是在力量练习时肌肉横向用力会多一些，结合跑、跳等练习改变一下用力方向，避免肌肉过于紧张，减少弹性。二是组合练习是让队员更加集中注意力，减少精神上的懈怠。在立定的多级跳练习时，最后一跳进沙坑，这种练习以后会经常做。三是顺便练习了跳跃的落地动作。如果进入沙坑的距离较长，可以把起点向后移，增加跳跃距离，提高练习的强度。

队员有疑惑并且能对我说，我非常高兴，说明我的队员并不是简单的傻练，而是懂得思索并且与教练员交流，这是对教练员的信任。这件事情也提醒我，今后在训练开始时，应向队员说明当日训练的主要任务，定期向他们说明阶段任务，让他们知道自己在练些什么，为什么这样练，为了达到训练目的应该怎样做。这有助于提高训练质量，也对教练员安排训练计划提出了更高要求。

小队员增加两组 50 米跑，对他们训练的强度不能要求很高，但训练的时间必须保障，要让他们有训练的感觉。

星期五，专项练习：

1. 全程助跑三级跳远：8 次／组 ×2 组。

2. 短助跑五级单足跳：8 次／组 ×2 组。

3. 上肢力量练习：×6 组。

初一、初二队员：

1. 跑格练习：4 次／组 ×3 组。

2. 连续助跑起跳过栏架：5 个栏 ×4 次／组 ×3 组。

3. 快推：10 次／组 ×4 组。

本日小结：最近的训练负荷不小，有队员反映，高年级队员的短助跑五级单足跳没有做，上肢力量少做 2 组。王雨的动作比较顺，刘少波的动作也好多了，李晨东的膝、踝还是有些僵硬，跳的时候有些屈髋。

星期六，休息调整。

星期日，力量练习：

1.（负重上两步大台阶：×5 次→连续一步起跳上大台阶：×12 级）／循环组 ×15 组。

2.（高翻杠铃：×5次→快速跨步跳：×60米）×5次／循环组 ×2组。

3. 80米节奏跑：×2次

初一、初二队员：

1.（穿沙衣做台阶换腿跳：×15跳→连续一步起跳上大台阶：×12级）×2次／循环组 ×3组。

2.（高翻杠铃：×4次→提踵走：×10米→快速跨步跳：×40米）×2次／循环组 ×3组。

3. 60米跑：2次／组 ×3组。

本日小结：王欣在整体能力上和孙晨超、刘健相差不少，这是因为在初中时缺乏系统训练。他所在学校的训练环境远不及二中、六中。从高翻和跨步跳的情况看，队员的跳跃能力和协调用力能力、腰腹肌力量、上肢力量还需要加强。

本周小结：由于调整不当，周三多做了一些多级跳之类的练习，增大了下肢的负荷，后两天队员普遍感觉训练到最后时，腿有些撑不住。另外，队员的个人能力不一样，一定要尽最大努力解决好"吃不了与吃不饱"的问题。

时间：2004年9月27日至10月3日， 第39周。

任务：

1. 加强专项练习，为10月22～24日区秋季中小学生运动会和北京市田径传统项目学校运动会做准备。

2. 增强专项素质练习的同时注意全面身体能力的练习。

3. 培养队员顽强拼搏的精神。

内容（基本部分）：

星期一，速度练习：

1. 行进间30米计时跑：×4次。

2. 60米计时跑：2次／组 ×2组。

3. 踝关节和上肢力量：×4组。

刘健：

1. 起跑上栏：×4次。

2. 110米栏计时跑：×2次。

3. 踝关节和上肢力量：×4组。

初一、初二队员：

1. 跨栏：3个栏 ×3次／组 ×4组。

2. 沙坑纵跳：40次／组 ×4组。

3. 伸髋练习：20次／组 ×2组。

本日小结：从计时成绩看，张弛跑的速度有了明显提高，而孙晨超和侯婉菲的速度没有明显变化。刘健全程栏计时成绩不错，整体技术感觉也不错，毕竟他在体校时跨栏是主要练习项目，现在由于项目的原因，练得少了。小队员做跨栏的练习，动作技术有明显的进步，协调多了。

星期二，专项练习：

1. 连续三步助跑起跳：3跳 ×3次。

2. 全程助跑跳远：×10次。

3. 伸髋练习：20次／组 ×4组。

初一、初二队员：

1. 跑格：12格 ×3次／组 ×4组。

2. 单足跳：10跳 ×2次／组 ×4组。

3. 跨步跳：15跳 ×2次／组 ×4组。

4. 后抛实心球：×15次。

本日小结：相对于原地开始的助跑，行进间开始的助跑在速度上有明显的优势，我带的队员都是采用行进间助跑的方式。助跑的技术，队员差很多，没有感觉。主要精力放在高年级队员，小队员的练习去看了几眼，简单交代了一下需要注意的问题。通过观察，我的小队员独自训练的态度和质量是可以放心的。

星期三，速度练习：

1. 行进间 30 米计时跑：3 次 / 组 ×2 组。

2. 后抛实心球：×15 次。

本日小结：第一次给初一小队员进行计时跑练习，从成绩上看他们进步很明显，说明平时对他们进行的各种练习有益于能力的发展。但益处究竟有多大，现在还不清楚。我现在能感觉到的是磨刀不误砍柴工，功夫不负有心人。

由于实心球不够，让队员改做沙坑纵跳和负重体转练习。

我从队员近期的表现，感觉最近对他们的管理有些松，需要引起注意。

星期四，专项练习：

1. 全程助跑三级跳远：×6 次。

2. 栏架左右摆腿：25 次 / 组 ×2 组。

初一队员：

1. 跳栏架：4 个栏 ×3 次 / 组 ×4 组。

2. 挺身式跳远技术的模仿练习：20 次 / 组 ×3 组。

3. 栏架左右摆腿：20 次 / 组 ×2 组。

本日小结：我第一次采用抻着跳的方法，给队员增大强度。高男用 13 米板，初男、高女用 11 米板，初女用 9 米板。当然这是在了解队员能力和身体状态正常的情况下进行的，因为安全是第一位的。初一李晨东等是自己练的，但我有意识地提高了栏架的高度，他们的跳跃能力有了明显进步。对于基本的动作技术要从小抓，抓扎实，这样才有利于今后更好地发展。他们观看高年级队员跳跃的神态，绝对是一种羡慕加渴望。

星期五，休息调整。

星期六，休息调整。

星期日，力量练习：

1.（利用板凳做负重上步起跳成腾空步：×4次→连续一步助跑起跳：×4跳）/ 循环组 ×4组。

2.（高翻杠铃：×4次→跨步跳：×60米）/ 循环组 ×4组。

3.60米跑：×4次

本日小结：做完第一、二项的力量练习后，队员反映没什么感觉，刺激得不够，因此又增加了4组负重半蹲触凳快起和60米的双单双跨练习。

本周小结：受"十一"长假的影响，本周少了一次力量练习。周四增加了一次专项技术练习，虽然量不大，但强度在增加。长假后的两周一定要顶上去。训练方法运用适当会收到很好的效果。在了解队员能力，确保安全的情况下，抻着跳是一种很好的刺激方法。我越来越觉得，队员缺少对自身动作技术的直观理解与认识。

二、2006至2007年度训练笔记遴选

2007年3月11日~17日训练计划

任务：

1. 在专项能力方面加强练习。

2. 做好区春季中小学生运动会的准备工作，完成北京市中学奥林匹克教育基地学校课余训练研究课，调整好比赛状态。

3. 培养队员顽强拼搏的精神。

内容（基本部分）：

2007年3月11日，星期日

专项：

1.全程助跑练习：2次 / 组 ×4组。（要求：注意助跑节奏和步点准确性。）

2. 跳箱背肌：30 ～ 35 次／组 ×3 ～ 4 组。

3. 双单双跨：30 米 ×2 次／组 ×3 ～ 4 组。

2007 年 3 月 12 日，星期一

速度：

1. 行进间 30 米快速跑：2 次／组 ×3 组。

2. 悬垂收腹举退：15 ～ 20 次／组 ×4 组。

3. 纵跳：20 跳 ×2 次／组 ×4 组。

2007 年 3 月 13 日，星期二

专项：

1. 全程助跑起跳：×2 ～ 3 次。

2. 半程助跑专项技术：×2 次。

3. 全程助跑专项技术：×3 次。

4. 负重连续快速深蹲：5 次／组 ×3 组。（不同年龄段选择不同重量：30 公斤、20 公斤、50 磅、40 磅）

5. 挺举杠铃：4 ～ 6 次／组 ×3 组。

6. 跨步跳：60 米 ×3 次。

（4 ～ 6 项循环练习）

2007 年 3 月 14 日，星期三

一般身体练习：

1. 起跑反应速度练习：×3 ～ 5 次。

2. 跨栏：3 ～ 5 个栏 ×3 ～ 5 次／组 ×2 ～ 3 组。

2007 年 3 月 15 日，星期四

专项：

1. 全程助跑专项技术练习：×6 ～ 8 次。

2. 腹肌两头起：20 ～ 25 次／组 ×4 组。

3. 双单双跨跳：30 米 ×2 次／组 ×4 组。

2007 年 3 月 16 日，星期五

力量：

1. 负重连续快速深蹲：5 次／组 ×3 组。

2. 单足换腿跳：30 米 ×3 次。

3. 负重半蹲跳：6 次／组 ×3 组。

4. 跨步跳：30 米 ×3 次。

5. 挺举杠铃：4 ~ 6 次／组 ×3 组。

6. 大步跑：60 米 ×3 次。

（1 ~ 5 项循环练习；不同年龄段选择不同重量：40 千克、30 千克、20 千克）

2007 年 3 月 17 日，星期六

专项：

1. 全程助跑完整专项技术：×4 ~ 6 次。

2. 负重深蹲：5 次／组 ×3 组；腹肌两头起：20 ~ 25 次／组 ×3 组。

3. 大步跑：60 ~ 80 米 ×3 次。

2007 年 3 月 18 日，星期日。休息。

2007 年 3 月 11 日 ~ 17 日每天训练小结：

2007 年 3 月 11 日，星期日。

各级别的比赛和高三升学体育加试都已临近，队员现在最重要的是不要再出现新的伤病，尽快调整好身体状态才是最重要的。周六有北京市中学田径基地学校的课余训练研究课，我准备把这一周的训练负荷降下来。

2007 年 3 月 12 日，星期一。

队员多跑了两个60米跑，所以接下来的素质练习让他们少做了一组。队员能健康训练我就心满意足了。

在家里谈到训练工作，妻子说我好像对训练和这次市级研究课有些不在乎。我怎么会不在乎呢？我是很在乎的。也许是在很大压力下的一种超脱吧，各种压力集在一起好像倒是没有压力了。

2007年3月13日，星期二。

专项技术的训练每个队员只跳两次，如果按队员的身体状况来说，练习的效果还是不错的。现在伤病队员较多，几个主力队员的伤病更是让我心烦。

以现在的情况，周六研究课的专项内容是必须要减少的。力量训练时负重的重量应该下调，特别是小队员，不要让他们做起来感到非常吃力。

马战山的跳远两跳都在5.4米以上，还是比较不错的。

2007年3月14日，星期三。

刘健在做了几组起跑练习之后垮了几次栏，因为有基础，栏上技术还可以。他的任务是在区运动会上保证拿到这个项目的第一名，毕竟这不是他的主项。训练组为了保证训练项目的成绩，也有自己的规矩。

初一的队员也做了几组跨栏练习。通过练习，很容易看出谁的协调性和爆发力较好，谁的较差。协调性好的动作很顺、很流畅，爆发力好的脚下干脆，栏上动作也快。李莉莉虽然比李雪艳的脑子慢，但动作相对要顺一些。通过这一段的训练，初一的队员逐渐有了一些训练的感觉，开始进入状态了。

2007年3月15日，星期四。

因参加组织活动，安排队员自己练习。今后每逢组织活动只能这样安排训练了。好在经过我几年的打造，队员的训练质量可以让我放心。

2007 年 3 月 16 日， 星期五。

明天要进行北京市的课余田径训练研究课，训练内容是专项练习，到时候有人来看课，队员练习的强度自然会随之增加。我考虑把今天的训练内容改到周日进行，今天安排队员打扫跑廊的环境卫生，休息一天。有伤病的队员可以休息两天，以保证周六和以后的训练。

2007 年 3 月 17 日， 星期六。

因有队员伤病，今天没有要求所有队员都来。刘健、刘冬、马跃、张弛、王雨、马战山、单雪峰、李莉莉、库振华参加了练习。

来看课的都是北京市中学课余田径训练有经验的教练员，在专项练习过程中，队员在有外人观看的情况下做动作都很认真，动作技术的到位程度相比以前有了很大改善，甚至有超常发挥。这让我感觉有些不知所措，不晓得如何进行指导了。专项练习只进行了四跳，量虽少可强度不小。素质练习用杠铃做了三组，取消了跑的练习内容。

课后，来看课的教练员们和我交流，认为我队里初一、初二的小队员条件都很不错，很有潜力，基础技术也很不错，但从身体上看略显单薄。我明白，随着训练经验的积累，我在选材方面有了很大提高，所选的小队员条件都不错，也有潜力。但一些小队员的学习成绩实在很差，很可能影响将来的升学；个别小队员的行为习惯不好，很可能影响他们无法坚持到底。北京八中的朱老师说，对初中小队员要注重抓基本技术，如跑与跳的结合，把动作一气呵成，充分利用好速度力量。前北京队的魏教练对刘健的专项跳跃技术给与了指导。

李莉莉跳远时助跑距离长了一些，跳几次后有些撑不住，动作有些变形，差点造成腰部受伤。这提醒我对小队员的练习一定要控制负荷量与强度，以减少伤病。清华大学的吴老师对我说，专项练习对于初中队员来说每周一次，高中队员每周两次即可。这些经验与建议值得我学习和思考。

总的来说，这次研究课使我收获很多。

2007 年 3 月 19 日～31 日训练计划

任务：

1. 在专项能力方面加强练习；

2. 做好区春季中小学生运动会的参赛工作，调整好身心的状态；

3. 培养学生顽强拼搏的精神。

内容（基本部分）：

2007 年 3 月 19 日，星期一。

速度：

1. 行进间 30 米计时跑：×2 次；60 米计时跑：×1 次；100 米计时跑：×1 次。（刘健：110 米栏计时跑：×2 次）

2. 跳箱背肌：30～35 次/组 ×3～4 组。

3. 双单双跨：30 米 ×2 次/组 ×3～4 组。

2007 年 3 月 20 日，星期二。

专项：

1. 全程助跑完整专项技术：×6 次。

2. 悬垂收腹举退：15～20 次/组 ×3～4 组。

3. 收腹屈腿跳：10～12 次/组 ×3～4 组。（低年级队员练习起跳技术）

2007 年 3 月 21 日，星期三。

一般性身体练习：

发展小肌群力量练习和协调性练习 4 组

2007 年 3 月 22 日，星期四。

力量：

1. 负重深蹲（塔形）：2～3～4～5 次（高三男队员使用重量：80～70～60～50 千克；马跃使用重量：50～40～30～20 千克）；

快速高抬腿跑：30 步 ×4 次。

2. 负重半蹲跳：6 次 / 组 ×4 组（高三男队员使用重量：40 千克；
马跃使用重量：30 千克）；

跨步跳：60 米 ×4 次。

3. 高翻杠铃：4 ～ 6 次 / 组 ×4 组（高三男队员使用重量：40 千克；
马跃使用重量：30 千克）

大步跑：60 ～ 80 米 ×4 次。

2007 年 3 月 23 日，星期五。

专项：

1. 全程助跑完整专项技术：×6 次。

2. 腹肌两头起：20 ～ 30 次 / 组 ×4 组。

3. 单足跳：6 跳 ×2 次 / 组 ×4 组。

2007 年 3 月 24 日，星期六。休息。

2007 年 3 月 25 日，星期日。

速度：

1. 行进间 30 米计时跑：2 次 / 组 ×2 组。（刘健：110 米栏计时跑一次）

2. 跳箱背肌：25 ～ 30 次 / 组 ×3 组。

2007 年 3 月 26 日，星期一 。

　力量：

1. 负重深蹲：6 次 / 组 ×4 组（高三男队员使用重量： 50 千克；马
跃使用重量： 30 千克）；

跨步跳：60 米 ×4 次。

2. 负重半蹲跳：6 次 / 组 ×4 组（高三男队员使用重量：50 千克；
马跃使用重量：30 千克）；

大步跑：80 米 ×4 次。

2007 年 3 月 27 日，星期二。

专项：

1. 半程助跑专项技术练习：×8 次。

2. 腹肌两头起：25 ~ 30 次 / 组 ×3 组。

2007 年 3 月 28 日，星期三。休息。

2007 年 3 月 29 日，星期四。

赛前准备工作，一般性身体活动。

2007 年 3 月 30 日，星期五。

参加春季区中小学生田径运动会。

2007 年 3 月 31 日，星期六。

参加春季区中小学生田径运动会。

2007 年 3 月 19 日 ~ 31 日每日训练小结

2007 年 3 月 18 日，星期日。

昨天参加北京市中学生课余田径训练研究课，专项技术训练的强度不小，所以今天的训练取消，让队员休息。我在家制定区运会前每天的训练计划。这些计划主要针对参赛队员，没有比赛任务和伤病队员，能练就练，或者做一些基本动作技术和基本身体素质练习，利用这段时间把身体调整好，准备后面的训练。

孙晨超参加理工大和林大体育加试的训练安排，根据实际情况再做调整。其他几名高三队员的加试，可以赛代练的形式来保证专项训练的强度。

4 月份精力要放在小队员身上，主要针对 5 月 6 日北京市基地校田径比赛。高三队员的训练和比赛也将以此为节点告一段落。

2007 年 3 月 19 日，星期一。

因阴雨天气原计划的 100 米计时跑改在跑廊里进行。通过计时成绩，感觉队员的状态不错。我认为这与准备上周六的研究课，队员做了近一周的调整有直接关系。这也让我受到启发，训练就像是橡皮筋，如果总是最大限度地抻着，时间长了就会断。队员总是大强度的训练，不注意调整，就会出现伤病。如果在上一个月的训练后调整一周再开始训练，不仅可以使身体得到恢复，也是对上一阶段的训练效果作一检测的好时机。

对于孙晨超，我只能在训练方面尽我所能。

小队员正是长身体的时候，只要稍感不适，就让他们休息，以保证以后的训练。他们的基础性练习还要进一步抓，特别是支撑跳跃的能力，但不能贪多。

2007 年 3 月 20 日，星期二。

队员要是感觉不舒服就不让他们做专项练习了，安排一般性的短距离跑。高年级队员的专项技术练习也只跳了 4 跳。

初一队员要多做连续一步助跑起跳和半程助跑起跳腾空步练习，这是他们在技术方面需要多练习的。最后让他们每人跳了一次全程助跑的跳远练习，体会一下。两个小小女孩的脚下爆发力明显优于库振华。

2007 年 3 月 21 日，星期三。

刘健因病两天没有训练，现在他已经恢复了。安排他进行全程栏的练习，让他找到感觉，只要他能顺利地跑下来，在区运会上拿这个项目的第一绝无问题，也算圆满完成了任务。两次全程栏跑都不错，成绩在 15″ 30 左右，第二次要比第一次跑得更好。他的整体状态非常好。对他而言现在只需要比赛了。我敢肯定，要是让他参加三级跳比赛，一定会通过国家一级运动员的标准。可惜高中男生短跑队员中还没有练习110 米栏项目的，只能让他来顶一顶了。

孙晨超由于加试的需要，今天安排他做中等强度的力量练习。

其他队员做栏侧摆腿 30 次，单足纵跳 15 跳，各做 4 组。

2007 年 3 月 22 日，星期四。

真不敢相信，每当刚刚看到希望，紧接着就是一盆冷水。刘健没有来训练，同年级的学生告诉我，他在下楼时不小心把脚踝给扭伤了，而且很严重，不要说参加比赛，就是升学的体育加试恐怕都悬了，他已经被家长接走看病去了。

2007 年 3 月 23 日，星期五。

能练专项的队员没剩几个了，不过今天参加专项练习的队员跳得还是很不错的。

对队员来说，我就是教练员，并且威而严。

2007 年 3 月 25 日，星期日。

上午随孙晨超到林大进行体育加试，跳远成绩 6.85 米，就他现在的身体状态而言此成绩并不理想，不过在这样的天气条件下，在室外场地跳出这个成绩还说得过去，可以在所有加试学生中排名一或二。但他每次跳完后都对我说，起跳脚小脚趾的脚掌骨一跑一跳就疼，我想可能与连续进行体育加试的专项强度太大有关。观察观察再说。总之，今天的加试任务已经顺利完成。

刘冬的状态也不好，有受伤的可能。孙晨超脚疼，不能参加区运会了，即便参加，考虑到他还要参加体育加试，不能让他大强度跳。现在训练计划针对的队员越来越少，少得有些可怜。突然之间感觉很累，压力很大，让我喘不过气来。

2007 年 3 月 26 日，星期一。

高年级队员的训练内容是按照计划进行的。初一队员做力量训练后又加了三组 20 米距离的连续一步助跑起跳，每组做两次。对初一队员的训练必须要注意抓基本技术，而且要能抓多细就抓多细。

今天的亮点是力量练习。马战山用 30 公斤杠铃做深蹲起已经没有问题了；马跃用 40 公斤的杠铃在保护帮助下做得也不错；张弛和刘冬用的是 60 公斤。半蹲跳的练习，初中男队员在深蹲重量的基础上增加 10 公斤，高中队员用原重量。

我感觉高中队员，特别是高三队员的身体可以做一些大的力量练习。通过今天的力量训练，我觉得力量训练的负重重量，在队员承受范围内可以试着增加。体育训练负荷本身就是一个适应—提高—再适应—再提高的过程。

距区运会比赛的日期越来越近，许多小学借用场地进行训练，除了平时的关注，现在正好请马老师帮助选材。当然主要靠自己把握机会，好好运作，毕竟是自己带队员。

2007 年 3 月 27 日，星期二。

队员的伤病直接影响到各种比赛，有的甚至影响到升学的体育加试，这是我不想看到的。出现伤病的原因很多，现在我的队里伤病人数最多。我可不想给学校的团体总分拖后腿，更何况是新校长上任后的第一次区运会。区教委对每年的春季中小学田径运动会十分重视。比赛的结果可能还会是校长会的内容，输不起啊，压力真的好大。

作为教练员我对刘健已经尽了最大努力，既然转变不了他和他家长的观念，也只能祝他好运了。对于每一名队员，我都会尽最大努力来帮助。最近一个时期，我感觉在工作上很不顺利，事已至此就勇敢地面对吧。该来的总是要来的，不管是好是坏都会过去的。现在的一切就是自己的一个经验教训吧，但不需要用年轻来做借口。

2007 年 3 月 28、29 日，星期三、四。
这两天的主要工作是赛前准备。

2007 年 3 月 31 日，星期六。
紧张但并不激烈的区春季中小学生田径运动会结束了。也许是主要竞争对手准备的不够充分，或是其他原因，总之他们的表现没有想象中的那样强。比赛结果自然是很好的。

张弛跳远 6.85 米、三级跳远 14.35 米，成绩还算不错，超出了我对他的预想成绩。他的发挥让我看到了一些希望，至少在刘健和孙晨超高中毕业以后可以有队员顶一下区运会的比赛。这个成绩也会增加他对自己的自信，有利于今后的训练和比赛。马跃跳远 5.28 米、三级跳远 11.66 米的成绩也都很不错，两个项目都在二级标准以上，而且三级跳远还打破了区运会的记录。她的三级跳远的实力明显增强，成绩比较稳定，状态也很不错，有进一步发展的空间。只是留给我的时间太有限了。她毕业以后，高中没有后续女队员，可能会有一段时间的瘸腿。孙晨超因为脚掌骨疼，还要参加高考体育加试、测试等。但是已经报了名，又考虑到团体总分的原因，让他随便跳一下就可以了。以他的实力，即使随便一跳进前两名也没有问题。马战山跳远 5.2 米、三级跳远 12 米的成绩比我预料的要差很多。四中的一名跳远的男队员身材不错，1.85 米左右，但观察其动作，明显感觉速度和支撑跳跃的能力不够强。

我对从外校招收高中队员是很谨慎的。第一，如果某个队员各方面条件都不错的话，在小学升初中时就会被招入我校，毕竟我们学校还是比较有实力的。第二，即便是到了其他学校，受训练综合水平的影响，也不会出太好的成绩。第三，由于身体成熟与发育的原因，队员在初三左右时成绩会有很大的飞跃，但到了高中后，如果初中时训练基础没有打牢，就很难再出好的成绩。这会给人一种感觉，为什么到我这里训练几年后，没有大的进步。第四，小学升初中时我校就有特长生的招收名额，而且在人力、物力、财力上投入很大，带不出成绩是说不过去的。所以这会促使我的成就感，更努力地投入到训练中，使自己的队员的成绩优于外校。

当然从外校招高中队员也不是绝对不行的，吸收外校的优秀队员，有利于人才的衔接。

现在要留意从五年级寻找苗子了，想找合适一些的真难啊。

2007 年 4 月 1 日 ~ 22 日训练计划

任务：

1. 增强身体能力练习，备战北京市中学生田径运动会、北京市奥林匹克教育学校体育后备人才培养基地学校田径运动会以及各类体育加试。

2. 通过全程的专项练习提高专项能力，改进整体技术。

3. 身体素质以中等负荷的训练为主，使队员全面发展。

4. 初一年级及新入队的队员以基本技术的熟练和全面身体素质发展为主。

内容（基本部分）：

2007 年 4 月 1 日，星期日。

速度：

1.跑格练习：5 次 / 组 ×2 组。（17 个格，格间距 5 脚，注意频率，不要屈髋）

2.100 米跑：3 次 / 组 ×2 组。（注意跑的基本技术）

3.负重半蹲提踵：12 次 / 组 ×5 组。（李晨东：60 千克、单雪峰：40 千克、李雪艳：20 千克，注意动作的连续性和用力方向）

腹肌仰卧起坐：20 ~ 25 次 / 组 ×5 组。

参加区运会比赛的队员今天休息。

2007 年 4 月 2 日，星期一。

专项：

1.半程助跑专项练习：4 次 / 组 ×2 组。

2.跳箱背肌：30 次 / 组 ×3 组。

马跃做中等负荷力量练习，伤病队员做一些简单的身体素质练习。

2007 年 4 月 3 日，星期二。

速度：

1.行进间 30 米计时跑：2 次 / 组 ×2 组。（间歇 6 ~ 8 分钟）

2.100 米计时跑：×2 次。（马跃、李晨东、李雪艳跑一次）

3. 穿沙衣纵跳：20 跳 ×2 次 / 组 ×4 组。（马跃做两组）

2007 年 4 月 4 日，星期三。

一般身体练习：前、后抛实心球：15 次 / 组 ×2 组。

2007 年 4 月 5 日，星期四。

专项：

1. 全程助跑完整专项技术：4 ~ 6 次。

2. 短助跑五级跨步跳进沙坑：3 次 / 组 ×3 组。

马跃做中上等强度的力量练习，其他有伤病的队员进行一般身体素质练习。

2007 年 4 月 6，星期五。

速度：

1.60 米快速跑：3 次 / 组 ×3 组。

2. 上步成腾空步练习：15 次 / 组 ×5 组。（初一队员）

3. 短助跑五级单足跳：3 次 / 组 ×4 组。（李晨东）

4. 跨栏练习：5 个栏 6 ~ 8 次。（单雪峰）

参加高水平运动员测试的队员休息（马跃、孙晨超）

2007 年 4 月 7 日，星期六。休息。

2007 年 4 月 8 日，星期日。

力量：

1. 负重连续快速深蹲：5 次 / 组 ×5 组。（张弛、李晨东：30 千克，初一初二男生：20 千克，初一、初二女生：20 磅）

2. 负重半蹲跳：8 ~ 12 次 / 组 ×5 组。（重量同上，根据个人能力做不同的选择）

3. 抓举杠铃：6 ~ 8 次 / 组 ×4 ~ 5 组。

4. 跨步跳：50 米 ×3 次 / 组 ×3 组。

5. 大步跑：2 次 / 组 ×2 组。

参加高水平运动员测试的队员休息。参加首都体育学院高考体育加试的队员做力量练习。

2007 年 4 月 9 日，星期一。

速度：

1. 行进间 30 米计时跑：3 次 / 组 ×2 组。

2.60 米计时跑：×3 次。

3.100 米计时跑：×1 次。

4. 悬垂收腹举退：15 次 / 组 ×3 ~ 4 组。

5. 单足纵跳：20 次 / 组 ×3 ~ 4 组。

参加首都体育学院高考体育加试的队员：绕杆：5 次 / 组 ×2 组；后抛铅球和实心球各 15 次；起跑练习：5 次 / 组 ×2 组。

2007 年 4 月 10 日，星期二。

专项：

1. 全程助跑完整跳远技术：6 ~ 8 次。

2. 仰卧伸髋练习：30 次 / 组 ×3 ~ 4 组。

参加首都体育学院高考体育加试的队员：100 米计时跑 ×2 ~ 3 次。

2007 年 4 月 11 日，星期三。

一般身体练习：前、后抛实心球：各 15 次 / 组 ×2 组。

参加首都体育学院高考体育加试的队员：半程助跑专项技术练习 ×6 ~ 8 次。

2007 年 4 月 12 日，星期四。

速度：

1. 行进间 30 米计时跑：3 次。

2. 60 米计时跑：×2 次。

3. 100 米计时跑：×1 次。

4. 负重半蹲提踵：10 ~ 12 次／组 ×4 ~ 5 组。

5. 跨步跳：50 米 ×3 次／组 ×2 组。

参加首都体育学院高考体育加试的队员：重负荷力量练习。

2007 年 4 月 13 日，星期五。

专项：

1. 全程助跑完整三级跳远技术：6 ~ 8 次。

2. 栏侧摆腿：30 次／组 ×3 ~ 4 组。

3. 腹肌两头起：20 ~ 25 次／组 ×3 ~ 4 组。

参加首都体育学院高考体育加试的队员：丈量步点助跑练习 ×3 ~ 4 次。

2007 年 4 月 14 日，星期六。休息。

2007 年 4 月 15 日，星期日。

一般身体练习：

跨步跳：60 米 ×2 次／组 ×4 组。

腹肌两头起：20 ~ 25 次／组 ×4 组。

马跃：

1. 行进间 30 米跑：3 次／组 ×3 组。

2. 腹肌两头起：20 ~ 25 次／组 ×3 组。

首都体育学院高考体育加试（全天）。

2007 年 4 月 16 日，星期一。

速度：

1. 行进间 30 米计时跑：2 次／组 ×2 组。

2. 100 米计时跑：：×1 次。

3. 跳箱背肌：30 次 / 组 ×3 ~ 4 组。

穿沙衣纵跳：20 跳 ×2 次 / 组 ×3 ~ 4 组。

马跃做中上负荷力量训练。高三没有高考体育加试和比赛任务的队员从今天开始停止训练，准备高考。

2007 年 4 月 17 日，星期二。

专项：

1. 全程助跑完整跳远技术：2 次。

2. 全程助跑完整三级跳远技术：2 次。

3. 栏侧摆腿：30 次 / 组 ×3 组。

2007 年 4 月 18 日，星期三。

力量：

1. 负重深蹲：5 次 / 组 ×4 组。（60 千克、50 千克、40 千克、30 千克）

跨步跳：60 米 ×2 次。

2. 负重半蹲跳：6 次 / 组 ×4 组。（使用重量同上或增加 5 公斤）

大步跑：80 米 ×2 次。

马跃休息。

2007 年 4 月 19 日，星期四

北京市中学生田径运动会。马跃在比赛场地丈量步点，做适应场地的练习。张弛、李晨东休息。

没有比赛任务的队员在校自己练习：

1. 快速跑：60 米 ×3 次 / 组 ×3 组。

2. 跨步跳：60 米 ×3 次 / 组 ×3 组。

2007 年 4 月 20 日，星期五

北京市中学生田径运动会。马跃参加跳远项目比赛，张弛、李晨东在赛后丈量步点，做适应场地的练习。

没有比赛任务的队员在校自己练习：

1.大步跑：100 米 ×2 次 / 组 ×3 组。

2.单足跳：10 跳 / 组 ×4 组。

3.跳箱背肌：30 次 / 组 ×4 组。

2007 年 4 月 21 日，星期六

北京市中学生田径运动会。马跃参加三级跳远项目比赛，张弛、李晨东参加跳远项目比赛。

没有比赛任务的队员休息。

2007 年 4 月 22 日，星期日

北京市中学生田径运动会。马跃休息，张弛、李晨东参加三级跳远项目比赛。

没有比赛任务的队员在校自己练习：

1.60 米 ×3 次 / 组 ×3 组。

2.快速跑：60 米 ×2 次 / 组 ×3 组。

3.跳箱背肌：30 次 / 组 ×4 组。

2007 年 4 月 1 日 ~ 22 日训练小结

2007 年 4 月 1 日，星期日。

在力量训练中，让李雪艳用 20 千克的重量进行练习，她的爆发力不错，只是动作有些僵硬，协调性不是很好，对整体动作技术的掌握有一定影响。李莉莉的动作挺顺，在力量上稍微欠缺一些，行为举止方面有些疯癫，不好。

2007 年 4 月 2 日，星期一。

小队员的专项技术，特别是跑跳的结合方面还需要重点加强练习。

2007 年 4 月 3 日，星期二。

天气回暖后第一次在室外进行计时跑，队员的计时成绩还不错。

2007年4月4日，星期三。

又开始做前、后抛实心球的练习，这种练习对跳远项目挺重要。

2007年4月5日，星期四。

今天让李晨东做全程专项技术训练，他在量步点时跑了4次，他觉得好像都不会跑了。这让我想到马老师经常说，他的跳高队员整个冬天都在室内跳半程专项技术，刚到室外全程也不会跳了。李晨东好像也是这样。我并没有像以前那样说他，而是认真帮他分析，从他的神情能感觉到，他消除了顾虑，减少了压力。

好的教练员不但要在训练队员的身体方面具备能力，也要在调节队员的心理方面具备能力。

2007年4月6日，星期五。

安排几个外校的初三女生来测试，只测了30米跑和短助跑五级单足跳两项，成绩很不理想。我决定初中升高中不从外校招收女生了，宁缺毋滥。

初二的孙鹏和周雪桐到我这里训练了。孙鹏是被别的项目淘汰的队员，周雪桐是我招收的，因其家里的原因已经停训快一年了。对于他们来说，我给他们创造了一次机会。初中队员是可以教育好的，我不会轻易放弃。这也是在给自己创造机会。

2007年4月8日，星期日。

带孙晨超、马跃到体育大学进行高水平运动员测试。孙晨超的测试结果很不理想，跳远6跳，没有一次过6.5米的国家二级运动员标准，有四到五跳的成绩居然都在6.48米。天气是有一点冷，他的起跳脚还是有些疼，但以他的实力和平时训练的状态来说，应该具备国家二级运动员的实力。我们都很失望，毕竟这是一次非常好的机会。我除了安慰他和家长之外，要求他再到三院或积水潭医院检查脚疼的原因。前期的医院诊断没有发现什么问题，自己也多观察，多注意到底是什么原因造成的。千万不要影响到首都体育学院的体育加试。马跃的成绩倒是在稳定中提高，几跳的成绩都在 11.6 ~ 11.9 米之间。

其余队员在学校做力量训练。

安排拟招收的新队员过来训练，现在只是为了多增加接触，建立师生感情，为以后的训练做准备。

2007 年 4 月 9 日，星期一。

在带领初二队员做腹肌力量和纵跳练习时，马老师在一旁和我交流。我们的观点是一致的，跳跃队员除了自身的专项支撑跳跃能力外，平时要注意多加强腰腹肌和踝关节的力量练习，要从小抓起，同时要注意负荷的安排适度。

2007 年 4 月 10 日，星期二。

现在马跃三级跳远技术的感觉很好，但是要加强第三跳的技术改进，让水平速度减少的越小越好。李晨东完成八次练习，各方面差得很远。现在队里的初中队员增加不少，按照现在学校初中升高中的标准，特别是文化课，将来肯定会难倒一批队员。

2007 年 4 月 11 日，星期三。

孙晨超做了一次 100 米计时跑，成绩还不错，高水平运动员的加试失败对他的影响已经消除得差不多了。以他现在的状态，在首都体育学院加试的时候考 90 分以上应该没有问题。刘冬在我这里训练有两年时间了，他再没有跳出过在前锋中学高一时的最好成绩，我曾经感觉很惭愧。但看到其他队员都或多或少地提高成绩，我想还是他的运动能力问题。

2007 年 4 月 12 日，星期四。

总体上队员表现得都有些累，60 米计时跑的成绩不是很好。马跃

60 米跑的成绩比刚进队时提高了不少。在力量训练方面，在队员能承受的情况下适当增加一些重量。跨步跳的练习，注意提醒队员动作放松一些。

2007 年 4 月 13 日，星期五。

今天的专项练习让所有队员都跳三级跳远，高中队员 6 次，李晨东 8 次，初二队员 4 次。让初一的队员也试了试，不行，太软撑不住。观察他们的连续三步助跑起跳练习，动作技术顺多了。马跃的动作技术有了很大进步，感觉可以过 12 米了。

2007 年 4 月 14 日，星期六。休息。

2007 年 4 月 15 日，星期日。

带队员到首都体育学院参加体育加试，王阔已经发挥到了极致，王欣的素质分差了一点，但总分过 85 分绝对没有问题，孙晨超总分 90 分以上肯定没有问题。值得说的是孙晨超，他在跳远专项测试时，只跳了一跳，就很轻松地跳出 6.90 米的成绩。真是气死人了，如果那天在高水平运动员测试的时候……。我问他今天怎么一切都正常了？他告诉我，周五的时候他自己就琢磨，平时走路的时候什么事情也没有，训练的时候不穿跑鞋脚也不疼，到医院又看不出什么问题，所以感觉不是自己的原因。他在家摆弄自己的跑鞋时无意中发现，自己脚疼位置的鞋底磨坏了，露出了钉托，正好硌着那里。终于找到了脚疼的原因，周六到市里买了一双新鞋，结果在今天测试时就一切正常了。

细节影响成败。这件事给我上了一课。根据孙晨超开春时的身体状态，在跳远项目上有冲击国家一级运动员的实力，可就是因为不知原因的脚疼，影响了高水平运动员的测试，没能参加各类比赛，失去了很好的机会。唉，这或许就是命运的安排吧。

2007 年 4 月 16 日，星期一。

没有升学体育加试和比赛任务的高三队员从今天开始停止训练，全面投入到高考准备中。

今天的速度跑计时队员表现得都一般。李晨东100米跑计时成绩很糟糕，这是他以前总有毛病，不能系统训练的结果。如果他再不按照我的要求去做，将来肯定是一事无成。

有的时候越不想那样却偏偏那样。这不，马跃又赶上在比赛期身体不方便，遗憾到处都在。

2007年4月17日，星期二。

过几天要参加北京市中学生运动会，在成绩上我不敢有太多奢望，只要队员能顺利比赛，正常发挥就可以了。

2007年4月23日至5月6日训练计划

任务：

1．增强队员身体能力的练习，增强连续比赛的能力，备战北京市奥林匹克教育基地校运动会。

2．加强专项技术训练，有比赛的队员以全程专项技术训练为主，没有比赛的队员进行专项技术训练。

3．培养队员吃苦耐劳、勇于拼搏的优秀品质。

内容（基本部分）：

2007年4月23日，星期一。

一般身体练习：

1.加速跑：60米×2次/组×3组。

2.跨步跳：60米×2次/组×3组。

3.跳箱背肌：30次/组×4组；

4.挺身式跳远动作模仿练习：6×2次/组×3组。

参加了北京市中学生运动会的队员休息。

2007年4月24日，星期二。

一般身体练习：

1. 小步跑：30 米 ×3 次 ×2 组。

2. 高抬腿跑：30 米 ×3 次 ×2 组。

3. 跨步跳：30 米 ×2 次。

4. 车轮跑：30 米 ×2 次。

要求：队员逐个练习，逐一做动作指导，保证动作正确。

2007 年 4 月 25 日，星期三。

一般身体练习：

1. 前、后抛实心球：各 15 次 / 组 ×2 组。

2. 悬垂收腹举腿：15 次 / 组 ×4 组；纵跳：15 跳 / 组 ×4 组。

3. 挺身式跳远动作模仿练习：12 次 / 组 ×5 组。

2007 年 4 月 26 日，星期四。

速度：

1. 行进间 30 米计时跑：×2 次；60 米计时跑：×1 次。

2. 100 米计时跑：×1 次；200 米计时跑：×1 次。

3. 仰卧伸髋：30 次 / 组 ×4 组；单足纵跳：15 跳 / 组 ×4 组。

2007 年 4 月 27 日，星期五。

力量：

1. 负重快速深蹲起：5 次 / 组 ×4 组；跨步跳：50 ～ 60 米 ×4 次。

2. 负重半蹲跳：8 跳 / 组 ×4 组；单足跳：8 跳 / 组 ×4 组。

3. 抓举：6 ～ 10 次 / 组 ×4 组。

4. 行进间 30 米跑：2 ～ 3 次 / 组 ×3 组。

2007 年 4 月 28 日，星期六。

专项：

1. 挺身式跳远动作模仿练习：8×3 次 / 组 ×2 组。

2. 全程助跑专项练习：×6 次。

3. 短助跑五级跨步跳：3 ~ 4 次／组 ×2 ~ 3 组。

要求：第一跳用单足跳。

2007 年 4 月 29 日，星期日。

一般身体练习：跑的专门性练习。

2007 年 4 月 30 日，星期一。

队员参加一年一度的学校运动会。

2007 年 5 月 1 日，星期二。休息。

2007 年 5 月 2 日，星期三。

速度：

1. 行进间 30 米计时跑：2 次／组 ×2 组。

2.60 米计时跑：×1 次。

3.100 米计时跑：×1 次。

4. 腹肌两头起：25 ~ 30 次／组 ×4 组；单足跳：8 跳／组 ×4 组。

2007 年 5 月 3 日，星期四。

力量：

1. 负重快速深蹲起：5 次／组 ×5 组；跑大台阶：12 级 ×5 次。

2. 台阶换腿跳：12 跳／组 ×5 组；连续三步助跑起跳：3 跳 ×5 次。

3. 抓举：6 ~ 8 次／组 ×4 ~ 5 组。

2007 年 5 月 4 日，星期五。

专项：

1. 全程助跑专项技术：×6 次。

2. 短助跑五级跨步跳：3 次／组 ×3 组。

2007 年 5 月 5 日，星期六。

一般身体活动：

1.跨栏练习：三个栏 3 次 / 组 ×4 组。

2.腹背肌练习：25 ~ 30 次 / 组 ×4 组。

参加北京市奥利匹克教育基地学校比赛的队员休息。

2007 年 5 月 6 日，星期日。

参加北京市奥利匹克教育基地校田径运动会。马跃: 跳远、三级跳远；李晨东：跳远、三级跳远；单雪峰：跳远、300 米栏 ； 李雪艳：跳远。

没有比赛的队员休息。

2007 年 4 月 23 日至 5 月 6 日训练小结

2007 年 4 月 23 日，星期一。

本届北京市中学生运动会，李晨东在初中男子三级跳远比赛中获得铜牌，马跃在高中女子三级跳远比赛中以 11.80 米的成绩获得第四名。遗憾的是张弛在跳远比赛中意外受伤，否则也能取得一个好名次。在比赛过程中，我发现李晨东的拼搏意识不够强，别人只比他远 20 厘米他就觉得超远，我认为三级跳远 20 厘米的差距并不算什么。要不是刘健和孙晨超因伤病等原因无法报名参赛，恐怕不会有张弛的参赛机会。大概正是这样的原因，他才会拼得那样凶，想是以好成绩来证明自己。比赛中我注意到，队员做准备活动时只要我在一旁，他的比赛成绩就会好一些，反之则不然。好像有教练员在场，队员的心情就不一样。即便是我在一旁什么也不说，结果都相当好。看电视报道采访刘翔，他说自己的准备活动大概需要一个小时，而教练孙海平一直在他身边，不用做什么，却让他心里感觉踏实，直到检录前说一句"师傅，我走了"。回想北京市第十二届运动会时，孙晨超参加跳远比赛，从准备活动开始我一直在他左右，结果他跳了 6.91 米的成绩，拿到了乙组的铜牌；而在三级跳比赛时，由于妻子临产，我赶去医院，没有在他身边，结果成绩不理想，无缘奖牌。刘健的三级跳比赛更是没有进入决赛。

径赛与田赛不同，径赛队员上了跑道后不可能再接受教练员的指导；而田赛不一样，队员丈量步点时，教练员要帮助观察是否准确，队员每次跳完后哪个环节需要注意，教练员可及时提醒他。

在专项技术方面，我感觉队员整体上还显得比较糙，这与教练员的执教能力有很大关系。除了要不断提高自身业务能力外，对队员的技术练习的要求也应该更加严格，这样才有助于队员的成长。

2007 年 4 月 24 日，星期二。

高三队员离队后，训练的注意力应该转到低年级队员身上，打好他们的基础，注意训练方法和手段，合理安排训练负荷，保证他们健康发展。另外，对于个别队员的针对性练习也是不能缺少的。

2007 年 4 月 25 日，星期三。

其实跳远的动作关键在于跑和跳，空中动作只是为了维持平衡。

2007 年 4 月 30 日，星期一。

一年一度的学校运动会给没有机会参加比赛的队员提供了展示自己的舞台。

2007 年 5 月 5 日，星期六。

与明天参加北京市奥林匹克教育基地学校田径运动会的队员一起，总结在北京市中学生运动会上的经验教训。

2007 年 5 月 6 日，星期日。

在今天的北京市奥林匹克教育基地学校田径运动会比赛中，队员的表现很不错，马跃以 5.26 米的成绩取得女子甲组跳远项目铜牌，以 12.02 米的成绩取得三级跳远第四名。李晨东以 13.63 米的成绩取得男子乙组三级跳远金牌，以 6.14 米的成绩取得跳远的铜牌。单雪峰以 47.60 秒的成绩取得男子丙组 300 米栏金牌，以 5.14 米的成绩取得跳远第五名。

李雪艳以 4.76 米的成绩取得女子丙组跳远第五名。队员在比赛中有一股拼搏向上的劲头，最值得表扬。这是优秀队员必须具备的品质。李晨东的三级跳远金牌是与对手你超我赶的拼搏后取得的，并且达到了国家二级运动员的标准。单雪峰的 300 米栏几乎没有练过，平时只是作为一种辅助练习，进行过短距离栏练习。因男子丙组三级跳远项目报名人数未达到，该项目被取消。组委会允许选手改报它项，他才在比赛前几天进行了练习。比赛时他与另一位选手在距终点 100 米时并驾齐驱，直到撞线时才分出胜负。马跃跳过了 12 米。我感觉对于三级跳远队员来说，高中女队员 12 米、男队员 15 米是个坎，过了这个坎，在心理和身体能力上都是一个提升，女队员达到 12.5 米，男队员达到 15.37 米的成绩就指日可待了。李雪艳还差得较远，但在初一队员中她还是有潜力的。这次比赛机会对她的发展应该受益匪浅。

比赛回来的路上，马老师提到一个问题，为什么我校小年龄组队员在比赛中成绩都不错，而到了高年龄组就不成了？我想，这与选材因素、队员发展潜力、训练方法手段、教练员业务水平、甚至学校的招生政策有关。这应该作为课余训练的一个重要课题。

2007 年 7 月 8 日至 8 月 4 日训练计划

任务：

1. 加强身体素质训练，增强赛前体能储备。

2. 增强专项跳跃能力，改进专项技术。

3. 培养队员吃苦耐劳、勇于拼搏的精神。

内容（基本部分）：

2007 年 7 月 8 日，星期日。

速度：

1. 行进间 30 米计时跑：2 次 / 组 ×4 组。

2. 跳箱背肌：30 ~ 35 次 / 组 ×4 组；单足换腿跳：30 米 ×2 次 / 组 ×4 组。

2007 年 7 月 9 日，星期一。

专项：

1. 全程助跑三级跳远第一、二跳的技术衔接：×6次。

2. 负重半蹲跳：8～10次/组×6组（20磅、30千克）；腹肌仰卧起坐：30次/组×6组。

3. 变速跑：全程400米，直道快弯道慢。

2007年7月10日，星期二。

专项：

1. 全程助跑三级跳远练习：×6次。

2. 负重半蹲起：5次/组×6组（张弛、李晨东：110千克，马跃：90千克，马战山：70千克）。

3. 跳箱背肌：30～35次/组×6组。

4. 变速跑：全程400米，直道快弯道慢。

初一队员：

1. 30米跑：3次/组×2组。

2. 60米跑：2次/组×2组。

3. 负重纵跳：20跳/组×5组。（40磅）

4. 跳箱背肌：30次/组×4组。

2007年7月11日，星期三。

一般身体练习：

1. 卧推：12次/组×6组。

2. 后抛实心球：12次/组×2组。

2007年7月12日，星期四。

专项：

1. 全程助跑三级跳远第一、二跳技术衔接：×6次（设立跳跃比例标志物）。

2. 壶铃半蹲跳：10次/组×6组。

3. 跳箱背肌：30 次 / 组 ×4 组。

马战山、吕塞超：

1. 壶铃半蹲跳：10 次 / 组 ×8 组；抓举：壶铃半蹲跳：10 次 / 组 ×8 组。

2. 双单双跨：30 米 ×3 次 / 组 ×4 组。

李雪艳：

1. 连续一步助跑起跳：10 跳 / 组 ×3 组。

2. 半程跳远：×8 次。

2007 年 7 月 13 日，星期五。

专项：

1. 全程助跑三级跳远：×6 次。（马跃用 11 米板、李晨东半程 10 次、马战山助跑 8 次）

2. 负重半蹲起（塔形）：马跃、马战山：100 千克 ×3 次 / 组 ×2 组，90 千克 ×6 次 / 组 ×2 组，80 千克 ×8 次 / 组 ×2 组。李晨东每个重量加 10 千克。腹肌仰卧起坐：25 次 / 组 ×6 组。

3. 变速跑：全程 400 米，直道快弯道慢。

没有比赛的队员：

1. 30 米快速跑：3 次 / 组 ×2 组。

2. 60 米快速跑：2 次 / 组 ×2 组。

3. 腹肌两头起：30 次 / 组 ×4 组；

4. 跨步跳：30 米 ×3 次 / 组 ×4 组。

2007 年 7 月 14 日，星期六，休息。

2007 年 7 月 15 日，星期日。

速度：

1. 行进间 30 米计时跑：×3 次。

2. 60 米计时跑：×2 次。

3. 100 米计时跑：×1 次。

4. 抓举：10 次／组 ×6 ~ 8 组；

5. 纵跳：20 跳 ×2 次／组 ×6 ~ 8 组。

2007 年 7 月 16 日，星期一。

专项：

1. 全程助跑三级跳远第一、二跳技术衔接：×6 次（设立跳跃比例标志物，李晨东半程助跑三级跳远）。

2. 负重弓步换腿跳：20 次／组 ×6 组；腹肌仰卧起坐：25 次／组 ×6 组。

3. 变速跑：全程 400 米，直道快弯道慢。

没有比赛的队员：

1. 60 米快速跑：2 次／组 ×2 组。

2. 100 米快速跑：×2 次。

3. 200 米快速跑：×1 次。

4. 腹肌两头起：30 次／组 ×4 组。

5. 单足跳：6 跳 ×3 次／组 ×4 组。

2007 年 7 月 17 日，星期二 。

专项：

1. 全程助跑三级跳远：×6 次（马跃用 11 米板，李晨东半程助跑三级跳远）。

2. 负重半蹲触凳快起：6 ~ 8 次／组 ×6 组（40 ~ 50 千克重量）。

3. 原地高抬腿跑：30 次／组 ×6 组。

4. 跳箱背肌：30 次／组 ×4 组。

没有比赛队员：

1. 30 米快速跑：3 次／组 ×2 组。

2. 60 米快速跑：2 次／组 ×2 组。

3. 跳箱背肌：30 次／组 ×4 组。

4. 跨步跳：30 米 ×3 次／组 ×4 组。

2007 年 7 月 18 日，星期三。

一般身体练习：

比赛队员做上肢力量练习。没有比赛的队员练习跨栏。

2007 年 7 月 19 日，星期四。

专项：

1. 全程助跑三级跳远第一、二跳的技术衔接：×6 次（设立跳跃比例标志物，李晨东半程助跑三级跳远）。

2. 快速深蹲起计时：5 次／组 ×6 组；纵跳：20 跳／组 ×6 组；腹肌两头起：25 次／组 ×6 组。

3. 变速跑：全程 400 米，直道快弯道慢。

没有比赛的队员：

1.60 米快速跑：2 次／组 ×2 组。

2.100 米快速跑：×2 次。

3.200 米快速跑：×1 次。

4. 腹肌两头起：30 次／组 ×4 组；

5. 双单双跨：30 米 ×4 次／组 ×4 组。

2007 年 7 月 20 日，星期五。

李晨东、马战山：

1. 全程助跑三级跳远：×4 次。

2. 负重半蹲起（塔形）：80 ～ 90 千克 ×8 次／组 ×2 组；80 ～ 90 千克 ×6 次／组 ×2 组；100 ～ 110 千克 ×3 次／组 ×2 组。

3. 腹肌仰卧起坐：25 次／组 ×6 组。

4. 变速跑：全程 400 米，直道快弯道慢。

马跃：

1. 节奏跑：60 米 ×2 次／组 ×3 组。

2. 抓举：10 次／组 ×5 组。

3. 提踵：50 次／组 ×5 组。

没有比赛队员：

1. 30 米快速跑：3 次 / 组 ×2 组。

2. 60 米快速跑：2 次 / 组 ×2 组。

3. 跳箱背肌：30 次 / 组 ×4 组。

4. 单足换腿跳：30 米 ×3 次 / 组 ×4 组。

2007 年 7 月 21 日，星期六。休息。

2007 年 7 月 22 日，星期日。

专项：

1. 助跑练习：3 次 / 组 ×2 组。

2. 抓举：10 次 / 组 ×6 组；

3. 纵跳：20 跳 ×2 次 / 组 ×6 组。

没有比赛的队员：

1. 60 米快速跑：2 次 / 组 ×2 组。

2. 100 米快速跑：×2 次。

3. 200 米快速跑：×1 次。

4. 抓举：10 次 / 组 ×6 组；

5. 纵跳：20 跳 ×2 次 / 组 ×6 组。

2007 年 7 月 23 日，星期一。

力量：

1. 负重半蹲跳：10 次 / 组 ×6 组；（重量 20 ~ 30 千克）纵跳：20 跳 / 组 ×6 组；腹肌仰卧起坐：25 次 / 组 ×6 组。

没有比赛的队员：

1. 跳远：6 ~ 8 次。

2. 负重半蹲跳：10 次 / 组 ×6 组（重量 20 千克）。

3. 收腿：10 跳 ×2 次 / 组 ×6 组。

4. 腹肌仰卧起坐：25 次 / 组 ×6 组。

2007 年 7 月 24 日，星期二。

力量：

1. 负重半蹲触凳起：6 次 / 组 ×6 组（重量 30 千克）。

2. 纵跳：20 跳 / 组 ×6 组。

3. 股后肌群力量：10 次 / 组 ×6 组（中等重量）。

4. 抓举：10 次 / 组 ×6 组。

没有比赛的队员：

1.30 米快速跑：3 次 / 组 ×2 组。

2.60 米快速跑：2 次 / 组 ×2 组。

3. 跳箱背肌：30 次 / 组 ×4 组；

4. 跨步跳：30 米 ×3 次 / 组 ×4 组。

2007 年 7 月 25 日，星期三。

一般身体练习：

1. 利用跳箱盖上步成腾空步练习：15 次 / 组 ×4 组。

2. 放松摆腿练习：15 次 / 组 ×4 组。

2007 年 7 月 26 日，星期四。

力量：

1. 壶铃半蹲跳：6 次 / 组 ×6 组（重量 15 ~ 20 千克）。

2. 纵跳：20 跳 / 组 ×6 组。

3. 腹肌两头起：20 次 / 组 ×6 组。

没有比赛的队员：

1.60 米快速跑：2 次 / 组 ×2 组。

2.100 米快速跑：2 次 / 组 ×2 组。

3. 腹肌两头起：30 次 / 组 ×4 组。

4. 双单双跨：30 米 ×4 次 / 组 ×4 组。

2007 年 7 月 27 日，星期五。

1. 负重半蹲起：6 次 / 组 ×6 组（重量 60 ~ 80 千克）。

2. 纵跳：20 跳 / 组 ×6 组。

3. 跳箱背肌：30 次 / 组 ×4 组。

4. 大步跑：60 米 ×2 次。

没有比赛的队员：

1. 30 米计时跑：×2 次。

2. 行进间 30 米计时跑：×2 次。

3. 60 米计时跑：×1 次。

4. 100 米计时跑：×1 次。

5. 跳箱背肌：30 次 / 组 ×2 组。

6. 单足换腿跳：30 米 ×3 次 / 组 ×2 组。

2007 年 7 月 28 日，星期六。

力量：

1. 负重半蹲触凳起：6 ~ 8 次 / 组 ×6 组（重量 30—50 千克）。

2. 抓举：10 次 / 组 ×5 组。

3. 仰卧起坐：25 次 / 组 ×5 组。

2007 年 7 月 29 日至 8 月 4 日赴海南参加全国中学生"多威杯"田径锦标赛。

2007 年 7 月 8 日至 8 月 4 日训练小结

2007 年 7 月 8 日，星期日。

快速跑的成绩很一般，但从队员的脉搏检测看，强度还是可以的，都能达到每 10 秒 31 次以上。也许是周五力量训练还没有恢复的原因。

在后来的跳跃练习中，我感觉负荷有些小。询问队员后，每项练习增加了一组。

2007 年 7 月 9 日，星期一。

参加全国比赛前的训练计划制定好了。一周六天的训练有四天练习专项并加四肢、腰、腹、背肌的力量练习，一天是快速跑练习，一天是小负荷身体练习。其中两天做完整专项练习，两天做三级跳一、二跳衔接技术练习，四天的力量速度。观察练习效果如何。当然，专项和力量练习容易发生伤病，所以特别要注意观察队员的表现，保证准备活动和放松的质量。经常询问队员，有针对性地进行微调。

2007 年 7 月 10 日，星期二。

听到孙晨超和王欣被录取的消息我很高兴，作为教练员，我希望我的每名队员都好。这是他们取得的成绩，我也跟着脸上有光。

参加暑期比赛的队员交通费都交了。关于李晨东升学一事我想我和他已经说得再明白不过了。我和马老师肯定会尽自己最大努力去帮助争取，但结果只能看家长和学校了。因为有些事情是我们能力所不能及的。

李晨东的腹股沟有些疼，但他感觉影响不是很大，这需要我加强注意。马跃的专项技术动作又有了很大进步，有时能跳出非常好的两跳，现在应该巩固技术，加强能力。三级跳远比跳远的技术性更强，我更喜欢三级跳远这个项目。

2007 年 7 月 11 日，星期三。
只做了简单的身体练习。

2007 年 7 月 12 日，星期四。

马跃说膝盖有些不舒服，但活动开后就没感觉了。专项练习时助跑的节奏性不是很好，几跳之间步点的准确性很差。

李莉莉经多次教育后没有一丝悔改的表现，再次找其家长谈话，一起做工作。

2007 年 7 月 13 日，星期五。
马跃第一次使用 11 米板进行三级跳远的练习，跳得很不错。以往参加女子此项赛都是用 9 米板。我想她现在的实力用 11 米板已经很轻松了。这样抻着跳有利于她加大动作幅度提高专项强度。全国比赛使用 11 米板，这也是提前适应。李晨东的专项训练任务主要是巩固助跑节奏，这对他提高成绩有很大帮助。从马战山的训练情况看，他上高中后要比李晨东的发展好。

专项练习时把有比赛和没有比赛的队员分开。

2007 年 7 月 15 日，星期日。

队员的计时成绩不错，感觉现在的训练负荷比较合适，赛前不用做大的调整。李晨东的表现气得我都不知道说什么好，太娇气了。这种性格会影响他的发展。初中升高中就是例子。文化课成绩距离学校的招生标准只差几分。我迷茫的是学校现在是怎么了？这样有发展的队员不招收，何必投入大量的人力物力。

2007 年 7 月 16 日，星期一。

马跃专项练习的感觉很不错，自己主动要求多跳了一次。现在对她而言，整体技术方面已经表现得很好了。特别要注意的是自身的放松能力和助跑时的进攻性，做好这点成绩还会有大的提高。

2007 年 7 月 17 日，星期二。

现在把有比赛和没有比赛的队员分开来练习，我可以把精力集中在比赛队员身上，在比赛队员练习间歇时去照看没有比赛的队员。就比赛需要而言必须这样做。这也给没有比赛的队员树立了目标，一定要刻苦训练，提高成绩，增加自己比赛的机会。

今天专项练习时，马跃跳得不错，她又给自己加了一跳。但练习时我发现她在第三跳的技术上，脚的着地部位有问题。仔细观察发现她是前脚掌着地，而不是全脚掌着地跳跃，怪不得她平时跳的时候感觉有些怪，原来她一直以为这样着地。她高三转到我的队里训练，之前在马老师那里也跳过三级跳远，虽然也参加过比赛，跳跃的基本技术没有问题，但整体技术粗糙。我把她专项技术的练习重点放在了整体动作的顺畅上，所以没有特别观察过她的这个技术环节。现在被我发现了，一定要注意改进。队员在专项方面的成熟技术，必须一点一点地抓。李晨东在专项练习时助跑节奏好多了，跳的成绩也不错。只要他在练习时注意动作放松一些，还是能做好的。最近三级跳远专项练习的负荷不小，以后让队员掌控，可以利用跳远调节一下。

2007 年 7 月 18 日，星期三。

安排马跃和李晨东休息，其他队员做一些素质练习。摆了几个低栏进行跨栏练习，马战山和单雪峰动作技术的感觉挺好，初一队员就差了很多。以前队员不论跨栏的技术如何，至少都敢跨，跨几次就像那么回事了。现在的初一队员，从心理和精神状态上就输了一筹。对此要加强啊。

2007 年 7 月 19 日，星期四。

北京田径队的张教练过来看单雪峰，对单雪峰的基本情况还是很满意的。我的观点是单雪峰初中毕业后再去北京田径队体校。张教练与队员谈话和做动作示范时，我看到了专业教练的不一样之处，做示范动作的质量非常高，和队员聊天时了解得非常细。这些不是我这名业余教练员做不到的，而是平时用心不够。这给我很好地上了一课。

马老师私下里和我说，这位张教练倒是更相中了马战山。我说，还是单雪峰吧，他的学习成绩实在是太差了，这也是为他找个好出路。

几个比赛队员身体略有不适，但状态很稳定，影响不到比赛，该陆续开始安排他们调整了。马跃的右膝关节有些疼，我想主要是因为最近专项跳得比较多，以及三级跳远最后一跳脚着地的技术动作不正确所致。当初参加北京市第十二届青少年运动会时，孙晨超专项练习连续一周，现在马跃已经连续两周，该让她得到调整了。刘健错失了一次达到国家一级运动员标准的机会。对马跃也许我有些心急，可她是很有希望的。我想，比赛前如果每周做两次专项，或是调整前最后一周做专项周可能会更好一些。征求了马老师的意见，他认为平时训练负荷大、练得苦的队员应尽早进行调整。也好，在一些计划上做些改变，用来做对比参考，为以后积累经验。

吕赛超经过一段时间的训练，我能感觉到他在身体素质、基本技术、专项技术等环节欠缺很多，要下大力气抓才成，也需要他和我好好配合。

2007 年 7 月 20 日，星期五。

马跃开始调整，感觉还很不错。其他队员按照预定计划进行练习。其他训练队也陆续进行调整了。

2007 年 7 月 22 日，星期日。

队员的伤病问题困扰我有很长时间了。多次与有经验的教练交流，他们的跳远、三级跳远训练同样受到队员不同程度伤病的影响。还有些日子就要参加全国比赛了，比赛回来后，我一定认真总结自己，争取走出有自己训练特色的路子，保证队员运动成绩稳定提高的同时，不出现或少出现伤病现象。

2007 年 7 月 23 日，星期一。

今天让没有比赛的队员进行跳远练习，简直是一塌糊涂。由于近一段时间我把主要精力放在了参加全国比赛的队员身上，对没有比赛任务的队员抓得不够，比赛回来要认真抓一下他们的训练。

2007 年 7 月 24 日，星期二。

有比赛任务的队员今天都开始调整了。马老师的跳高训练也开始调整了，现在的训练时间比平时少了很多。比赛时，虽然跳高项目比跳远项目安排较靠前，但我的队员也该开始调整了。

2007 年 7 月 25 日，星期三。

新招的队员在性格上都显得有些蔫，作为运动员，这样的性格可不成。现在就连他们的个人性格我都要进行培养。

2007 年 7 月 26 日，星期四。

我已经看到了比赛安排。短跑、跳远的人数众多，超出了我的想象，特别是女子甲组，我已深深感觉到比赛的激烈和压力。对于跳远项目不必勉强，本来平时练习的就少，我的目标是在三级跳远项目取得好成绩和好名次。

跑的练习中，强调在保证动作技术不变形的情况下，尽量向前摆臂，利用间歇的时间让队员进行大步走，体会增强向前摆臂的感觉和意义。

2007 年 7 月 27 日，星期五。

张弛最近的表现不错，如果参照去年的比赛成绩，他在男子甲组的比赛中也能取上名次。遗憾的是他因伤病不能参加这次比赛。今年学校实行新的比赛奖励政策，队员要自己掏比赛的路费，如果取得名次再以奖励的形式返还，目的是激励队员更加认真地投入到训练和比赛中。但这也给队员带来压力，特别是像这种路途遥远、费用较贵的比赛地点，有些队员和家长选择了放弃。

2007 年 7 月 28 日，星期六。

明天赴海南参加全国中学生"多威杯"田径锦标赛，有比赛的队员进行了力量练习。马老师安排的力量练习比我少两至三组，我想是他的比赛项目靠前的缘故。我告诫参赛队员要摆正自己的位置，明确自己的目的，不要别人玩自己也玩。漫长的比赛期，谁调节得好，谁就会笑到最后。

给没有比赛任务的队员制定了简单的训练计划，自己练习就可以了。

2007 年 8 月 7 日参加全国中学生"多威杯"田径锦标赛小结

对我来说漫长的全国中学生"多威杯"田径锦标赛终于结束了，海南的炎热天气，让我感到身心疲惫，离开家的第五天我就开始想家了。

　　此次比赛的成绩和名次都没有达到预期目的。马跃参加女子甲组的比赛，赛前她的右膝关节有些伤痛，虽无大碍，但我还是动员她放弃跳远比赛，集中精力参加三级跳远比赛，一是海南酷热的气候对体能消耗很大，二是她有很大希望达到国家一级运动员标准。但马跃认为既然已经来了，两项比赛都要参加。我考虑，这次比赛是由队员自己出资，她有权力做出自己的选择，因此我尊重她的意见，并尽力对她进行指导。结果跳远比赛没有通过及格赛，三级跳远比赛开始还比较理想，及格赛中她一跳就达到了12米的成绩，排名比较靠前，顺利进入到下午的决赛。决赛的前三跳，第一跳11.86米，第二跳犯规，第三跳12.13米，但很遗憾没有进入到前八名的决赛。赛后和马老师聊，他也感到很惊讶，马跃12.13米的成绩在往年能排在第四名左右，而今年却没有进入到前八名的决赛，足可看出比赛水平之高，竞争之激烈，对手实力之强。在现场我能明显感觉到，如果不是跳远比赛的消耗，马跃三级跳远达到国家一级运动员的标准是没有问题的。比赛结束后她回到宿舍大哭一场，很让人心酸，但现实是必须要面对的。

　　李晨东跳远6.28米、三级跳远13.50米，虽然都取得了第五名，但也就是训练水平。他发挥得很差，总体来说并不理想。以他的实力，我对他比赛的预期目标是跳远6.5米，三级跳远14米。

　　马战山没有取上名次，成绩非常不理想。如果发挥正常，他的实力应该能够进前八名。比赛的前一天晚上，已经很晚了，有人告诉我说，马战山一个人还在比赛场地练习。于是我赶紧跑到场地，果真看到他在拼命地跳专项，我带他回到宿舍。他说他很紧张，除了脚疼外，也和马跃一样，对自己出资到海南比赛，心理压力很大；并且他是第一次参加这种大型比赛，虽然来海南前有心理准备，但是来了以后，看到跳远、三级跳远项目比赛的激烈程度，他的各方面压力骤增。

　　根据队员比赛时专项技术的表现，我感觉他们跑、跳的衔接技术不是很好，水平速度的损失太高，特别是三级跳远第三跳的向前效果不好。专项能力的跑的速度和支撑跳跃能力也比较欠缺，这些都是在今后训练中要多加注意的。比赛后与马老师探讨了训练负荷和队员伤病问题，马老师希望我回去好好总结。

　　学校允许赛后带队员在当地游览两天。我带队员到海边玩，为了尽快让队员消除比赛带来的心理阴霾，我们一起在海水里嬉戏，不巧我被一块暗礁绊倒磕破了膝盖，到当地医院缝了两针。

　　我想，在今后的训练中应尝试"玩着练"的方法，合理安排运动负荷量和强度，对每分每秒的训练都要认真，又要创造活泼的训练氛围。

三、2009 至 2010 年度训练笔记遴选

2009 年 11 月 15 日 ~ 20 日训练计划

任务：

1. 全面发展身体素质，增强运动能力。

2. 改进跳跃技术，增强跑跳结合的能力。

3. 培养队员顽强拼搏、吃苦耐劳的精神。

内容（基本部分）：

2009 年 11 月 15 日，星期日。

　一般身体练习：

1. 跑格：14 格 ×5 次／组 ×2 组（格间距：库振华 4 脚的距离）。

2. 腹肌两头起：20 ~ 40 次／组 ×3 组。

3. 纵跳：30 米 ×3 次（高中队员穿沙衣）。

2009 年 11 月 16 日，星期一。

速度：

1. 30 米快速跑：6 ~ 8 次／组 ×2 组。

2. 仰卧伸髋：20 ~ 40 次／组 ×3 组。

3. 纵跳：40 跳／组 ×3 组（初中队员穿沙衣，高中队员负重小杠铃）。

2009 年 11 月 17 日，星期二。

　力量：

1.负重半蹲起：15次／组 ×6组（李金焱：30公斤、李雪艳：50千克、库振华：70千克、李晨东：90千克）；卧推：10次／组 ×6组（根据自身能力选择重量）；股后肌群力量：15次／组 ×6组（根据自身能力选择重量）。

2.跨步跳：80米 ×2次／组 ×2组。

2009 年 11 月 18 日，星期三。

一般身体练习：

1.柔韧性练习。

2.跑的专门性练习。

3.髋关节的灵活性练习。

2009 年 11 月 19 日，星期四。

速度：

1.30 米计时跑：5 ~ 8次 ×2组。（李晨东 8+7、库振华 7+7、李雪艳 7+6、李金焱 6+5）

2.纵跳：30 米 ×3次（高中队员穿沙衣）。

3.仰卧伸髋：20 ~ 40次／组 ×3组。

2009 年 11 月 20 日，星期五。

力量：

1.股后肌群力量：15次／组 ×3组；负重半蹲跳：10次／组 ×3组（高中男队员 20 ~ 25千克重量）；仰卧起坐：20 ~ 40次／组 ×3组；负重弓步前进：30米折返 ×3次。

2.跨步跳：80米 ×2次／组 ×2组。

本周小结：

2009 年 11 月 15 日，星期日。

冬训期间周日的训练暂时都定为一般身体练习，内容要丰富一些，根据实际情况再进行调整。整体的负荷 3 月份应达到最高，4 月份开始向下调整，速度跑每周两次，要有一定的强度。专项练习每周至少一次。

2009 年 11 月 16 日，星期一。

经过近一个月的调整，上周开始恢复性训练，这两天队员终于找回了一些训练的感觉。让队员自己总结这一年的训练，然后我做简短总结。

今天对队员的身体形态等做了测量并记录，作为今后的研究材料。

2009 年 11 月 17 日，星期二。

力量练习时需要特别注意队员做动作的细节，例如用力时脚的方向、膝盖的方向、动作速度等。

2009 年 11 月 18 日，星期三。

把跑的专门性练习反复做几组，一些队员暴露出在技术动作方面存在的问题。专门性练习对跑的技术影响很大。每天都要做的练习就更应该做好。

2009 年 11 月 19 日，星期四。

这是进入冬训后第一次计时跑，距离是 30 米。从计时成绩看，李晨东和李金焱两人都有明显进步，其他队员基本正常。要查阅李金焱几个月前的 30 米跑计时成绩，因为在这期间她更多的是跑 20 米和 40 米。查看她以前的成绩，便于以后的训练安排。跑的数量低年级和高年级队员可以一样，在距离上缩短一些。这些都是方法，以后都可以试着用。

2009 年 11 月 20 日，星期五。

队员在做负重弓步前进时走的步数是原来的一倍，队员感觉挺累。我数了一下，30 米一个来回大约需要 40 步，三组的练习负荷比较合适，达到了目的。

2009 年 11 月 21 日，星期六。

学校组织训练组的研讨会，通过研讨，有以下几点收获：

1. 选材为首要，要经常走动，不能被动。

2. 要对小升初的队员有较好的分析。

3. 训练安排不能脱离学校的实际情况。

4. 以大带小，树立高水平队员的榜样作用，要有梯队。

5. 正确地分析、准确地把握队员情况，才能有助于训练。

6. 训练过程中专项练习的实效性。

2009 年 12 月 13 日 ~ 18 日训练计划

任务：

1. 全面发展身体素质，增强运动能力。

2. 利用专项辅助练习改进专项起跳技术。

3. 培养队员顽强拼搏、吃苦耐劳的精神。

内容（基本部分）：

2009 年 12 月 13 日，星期日。

耐力：

1.400 米变速跑（直道快弯道慢）：4 ~ 5 圈 / 组 ×2 组。

2. 腹肌练习：40 次 / 组 ×3 组（高中队员用杠铃片）；连续一步助跑起跳：30 米 ×2 次 / 组 ×3 组（高中队员穿沙衣）。

2009 年 12 月 14 日，星期一。

速度：

1. 跑格：14 个格 ×2 次 / 组 ×3 组（格间距：库振华 4 脚的距离）。

2. 跳箱背肌：20 次 / 组 ×3 组（高中队员负重小杠铃）；纵跳：40 跳 / 组 ×3 组（高中队员穿沙衣）。

2009 年 12 月 15 日，星期二。

力量：

1. 负重半蹲起：12 次 / 组 ×8 组（李金焱：30 千克、李雪艳: 50 千克、库振华：70千克、李晨东：90千克）；卧推：8次／组×8组（根据自身能力选择重量）；股后肌群力量：12次／组×8组根据自身能力选择重量）。以上循环练习，做完4组间歇。

2.双单双跨：80米×2次／组×2组。

2009年12月16日，星期三。

一般身体练习：

1.球类活动。

2.柔韧性练习。

2009年12月17日，星期四。

耐力：

1.1200～1600米计时跑：×2次。

2.仰卧伸髋：30次／组×4组；栏侧摆腿练习：20～30次／组×2组；纵跳：30米×4次（高中队员穿沙衣）。

2009年12月18日，星期五。

力量：

1.股后肌群力量：12次／组×4组；负重半蹲跳：8次／组×4组（高中男队员20～25千克重量）；悬垂收腹举退：15～20次／组×4组；负重弓步前进：15步折返×4次。

2.双单双跨：80米×2次／组×2组。

本周小结

2009年12月13日，星期日。

我感觉腹肌练习时加上转体及手持杠铃片的方法，有助于提高训练效果，同时少了一些枯燥乏味。

借鉴上周专项练习时的经验，我想在跳跃练习时，适当运用专项辅助练习一步、三步、五步的助跑起跳等形式，让队员保持专项练习的感觉，既改进了专项技术，又增强了专项跳跃能力。

2009 年 12 月 14 日，星期一。

看了一篇有关训练指导的文章，有科学家研究实践证明，运动员在一个练习动作完成之后，接受指导与完成动作的间隔越短，其接受领会的程度越高。

给队员进行动作指导时，发现队员是一边往回走一边听我说，越走越远。以前队员在接受我的指导时都是在身旁认真听，积极思索，有的还一边听一边模仿，这样的学练才会有效果，才能更快地掌握动作技术。

现在队员的这种不良习惯既不礼貌，也不利于训练，因此一定要严格要求。

2009 年 12 月 15 日，星期二。

跳跃练习时，个别队员的动作做错了。这倒给了我一些启示，跳跃的形式可以多样一些，有利于队员集中注意力，减少精神疲劳，也有助于增强协调性。例如单足跳、跨步跳、单足换腿跳、双单双跨、双单跨、双跨单等等。

2009 年 12 月 16 日，星期三。
柔韧性的练习不可缺少。

2009 年 12 月 17 日，星期四。

今天的主要训练内容是有氧耐力。王宇森来晚了，必须完成的是 1200 米的计时跑，其他素质练习能练多少就练多少。训练就应该区分主次，目的才能明确

2009 年 12 月 18 日，星期五。

本周日要参加北京市青少年田径室内赛，我的想法是把它当成一次专项练习机会，因此所有的训练按计划进行。

2010 年 3 月 7 日 ~ 12 日训练计划

任务：

1. 全面发展身体素质，增强运动能力。

2. 改进专项技术，发展专项跳跃能力。

3. 培养队员顽强拼搏、吃苦耐劳的精神。

内容（基本部分）：

2010 年 3 月 7 日，星期日。

专项：

1. 半程助跑三级跳远：×4 ~ 5 次（初一队员 30 米跑：4 次 / 组 ×3 组）。

2. 持杠铃片仰卧提腿转体腹肌两头起练习：30 次 / 组 ×3 组；栏侧摆腿练习：30 ~ 40 次 / 组 ×3 组。

2010 年 3 月 8 日，星期一。

速度：

1. 110 米变速跑（40 米快→30 米慢→40 米快）：3 ~ 4 次 / 组 ×3 组。

2. 仰卧伸髋：20 ~ 30 次 / 组 ×3 组；垫上“十字跳”：5 个循环 / 组 ×3 组。

2010 年 3 月 9 日，星期二。

力量：

负重半蹲起：7 ~ 8 次 / 组 ×10 组（李金焱：30 千克、李雪艳：60 千克、库振华：80 千克、李晨东：90 千克）；卧推：10 次 / 组 ×5 组（根据自身能力选择重量）；股后肌群力量：12 次 / 组 ×5 组（根据自身能力选择重量）；仰卧起坐：20 ~ 25 次 / 组 ×3 组；单足换腿跳：60 米 ×2 次。

以上循环练习，做完 2 组半蹲起后再做其他内容。

2010 年 3 月 10 日，星期三。

一般身体练习：

1. 球类活动。

2. 前后抛实心球：12 次 / 组 ×3 组。

2010 年 3 月 11 日，星期四。

速度：

1. 30 米快速跑：5 次 / 组 ×2 组。

2，80 米快速跑：2 次 / 组 ×2 组。

3. 立定三级跳：×6 次。

2010 年 3 月 12 日，星期五。

力量：

1. 负重半蹲起：7 ~ 8 次 / 组 ×10 组。

2. 卧推：10 次 / 组 ×5 组。

3. 单足换腿跳：60 米 ×2 次 / 组 ×2 组。

本周小结

2010 年 3 月 7 日，星期日。

我感觉队员现在有些疲惫。去年 11 月中下旬开始进入冬训，到现在有三个月时间了，从精神到身体队员已经到了一个很大的临界承受点。鉴于此，我想从本周开始进行调整，但调整的幅度要根据队员的具体情况。

李晨东说大腿的后群肌肉有些不舒服，我想让他从明天开始休息调整十天，然后练习七天，再休息调整三天。接下来参加高水平运动员加试，加试后开始准备一年一度的北京市中学生田径运动会。

2010 年 3 月 8 日，星期一。

受下雪的影响，只让队员在跑廊里跑了几组加速跑。

2010 年 3 月 9 日，星期二。

按计划完成训练任务。

2010 年 3 月 10 日，星期三。

和队员一起打篮球。

2010 年 3 月 11 日，星期四。

改进基本技术动作，特别是立定三级跳最后一跳及落地技术，收效显著。

2010 年 3 月 12 日，星期五。

运动负荷下降幅度与速度比较合适。

2010 年 4 月 11 日 ~ 25 日训练计划

任务：

1. 全面发展身体素质，增强运动能力。

2. 改进专项跳跃技术，发展专项跳跃能力。

3. 备战北京市中学生田径运动会。

4. 培养队员吃苦耐劳、顽强拼搏的精神。

内容（基本部分）：

2010 年 4 月 11 日，星期日

速度：

1.50 米计时跑：3 ~ 4 次／组 ×3 组。

2.跳箱背肌：25 次／组 ×3 组；垫上"十字跳"：5 个循环／组 ×3 组。

2010 年 4 月 12 日，星期一。

专项：

1.三级跳远完整技术：×5 ~ 6 次。

2.腹肌两头起：20 ~ 25 次／组 ×3 组。

2010年4月13日，星期二。

力量：

1. 负重半蹲起：6～7次／组×8组；股后肌群力量：10～12次／组×8组（根据自身能力选择重量）；卧推：8～10次／组×8组（根据自身能力选择重量）。

2. 步跑：60～80米×3次／组×2组。

2010年4月14日，星期三。

一般身体练习：柔韧性练习。

2010年4月15日，星期四。

速度：

1. 30米计时跑：3次／组×2组。

2. 60米计时跑：2次／组×2组。

3. 跳箱背肌：25次／组×3组；垫上"十字跳"：5个循环／组×3组。

2010年4月16日，星期五。

力量：

1. 负重半蹲起：6～8次／组×8组；股后肌群力量：10～12次／组×8组（根据自身能力选择重量）；悬垂收腹举退：10～15次／组×8组。

2. 短助跑五级跳：×5～6次（第一跳用单足跳）。

2010年4月17日，星期六。休息。

2010年4月18日，星期日。

速度：

1. 20～30米计时跑：3次／组×2组。

2. 50～60米计时跑：2次／组×2组。

3. 仰卧伸髋：20 ~ 25 次／组 ×2 组；跨步跳：60 米 ×2 次。

（参加北京市中学生田径运动会的队员适当做些快速跑即可）

2010 年 4 月 19 日，星期一。

专项：

1. 跳远完整技术：×5 ~ 6 次。

2. 腹肌两头起：15 ~ 25 次／组 ×3 组；垫上纵跳：25 ~ 40 次／组 ×3 组。李晨东、吕赛超：110 米变速跑：3 次／组 ×2 组，李雪艳、李春阳：力量练习 5 组。

2010 年 4 月 20 日，星期二。

力量：

1. 负重半蹲跳：8 ~ 10 次／组 ×6 组；股后肌群力量：10 次／组 ×6 组（根据自身能力选择重量）；悬垂收腹举腿：10 ~ 15 次／组 ×6 组。

2. 大步跑：100 米 ×2 次。

李雪艳丈量助跑步点；李春阳练习起跑。

2010 年 4 月 21 日，星期三。

一般身体练习：

1. 抓举：5 ~ 7 次／组 ×6 组。

2. 后抛实心球：12 次／组 ×2 组。

李晨东、吕赛超丈量步点；李雪艳、李春阳休息。

2010 年 4 月 22 日，星期四。

速度：

1. 50 米快速跑：4 次／组 ×3 组。

2. 仰卧伸髋：20 ~ 25 次／组 ×3 组。

李晨东、吕赛超休息；李雪艳、李春阳做一般性活动。

2010 年 4 月 23 日，星期五。

跳跃：立定五级跳：10 次／组 ×3 组。

李晨东、吕赛超、李春阳、李雪艳参加北京市中学生田径运动会。

2010 年 4 月 11 日 ~ 25 日训练小结

2010 年 4 月 11 日，星期日。

在练习量方面，初中就低、高中就高，个别队员根据情况浮动。

2010 年 4 月 12 日，星期一。

初一队员不做跳跃练习，跑三组 30 米跑。高中队员除李晨东外都按要求完成了专项练习的量，但是跳跃的感觉不是很好，经过指导后，慢慢找到了感觉。

2010 年 4 月 13 日，星期二。

原计划李晨东和李雪艳做负重半蹲起所用重量分别为 100 公斤和 70 公斤，练习时感觉有些轻，所以重量增加到 110 公斤和 80 公斤。告知高年级队员，从暑假开始负重练习增加重量。

李金焱和宋鑫雨早退。

2010 年 4 月 14 日，星期三。

严厉批评宋鑫雨和李金焱昨天的早退行为，教育他们端正训练态度。

2010 年 4 月 15 日，星期四。

初一队员在跑的速度练习时，跑距应该再短一些，不然速度的爆发力体现不出来，容易变成速度耐力的训练。他们的年龄对速度是最敏感的。况且专项助跑距离也没有那么长。

2010 年 4 月 16 日，星期五。

初一队员开始做力量练习后的跳跃练习，不管动作技术如何，都必须开始接触练习内容，在练习过程中逐步体会、适应并掌握动作技术。

2010 年 4 月 18 日，星期日。

要留意初一队员跑的技术，应适当多做一些辅助性练习。初一队员对动作技术的领会能力稍差，平时要不断加强培养。

2010 年 4 月 19 日，星期一。

明确各自的练习内容后，队员自主进行练习。

2010 年 4 月 20 日，星期二。

忙了一整天，身心疲惫，基本上是队员自己练习。

2010 年 4 月 21 日 ~ 23 日，星期三至五。

下周有北京市体育教学现场课，我有讲课任务，因忙于准备，所以队员基本是按照训练安排自己练习。23 日（周五）的比赛也让队员自己去吧。实在顾不过来了。

2010 年 4 月 25 日，星期日。

2010 年北京市中学生田径运动会小结：

2010 年 4 月 23 日 ~ 25 日北京市中学生田径运动会于在丰台体育中心举行。我的队员李晨东、吕赛超、李雪艳以及编外队员李春阳共四人参加了此次运动会。因忙于准备下周北京市体育教学现场课的讲课材料，23 日及 24 日上午的比赛我没能到现场，24 日中午我才乘公交车赶到比赛现场。选择这一时间赶到比赛现场是因为李晨东的比赛在下午开始。到了体育中心我顾不上向校领导和马老师报到，直接去了跳远比赛场地。此时李晨东和吕赛超已完成了前三跳的预赛，以很好的成绩进入决赛。决赛第一跳李晨东犯规，第二跳跳出了 7.57 米的好成绩，达到了国家一级运动员的标准，而且此成绩在本次比赛中可以稳获金牌。我考虑，以李晨东现在的状态，在明天的高中男子三级跳远比赛中打破大会记录应该没有问题，便打算让其放弃最后一跳。但他看到自己的跳远成绩距离大会纪录只有5厘米，想再拼一下打破大会记录，我也同意了他的想法。可在最后一跳的起跳时，他的脚滑了一下，结果在空中身体横着就出去了，并且是单腿落地躺在沙坑里，让在场的所有人都为他捏了一把汗。还好，他迅速从沙坑里站了起来，对我说只是膝关节略感不适，没有什么大碍。最终李晨东以7.57米的成绩夺得高中男子跳远比赛的金牌，也成为我校第一位在此项目上达到国家一级运动员标准的学生。吕赛超以6.92米的成绩取得第五名。在25日高中男子三级跳远比赛中，李晨东的腿虽然没有大碍，但还是有不适的感觉，为了不造成更大的伤害，我计划让他放弃比赛。但他表示不想放弃比赛，他说会根据自身情况把握。在李晨东三级跳远的比赛中，我也真正意识到什么是实力。他适当做了些准备活动，比赛时也没有丈量步点，只是随便找了个半程的距离跳了一次，就确保了获得该项比赛的铜牌。

李雪艳在23日的高中女子跳远比赛中，比赛没有结束就去参加4×100米接力比赛，由于和队友的配合出现了问题，结果被绊倒了。她顶着伤痛参加了25日上午的三级跳远比赛，11.34米的成绩我觉得还是可以接受的，她那种顽强拼搏的精神值得表扬。在暑期中我准备逐渐加强她的力量和速度训练。

李春阳是高三开学后由文艺特长生转来的。经过半年的训练，他在本次高中男子200米比赛中达到了国家二级运动员的标准，并且取得了名次。这是很值得欣慰的事情，也证明我对他的训练对上了路子。

下周队员要参加四年一届的北京市青少年运动会的资格赛和两周以后的一年一度的中学体育后备人才基地校田径运动会。这两次运动会后，计划让队员略作调整，然后开始准备四年一届的北京市青少年运动会。

2010年7月11日～16日训练计划

任务：

1. 全面发展身体素质，增强运动能力。

2.改进三级跳远专项技术，发展专项跳跃能力。

3.培养队员吃苦耐劳、顽强拼搏的精神。

内容（基本部分）：

2010 年 7 月 11 日，星期日。

速度：

1.50 米计时跑：3 ～ 4 次／组 ×2 组。

2.仰卧伸髋：15 ～ 25 次／组 ×3 组。

3.单足跳：5 ～ 6 跳 ×2 次／组 ×3 组。

2010 年 7 月 12 日，星期一。

力量：

1.负重半蹲起：8 ～ 10 次／组 ×6 组（重量从 50 公斤到 110 公斤不等，根据队员情况安排）；腹肌两头起：20 ～ 25 次／组 ×6 组；股后肌群力量：10 次／组 ×6 组（根据自身能力选择重量）；卧推：10 次／组 ×6 组（根据自身能力选择重量）。

2.大步跑：110 ～ 150 米 ×3 次。

初一队员：快推、壶铃半蹲跳各 8 组；腹、背肌两头起各 4 组。

2010 年 7 月 13 日，星期二。

专项：

1.全程助跑完整三级跳远技术：×6 次（王宇森做跳远；李金焱做 5 步助跑的跳远起跳练习 ×8 次）。

2.栏架摆腿：正、侧各 20 ～ 40 次／组 ×3 组。

初一队员练习跑格。

2010 年 7 月 14 日，星期三。

一般身体练习：

1.抓举：8 ～ 10 次／组 ×4 组（轻重量）。

2.后抛实心球：12 次／组 ×2 组。

2010 年 7 月 15 日，星期四。

速度：

1. 20 ～ 30 米计时跑：3 次 / 组 ×2 组。

2. 50 ～ 60 米计时跑：×2 次。

3. 仰卧伸髋：20 ～ 25 次 / 组 ×2 组；单足换腿跳：20 ～ 25 跳 / 组 ×2 组。

2010 年 7 月 16 日，星期五。

力量：负重弓步换腿跳：12 ～ 15 跳 / 组 ×6 组；悬垂收腹举腿：10 ～ 15 次 / 组 ×6 组；单足跳：5 ～ 6 跳 ×2 次 / 组 ×6 组。

本周训练小结

2010 年 7 月 11 日，星期日。

队员 50 米计时跑的成绩还不错。

2010 年 7 月 12 日，星期一。

主要精力放在了初一三名队员身上，教他们一些基础的身体素质练习。训练快结束时，对初一队员以及其他年级的女队员进行思想教育，希望他们在练习过程中加强自觉性，努力提高运动成绩。

2010 年 7 月 13 日，星期二。

从训练中的表现看，我感觉吕赛超和我的配合并不是很好。一些队员自从赛出了不错的成绩后，思想上都有些发飘，有点摆不正自己的位置了。对此必须要重视，进行教育，否则对以后的成长是很不利的。

今天对李金焱进行了教育，希望她在练习过程中能提高效率和练习质量。

初一队员在室外训练，自主练习为主，偶尔关注一下。主要精力放在指导高中队员的专项训练。

2010年7月14日，星期三。

指导小队员的后抛练习技术动作。

2010年7月15日，星期四。

李金焱的计时跑成绩有进步，50米跑到6秒多。初一队员前一两次还能和初二队员比一比，再往后就不成了。他们训练的时间短，能力也还有限。

2010年7月16日，星期五。

距离比赛还有十多天，必须要进行调整了。小队员的基本动作技术有进步，还要坚持抓。

2010年7月18日～23日训练计划

任务：

1. 全面发展身体素质，增强运动能力。

2. 改进跳远专项技术，发展专项跳跃能力。

3. 培养队员吃苦耐劳、顽强拼搏的精神。

内容（基本部分）：

2010年7月18日，星期日。

速度：

1. 30米计时跑：4次/组×2组。

2. 提踵：40～50次/组×3组。

初一、初二队员练习跨栏和纵跳。

2010年7月19日，星期一。

力量：

1. 负重半蹲起：10次/组×4组（重量从50公斤到110公斤不等，根据具体队员安排）；悬垂收腹举腿：15次/组×4组；股后肌群力量：10次/组×4组（根据自身能力选择重量）。

2.慢跑：800 米。

初一队员：壶铃半蹲跳，腹、背肌两头起各 4 组。

2010 年 7 月 20 日，星期二。

专项：

1.跳远完整技术：×3 ~ 4 次。

2.慢跑 800 米。

2010 年 7 月 21 日，星期三。

一般身体练习：

1.栏架摆腿：×3 组。

2.三级跳模仿练习：×30 次。

2010 年 7 月 22 日，星期四。

速度：

1.30 米计时跑：3 次 / 组 ×2 组。

2.垫上纵跳：20 跳 / 组 ×3 组。

2010 年 7 月 23 日，星期五。

力量：

1.负重半蹲起：10 次 / 组 ×4 组（重量从 50 公斤到 110 公斤不等，根据队员安排）；悬垂收腹举腿：15 次 / 组 ×4 组；股后肌群力量：10 次 / 组 ×4 组（根据自身能力选择重量）。

2.慢跑：800 米。

本周训练小结

2010 年 7 月 18 日，星期日。

初一、初二队员练习跨栏时的身体能力和运动感觉还比较差，栏间距稍长一点就上不去了，缺乏向前的意识和能力。对他们讲了理论知识，这样的练习还要增加。

2010 年 7 月 19 日，星期一。

按计划完成训练任务。

2010 年 7 月 20 日，星期二。

马战山和吕赛超的腰部都有不适的感觉，于是让他俩教初一队员连续一步、三步的助跑起跳技术。一举四得：他俩得到休息，小队员有了技术指导，在教的过程中他俩对技术动作有了进一步的认识，我也省了一些精力。

在今天的跳远专项练习中，李金焱的表现不错，这是她来我这里后第一次正式练跳远，虽说只跳了四次就跳不动了，但有两次能够跳到 5 米的成绩，还是很不错的。她的爆发力有优势，但专项跳跃的能力还不够，技术动作不稳定，有待提高。但总体来说我是很满意的。

2010 年 7 月 21 日，星期三。

初一队员在做栏架摆腿练习时，在放腿上要多加指导。

2010 年 7 月 22 日，星期四。

队员每一个动作的技术环节都要从小抓起，从基本的抓起，使之成为习惯。

2010 年 7 月 23 日，星期五。

初一队员的跨步跳动作，看得我直想乐。这些动作他们还没有接触过，现在得一点点教，每届都得如此。

2010 年 7 月 25 日至 8 月 1 日训练计划

任务：

1. 调整身心状态，准备参加北京市第十三届青少年运动会。

2. 培养队员吃苦耐劳、顽强拼搏的精神。

内容（基本部分）：

2010 年 7 月 25 日，星期日。

速度：30 米快速跑 3 ~ 4 次。

2010 年 7 月 26 日，星期一。

专项：

全程助跑跳远：×6 次；初一队员做 30 米跑、纵跳、摆臂练习；李晨东、马战山、吕赛超：跳远 1 ~ 2 次以后做 4 组中等负荷力量练习。

2010 年 7 月 27 日，星期二。

力量：

1. 负重半蹲跳：10 跳 / 组 ×6 组；悬垂收腹举腿：8 ~ 15 次 / 组 ×6 组；股后肌群力量：12 次 / 组 ×6 组（根据自身能力选择重量）。

2. 跨步跳：50 ~ 60 米 ×2 次 / 组 ×3 组。

李晨东、马战山、吕赛超休息。

2010 年 7 月 28 日，星期三。

带李晨东、马战山、吕赛超、李雪艳到先农坛体育场做适应场地练习。

没有比赛的队员放假至 8 月 1 日。

2010 年 7 月 29 日至 8 月 1 日，星期四至星期六。

参加北京市第十三届青少年运动会。

本周训练小结

本周的训练均按计划进行。本周宋鑫雨和李帅各缺勤一次，宋鑫雨在全队中缺勤率最高，曾多次对她进行教育，也几次与其家长沟通，但一直没有效果。还需约家长和她进行面谈。

参加四年一届的北京市第十三届青少年运动会后，感触颇多。首先是李晨东，只要在这次比赛中再拿到金牌，我们就实现了北京市教委、体育局组织的所有市级中学生田径比赛的金牌大满贯，这是我们的目标。近几个月受各种因素影响，他的训练不够系统，我们决定在跳远比赛中不要过多消耗体力，把重点放在三级跳比赛中，因为他的三级跳具有绝对实力。第一天的跳远只跳了前三跳，最好成绩 7.18 米，获得铜牌，而这三跳的质量要是高一些的话也是有希望冲金的，因为每一跳距离踏板都还有很远的距离，但我们并不后悔。在三级跳比赛中，李晨东仅两跳就达到国家一级运动员的标准，把其他选手远远甩在后面，稳获金牌并实现了市级比赛金牌大满贯的目标。赛后我陪他去接受药检取样，第一次经历药检确实有些紧张。我的队员肯定不会服用违禁药物，但正是因为有这种自信，所以可能会出现麻痹大意，例如因伤病误服一些药物、喝的运动饮品中某些物质含量较高而可能被认为是使用违禁药物等。当然之前对队员的饮食也格外注意，但还是需要引起注意的。今后一些队员可能参加更高水平、更大规模的赛事，这些细节必须引起高度重视。

看着赛后向我走来的李晨东，我浮想联翩。六年前他被我做工作招进初一特长班，到现在即将高三毕业，他从一名懵懂少年成长为即将被特招入学的大学生。回想起我们共同经历的岁月，共同经历过的成功的喜悦和失败的遗憾，那一幕幕场景浮现在眼前。这是我们最后在一起的比赛，几个小时后我们就要离别，再次见面不晓得是哪一天了。

李雪艳的跳远没有进入决赛，赛后她给我发短信说心情极不好，不想吃晚饭了。她的心情是可以理解的，但教训是必须要接受的。我给她回短信说："一个人做人、做事摔跟头是难免的，从哪里跌倒就从哪里爬起来，可怕可悲的是爬起来后不知道为什么会摔倒，下次还会接着摔同样的跟头。"至于吃不吃晚饭就随她去吧。对一些队员来说，有一些打击并非是坏事。

晚上休息之前，我找到李雪艳帮她分析比赛失利的原因。首先在跳远比赛中我认为以她的状态和实力跳出五米三四十的距离是没有问题的，至于对手的超强实力是不在我们考虑范畴的，关键是要发挥出自己的实力，并争取超水平发挥。其次是要有自信心，赛前做准备活动时，她就问了我好多对比赛没有自信的问题，就是缺乏自信的表现，还没有和对手过招自己就把自己打倒了，那是绝对不成的。再次是在比赛过程中必须要和教练员很好地配合，而她在今天的比赛中对我的指导执行得很不好。田赛和竞赛不同，田赛在整个比赛过程有着更多的机会。我为她举了李晨东等几个水平较高的队员的例子。当队员到了高二、高三，对动作技术有了一定的认识后，在某些技术环节的训练过程中，师生是共同探讨进行的，而在所有比赛过程中对于动作技术的指导，他们是言听计从，认真执行。明天就是三级跳远的比赛了，希望她不要重蹈覆辙。

还好，她在女子乙组三级跳远的比赛中吸取了昨日跳远比赛的教训，最终以 11.52 米的成绩夺得一枚铜牌。以我的观察，她能跳得更好，跳到 11.70 米以上没有太大问题。我对她的目标是成为我校第一名女生国家一级运动员。

吕赛超在平时训练时经常迟到，对此我和他说过多次了，这只是从家早动身十几分钟的事情。为了激他，我说作为一个男人，这样的小事必须要改掉，这体现的是一种端正的态度。他这次比赛的表现让我很失望。先是赛前的适应场地训练他迟到了，然后是第一天的比赛他又迟迟不露面，接着是跳远比赛中出现很久没有出现过的起跳前减速的问题，三级跳远比赛中私自改动助跑距离，还有以为助跑不准会犯规而放弃了一次跳跃。暑假后他就是高三的学生了，到了这样的年龄还要犯这些低级的错误。对训练没有高标准的认识，对自己不能严格要求，怎么能进一步提高成绩？

马战山是有实力的，只是有些急于证明自己。他还有两年的时间，后面的路还很长，调整好自己，肯定会出好成绩的。

在赛后全队的总结会上，我的这些总结要向所有队员表述，希望能引起重视，有则改之，无则加勉。特别是对高中队员而言，能给他们这样做总结的机会不多了。希望他们好自为之。

第六章　中学生课余田径训练常用方法

训练方法是根据一定的原理，把各种独立的手段按照某种程序进行组合形成的教学组织过程。训练手段则是各种身体练习。在实际训练过程中应明确训练方法和手段的区别，例如，训练强度为12秒的100米跑，每次间隔3分钟，跑10次。那么，100米跑是手段，如何完成这10次100米跑的过程就是训练方法。

训练方法包括动作技术教学方法（如语言法、直观法、分解法、完整法等等）和身体练习方法。而在训练过程中，训练方法通常指身体练习的方法。常用的身体练习方法可以分为两大类，即严格规定练习条件、负荷和内容等的练习方法；以及不严格规定负荷、内容等的练习方法，如游戏法等。

严格规定练习条件、负荷和内容等的练习方法包括持续练习法、重复练习法、变换练习法、间歇练习法、循环练习法等。在选择训练方法时要考虑到青少年身心发展的特点和规律，所从事的运动项目专项特点，是否实用可行并产生良好的效果，快效、慢效方法适时得当，各训练方法的有机结合等因素。

持续训练法

持续训练法是指不带间歇连续实施某种练习手段的练习方法。一般说来，持续训练法的练习时间较长或所通过的距离较长，如匀速长距离练习、变速练习。

持续训练法的作用是可用来发展运动员的有氧耐力、专项耐力、速度。

我在某次耐力练习中使用持续练习法如下：

1. 1200 ~ 1600 米计时跑：×2 次。

2. 仰卧伸髋：30 次 / 组 ×4组；栏侧摆腿练习：20 ~ 30 次 / 组 ×2组；纵跳：30 米 ×4次（高中队员穿沙衣）。

使用注意事项如下：

1. 要根据训练任务来选择练习时间的长短、距离的长短和练习强度。

2. 所安排的练习时间、距离要符合队员有机体可能承受的限度。

3. 在用变速练习时，对所安排的练习强度要预先确定练习的性质和所要达到的目的，然后再按照要求严格执行。

重复训练法

重复训练法是指在不改变动作结构、负荷数据、间歇时间的情况下，按照既定要求，反复进行练习的方法。这里所说的间歇时间，通常都以一次练习后有机体能恢复到原来水平的时间。

重复训练法的作用是有效地发展队员的运动素质，提高身体训练水平；掌握、改进、提高与巩固运动技术和战术；培养队员的意志品质。

我在某次速度练习中使用重复练习法如下：

1. 50 米计时跑：3 ~ 4 次 / 组 ×3组。

2. 跳箱背肌：25 次 / 组 ×3组；垫上"十字跳"：5 个循环 / 组 ×3组。

使用注意事项如下：

1. 要根据训练任务和对象的具体情况来确定重复的量和每次练习的强度。

2. 用于技、战术训练时，要严格规定完成的规格，对量和强度不易提出过高的要求，只是在巩固和提高技术时，逐步提高量和强度。

3. 用于身体训练时，要在已经形成的基础上，对负荷不断提出较高的要求。

4. 要采用切实可行的办法，如用测心率来确定间歇时间，保证有机体恢复到原来水平。

5. 要采用一定的教法措施，对练习内容可交替安排，调动队员的积极性，减少枯燥乏味的感觉。

变换训练法

变换训练法是指在练习过程中，有目的地改变练习的负荷、动作的组合以及环境和条件的方法。变换练习法由于变换了练习的时间、负重量、速度、速率，变换了动作形式，不同的外部条件等，对队员的有机体提出了更新、更高、更特殊的要求。

变换训练法的作用是对队员有机体产生新的适应变化，提高队员对训练和比赛的适应能力，使队员的专项能力具有更强的应变能力，有助于掌握和调整动作的范围，促进队员的时空感和各种运动知觉的形成，调节训练过程，消除枯燥单调的情绪，有利于调动队员的积极性，推迟疲劳的出现。

我在某次力量练习中使用变换练习法如下：

1. 负重深蹲（塔形）：2～3～4～5次（高三男队员使用重量：80～70～60～50千克；马跃使用重量：50～40～30～20千克）；快速高抬腿跑：30步×4次。

2. 负重半蹲跳：6次／组×4组（高三男队员使用重量：40千克；马跃使用重量：30千克）；跨步跳：60米×4次。

3. 高翻杠铃：4～6次／组×4组（高三男队员使用重量：40千克；马跃使用重量：30千克）；大步跑：60～80米×4次。

使用注意事项如下：

1. 根据训练的具体任务变换训练的各种条件，如在学习和掌握新动作的过程中可降低难度。

2.各种情况的变换都应循序渐进，不能过于突然。

3.必要的时候，为了难度更高，做一定的诱导性练习。

间歇训练法

间歇训练法是指队员在进行一定的练习后，按照严格间歇时间进行某种方式的休息，再进行练习的方法。练习的强度、每次练习的数量、间歇的时间、休息的方式、练习的组数是间歇训练法的五个构成要素。

间歇训练法可有针对性地提高有机体各机能系统的能力；在实践中便于调动和调整，适合于发展多种机能能力；可保证训练的总负荷值。

我在某次力量练习中使用间歇练习法如下：

1.50米计时跑：3～4次／组×3组。

要求：每次的间歇不能超过1分钟，每组的间歇不超过5分钟。

2.跳箱背肌：25次／组×3组；垫上"十字跳"：5个循环／组×3组。

要求：每组的间歇不能超过1分钟。

使用注意事项如下：

1.要明确练习的任务，有针对性地选择练习的强度。

2.要了解队员的实际负荷能力。

3.要选择最适宜的间歇时间。

4.在严格执行预定指标的同时，注意训练过程中的必要调整。

5.低年龄段队员使用时，要降低强度，延长间歇时间，一定要谨慎，同时加强医务监督。

循环训练法

循环练习法是根据训练任务，把多种不同的训练手段串接在一起，每种训练手段都有明确的练习要求，周而复始循环进行练习的方法。

循环练习法的作用是激发队员练习的积极性和情绪，易于调整训练密度和负荷，提高有机体机能能力，巩固和熟练技战术。

我在某次力量练习中使用循环练习法如下：

1.（高翻杠铃：×10 次→沙坑纵跳：×30″→负重弓步前进：×20 步→单足换腿跳：×60 米）／循环组 ×6 组。

2.（负重半蹲跳：×10 跳→十级跳）／循环组 ×6 组。

3. 节奏跑：80 米 ×3 次。

使用注意事项如下：

1. 各种训练手段的综合效果要符合训练的任务。

2. 要明确各种练习手段的相关要求。

3. 要计算好每一次循环的总时间和每种练习手段所需时间。

4. 要考虑到使用的器材、设备和场地因素。

5. 考虑好负荷调整的具体方法。

6. 考虑好结构重组。

7. 不能因急于完成循环而忽视练习质量。

第七章　　中学生跳远、三级跳远课余训练内容和方法

中学生跳远、三级跳远课余训练内容有：身体素质训练、技术训练、战术训练、心理训练、恢复训练和理论知识教育等。

跳远、三级跳远身体素质训练

身体素质训练是指发展力量、速度、耐力、灵敏、协调和柔韧性等身体素质的训练。身体素质训练分为一般身体素质训练和专项身体素质训练。

一般身体素质训练也称全面身体素质训练，可以使各项身体素质，如力量、速度、耐力、灵敏、协调性等得到均衡发展，是掌握田径技术和提高运动成绩的基础。方法主要是通过田径、球类、体操、游泳、滑冰、游戏等项目进行。

专项身体素质训练是指与专项有密切关系，能直接促进掌握专项技术和提高专项成绩的身体素质训练。内容主要是发展专项所需要的肌肉力量、速度、耐力和柔韧性等。

一、速度训练

速度包括动作速度、反应速度、移动速度。

（一）速度训练的特点

1. 由于起跳的原因，跑的不仅要快，踩的还要准，并对起跳板有强烈的起跳反应。

2. 具有在短时间内反复跑出最高速度的能力。

3. 在高速跑进的同时，很好地完成起跳的能力。

4.30～40米内良好的加速跑并达到最高速度的能力。

（二）速度训练的注意事项

1.速度练习时，特别是强度在90%以上的速度练习和动作速度练习，应安排在队员身体状况较好时进行。一般安排在每次训练课的主要练习内容的开始部分。

2.速度练习时，由于动作的强度要求较高，一定要注意培养动作的放松感。

3.防止产生"速度障碍"，避免长期的单一训练手段、僵化的训练节奏、无变化的训练强度和量。

4.注重节奏感的培养。

（三）速度训练的手段、方法的实际应用

1.各种跑的专门性练习（小步跑、高抬腿跑、车轮跑、直腿扒地跑、折叠跑、后蹬腿跑等）的实际应用。

（1）跑的专门性练习的主要作用是提高跑的基本技术和跑的能力。

（2）一般情况下我把小步跑、高抬腿跑、车轮跑作为准备活动的主要内容，练习距离30米，每项做两次；初一、初二年级的队员多做一些，主要是掌握动作要领使动作定型。

（3）我把直腿扒地跑、折叠跑、后蹬腿跑等偶尔放在周中的一般身体素质练习里，因为这些动作不利于腿部各关节的放松。

（4）在进行跑的各种专门练习时，我注重队员的基本技术的正确性、动作幅度和动作频率，我认为这些动作每天都要做，如果基础性练习掌握不好，跑的技术也不会很好。

（5）教育队员充分认识到，每天的准备活动中进行这些练习的重要性，每一个动作都要认真对待。

（6）为了提高队员的兴奋度，保证练习的正确性，采用"加快、加快""注意动作幅度"等语言提示，以及快频率的击掌信号促使队员加快动作频率。

（7）关于车轮跑的练习，对低年龄段和动作不到位容易做成上体后仰的队员，会让他们采用较简单的垫一步车轮跑的方法，体会摆腿、腿部关节放松扒地动作。

2. 不同距离的快速计时跑的实际应用。

（1）跑的距离从 20 ～ 300 米不等，100 米以内距离跑的练习主要发展最大速度能力，100 ～ 300 米距离跑的练习主要发展速度耐力。

（2）20 米距离的计时跑练习主要是初一、初二年级的队员使用。

（3）在计时跑的距离方面，绝大多数情况下我安排的距离不超过80 米，夏天会跑 100 米距离的计时跑，但是次数较少，一般一节训练课安排 1 ～ 3 次。冬季安排 2 ～ 3 次训练课的 300 米计时跑，每次的练习量 4 ～ 6 次。

（4）根据不同时期、不同任务等实际情况选择训练方法。下面是我在一般准备期和专项准备期的周四的速度练习，计时跑练习部分的安排：

2010 年 1 月 7 日（星期四）80 米计时跑：4 ～ 6 次 / 组 ×2 组。

2010 年 4 月 15 日（星期四）30 米计时跑：3 次 / 组 ×2 组； 60 米计时跑：3 次 / 组 ×1 ～ 2 组。（几至几次、几至几组对不同队员有所区别）

（5）学校有地下跑廊和暖气，所以即使在冬季，我也能根据训练需要，每周安排一次有一定强度的计时跑练习。

（6）对于计时跑的训练，我会从一般准备期的一周一次逐步过渡到两周三次，最后到一周两次。在计时跑的训练负荷量与强度方面，成递减与递增的形式。

（7）在站立式计时跑练习时，为了保证计时的准确性，队员的后蹬地腿只要稍微一动我就开始计时。（这主要是参照起跑器电动抢跑装置的原理。）

（8）结合跳远、三级跳远项目助跑起跳技术的特点，在计时跑练习时，我要求队员跑到终点时不做撞线动作，而是上体正直地跑过终点。

（9）在做计时跑练习时，特别是跑的过程中，不对队员做跑的技术指导。因为在跑的过程中，队员的注意力集中在跑出最快的速度，这时的指导只能分散队员的注意力，使动作变形，弊端更大。如果需要改进跑的技术，可以通过其它运动强度小、运动量大的各种形式的跑来实施。

（10）凡是用跑表计时跑的练习，我都要记录每名队员的成绩，以便做横纵向以及队员之间的比较，用数据分析训练效果和队员的表现。

3. 不同距离的节奏跑练习（起跑、加速跑、行进间跑、变速跑、放松大步跑、标记跑、限时跑等）的实际应用。

（1）不同距离的节奏跑练习对于发展速度，改进跑的技术，加强跑的节奏感和速度感觉，防止"速度障碍"具有良好的作用。

（2）根据跳远、三级跳远助跑距离一般不超过40米的特点，我在训练中，把起跑、加速跑、行进间跑的练习距离控制在60米以内，练习负荷根据训练需要掌握。

我在一般准备期的加速跑练习安排是：60米加速跑：5～6次/组×2组（2009年11月23日，星期一）。

（3）变速跑练习的距离，我是根据训练季节安排，一般情况下冬季的练习距离长一些，夏季的练习距离短一些。例如：

2010年12月13日（星期日）400米变速跑（直到快、弯道慢）：4～5圈/组×2组。

2010年5月24日（星期一）110米变速跑（30米快→40米慢→30米快：4次/组×2组）。

（4）放松大步跑练习的距离，我一般安排在力量练习之后，主要目的是改变力量练习后肌肉的用力方向，练习距离一般在80～110米。例如：2010年6月1日（星期二）力量练习后的80～110米放松大步跑：2次/组×2组

（5）我在训练中通常叫标记跑为跑格，用60公分长、10公分高的海绵块做标志物，根据标志物摆放的距离不同，分别发展跑的节奏感、步长、步频。例如：

发展节奏感：用20～25个标志物，间隔为练习者的7～8个脚长摆放；

发展步频：用15～20个标志物，间隔为练习者的4～6个脚长摆放；

发展步长：用 25～30 个标志物，间隔为练习者的 8～9 个脚长摆放。还可以间隔由短至长的变化摆放等。

我最常用的是 15～20 个标志物、间隔为练习者的 4～6 个脚长的发展步频摆放法。利用标志物跑节奏感练习，我觉得有些浪费；利用标志物跑步长练习，有时会导致跑的动作变形，所以我在训练中很少使用。例如：2010 年 5 月 30 日（星期日）一般身体练习，跑格：格间距 4 脚 ×15 格 ×4 次 / 组 ×3 组。

（6）在进行限时跑练习时，我的方法是限定队员一定距离跑的时间，队员每次跑完后先根据自己跑的速度和节奏预测时间，然后和我的跑表时间对照，结果相差无几。这能使队员对自己跑的速度和节奏的自我感觉加强。例如：100 米跑最好成绩在 12 秒的队员，我要求他在练习时把时间控制在 12.5 秒或 13 秒。

4. 不同形式跑的练习（跨栏跑、跑台阶、上下坡跑、牵引跑、拖重物跑、负重跑等）的实际应用。

（1）不同形式跑的练习对于发展速度，改善单调乏味的练习环境，激发队员的练习兴趣具有良好的作用。

（2）跨栏跑是我经常使用的练习手段，可以分别发展跑的节奏感（正常栏间距）、步长（稍大一些的栏间距）、步频（相对较小的栏间距），对队员身体的协调性，跑动时有较好的向前趋势以及提高心理素质也有很大帮助。栏的高度要比同龄跨栏队员使用的低一些。例如：2010 年 1 月 17 日（星期日）跨栏：3～5 个栏 ×8～10 次 / 组 ×2 组。

（3）对于跑台阶练习，我一般是利用看台的台阶进行练习，且大多数情况是快速跑小台阶 20 级，并采用计时来提高练习强度，达到预期效果。

（4）考虑到场地、器材、安全性等因素，上下坡跑、牵引跑、拖重物跑练习几乎没有使用过。

（5）负重跑练习基本采用穿沙背心负重放松大步跑的方法，不用计时手段。

5. 各种跳跃练习（短距离的计时跳跃、跳跃障碍、跳深、多级跳、与专项结合的起跳等）的实际应用。

（1）一般情况下，从周日到周五连续六天的训练，我只在周三的训练中不安排跳跃练习，其余都会根据训练需要，安排负荷不等、内容不同、方法不同、形式不同的跳跃练习，前后两天几乎没有重样。

（2）凡是需要有助跑的多级跳跃练习，我要求队员的第一跳都采用单足跳的形式，主要考虑到与三级跳远的动作相结合，增强跳跃的协调性，形成跳跃习惯。

（3）在要求队员练习动作速度的同时，强调要保证动作的幅度和节奏感。例如：我在一般准备期一周内的跳跃练习安排：

2010年1月10日（星期日）连续一步助跑起跳：30米×2次/组×3组。

2010年1月11日（星期一）垫上"十字跳跃"：4个循环/组×3组。

2010年1月12日（星期二）"双跨单"多级跳：80米×8次。

2010年1月13日（星期三）球类活动。

2010年1月14日（星期四）沙坑内纵跳：40跳/组×3组。

2010年1月15日（星期五）"双单跨"多级跳：80米×8次。

6. 各种辅助性练习（快速摆臂、快速高抬腿、快速摆腿、快速的轻负重力量和抗阻力练习等）的实际应用。

（1）快速摆臂、快速高抬腿、快速摆腿、快速的轻负重力量和抗阻力等练习，一般我都会穿插在周三的一般身体素质练习中进行。

（2）在进行这些辅助性练习时，一是要注重动作速度，二是要注重基本动作形态的正确性。

二、力量训练

力量可分为最大力量、速度力量、耐力力量和反应力量。

（一）力量训练的特点

1. 要求队员具有较大力量的能力，体重又不能过重，即相对力量要求要高。

2. 由于跑、跳都是在短时间内完成的，对速度力量的要求要高。

3.多次跳跃的比赛形式，对队员的力量耐力要求要高。

（二）力量训练中的注意事项

1.在训练中，首先应发展速度力量，然后发展最大力量。初中阶段以一般力量、快速力量和跳跃练习为主，严格控制超过身体重量的大负荷力量练习。高中阶段逐渐增加中等及以上力量练习。防止过早大力量练习对身体造成的伤害。

2.安排力量练习时，应在发展下肢力量的同时，注意对上肢力量和躯干力量的练习；此外在发展某一肌群时，应注意发展与这一肌群对应的对抗肌群，如：发展大腿前群肌肉力量的同时，注意发展大腿后群肌肉的力量。

3.在进行力量练习时，首先应注意练习动作正确，避免出现意外伤害事故。

4.在力量练习中，应注意练习动作的形态、节奏、幅度、角度和出现最大肌肉用力的时间。

5.完成快速力量练习和跳跃练习的动作，开始和改变用力方向时，要集中注意力和最大力量，以爆发性用力完成练习，达到最佳的练习效果。

6.力量练习以几个练习手段构成的成组练习为主，保证身体各部位肌群的同步练习和协调发展，特别是发展薄弱环节的肌肉力量，重视发展小肌群的肌肉力量。如：踝关节、肩关节、腰背部、骶髂关节、腹部等部位的肌肉力量。

7.大负重的杠铃练习应在一次练习课中分主次、多手段进行，以促进身体各部位的协调发展。最大力量练习采用动力性练习为主，不采用静力性练习。

8.训练安排中，应注意小重量负重练习不得超过15次，中等重量的负重练习不得超过5次，大重量的负重练习不得超过两次。

9.特别注意在负重力量练习时的安全。

（三）力量训练的手段、方法的实际应用

1.使用杠铃的各种负重练习：深蹲、半蹲、做蹲、斜蹲、半蹲跳、纵跳、

台阶换腿跳、弓步换腿跳、弓步行走、提踵、硬拉、高翻、体前屈、卧推、推举、起跳步等

2. 使用其它器械的各种负重练习：利用皮条的摆腿、摆臂、起跳步、股后肌群练习；利用壶铃的蹲跳、侧拉练习；单双杠的上肢练习；利用跳箱、跳凳、肋木的腹背肌练习、跳跃练习；穿沙背心、带沙袋的跑、跳练习等。

3. 克服自身体重的各种练习：各种徒手的长短跳、跳深、跳高；腹肌、背肌、上肢练习等。

4. 力量练习的实际应用。

（1）训练时严格遵守力量训练的相关注意事项，安全放在首位。

（2）我在使用杠铃进行负重练习时，凡是达到中等强度及以上负荷的练习，都要在钢梁保护架里进行。

（3）在准备期内，每周二、五安排两次力量训练课。

（4）力量训练的内容基本都采用循环训练方法进行。

（5）重视大腿后群肌肉力量的训练，每次力量训练课都会安排。

（6）每次力量训练课后，都会安排各种长距离的跳跃练习或是放松大步跑练习，目的是改变力量训练后肌肉的用力方向，增强力量训练的效果。

（7）腹肌、背肌（屈、伸肌群）隔一天一练。

（8）跳跃练习每天都要安排。例如：我在一般准备期内一周的力量训练安排：

2010年1月26日（星期二）力量训练：

A. 负重半蹲起：7～8次/组×10组（重量分别为70、50、30千克）。

B. 卧推：7～8次/组×10组（重量中等）。

C. 股后肌群力量：7～8次/组×10组。

D. "双跨单"跳跃：30米×10次。

要求：四项练习内容循环进行。

2010年1月29日（星期五）力量训练：

A. 负重半蹲跳：8次/组×10组（负重20公斤在体操垫上跳跃）。

151

B.快推：12 次 / 组 × 10 组（轻重量）。

C.股后肌群力量：10 次 / 组 × 10 组。

D."双跨单"跳跃：30 米 × 10 次。

要求：四项练习内容循环进行练习。

三、耐力训练

通常采用越野跑、法特莱克跑、球类等提高一般耐力，发展有氧运动能力。通过大运动量的反复跑、变速跑、完整的专项练习等来提高专项耐力。

1. 让队员明确耐力练习的意义。耐力训练能培养坚毅顽强、克服困难的意志品质，提高心血管系统和呼吸系统的工作能力，使机体的新陈代谢旺盛，保持长时间协调、准确的工作能力。无论是掌握运动技术，还是进行身体训练，都需要长时间、多次重复的练习，没有好的耐力，不能获得良好的训练效果。

2. 我对于一般耐力的训练主要是安排在冬季。例如：2010 年 1 月 19 日，1200 ～ 1600 米跑 × 2 次。

3. 我对于专项耐力练习相对使用较少，主要考虑到专项练习过多，很容易造成伤病，所以即便是在专项准备阶段，我也是每周只练习一次专项，跳远、三级跳远隔周。例如：2010 年 4 月 12 日，全程助跑完整专项技术：5 ～ 6 次。

四、柔韧性训练

主要通过静力或动力抻拉练习来提高柔韧性。

1. 柔韧性是人体大幅度完成动作的能力。田径运动的身体训练和技术训练都需要较好的柔韧性。柔韧性差，不容易掌握动作技术，而且容易使肌肉、关节、韧带受伤。

2. 对于柔韧性的练习，我主要安排在每天的准备活动时进行。另外，在每周三的一般身体素质训练中，有时也会安排专门的柔韧性练习。

跳远技术训练

一、跳远技术简介

跳远技术由助跑、起跳、腾空和落地四部分组成，各部分的技术互相关联。

（一）助跑　跳远的助跑是为了获得较高的水平速度，并为快速、积极、有力、准确的起跳做好技术和心理上的准备。

助跑的速度和距离：跳远的助跑速度是获得优良成绩的关键之一，同时与起跳时的腾空速度密切相关。优秀运动员起跳前的速度可达到10~11 米 / 秒。男子助跑的距离一般为 35~45 米，跑 18~22 步；女子助跑的距离一般为 30~35 米，跑 16~18 步。中学生队员的助跑距离和步数应视个人身体素质情况适当增减。

速度与助跑步数关系参考

30 米（秒）	100 米（秒）	助跑步数	30 米（秒）	100 米（秒）	助跑步数
3.7	10.2	24	4.4	12.5	15
3.8	10.5	22	4.5	12.9	14
3.9	10.8	20	4.6	13.2	14
4.0	11.1	18	4.7	13.8	13
4.1	11.5	17	4.8	14.0	13
4.2	11.8	16	4.9	14.3	12
4.3	12.1	15	5.0	14.7	12

助跑距离要根据助跑道的性质、天气及队员身体情况等因素进行调整。例如，助跑道松软，气候寒冷、逆风和体力不足时，助跑距离要缩短；反之，应加长。

为了提高队员准确踏板的信心，使起跳有较高的速度，可采用助跑标志的方法。第一个标志设在起点上，在最后 6~8 步的地方设立第二标志点。当助跑技术、步长稳固后撤掉第二标志点，以免分散队员的注意力，影响全程助跑的连贯性。

2. 助跑的技术：助跑的开始姿势有两种：一种是从静止状态开始，类似"站立式"起跑姿势，两脚可前后或左右开立，从静止状态开始助跑，第一步的步幅和速度要力求稳定，这有利于步点的正确性。另一种是从行进间开始，先走或慢跑几步踏上起点，而后开始加速跑。

3. 起跑后的加速方式：一种是积极加速，即从助跑一开始就用全力跑，步频快，用逐步增加步长提高速度。用这种方法可较快取得高速度，助跑距离较短；另一种是逐步加速的方法，与一般加速跑相似，开始步频较慢，在逐步加大步长的同时提高步频。它的加速时间较长，加速过程比较均匀，助跑距离较长。采用何种方式助跑，可根据个人习惯而定。但不论采用哪种方法，都要在起跳前获得高速度，并有助于正确踏板和起跳。

最后几步助跑是跳远技术中的重要环节。这几步助跑动作，直接影响着起跳前的速度，踏板的准确性和起跳动作的合理性。

（二）起跳 起跳是跳远技术中难度最大和最重要的环节。起跳的主要任务是使身体按适当的腾起角（一般为18°~24°）腾起。腾起的初速度越大，越有可能取得优良成绩。优秀运动员的腾起初速度可达9.2~9.6米/秒，身体重心腾起高度可达50~75厘米。起跳过程可分着地、缓冲和蹬伸三部分。

1. 起跳脚着地：起跳是高速助跑的情况下完成的，在助跑的最后一步就准备起跳，为了加快起跳速度，起跳腿的大腿在前摆时抬得比短跑时低些，要积极下压，几乎是伸直腿快速着板。着地时起跳脚先以脚跟触及地面，并迅速转为全脚掌支撑。起跳脚着地时，起跳腿与地面的夹角为65°~70°。起跳脚的着地点在身体重心投影前30~40厘米的地方。太远，会产生制动，虽然能获得较大的腾起角和跳跃高度，但损失水平速度较高；过近，会缩短起跳蹬地用力的距离，减少作用力的时间，降低腾空高度，影响起跳的效果。

2. 起跳腿缓冲：起跳脚着地一刹那，由于助跑水平速度的惯性和身体重心的作用，产生了很大的压力（人体体重的数倍），迫使起跳腿髋、膝、踝关节和脊柱很快弯屈缓冲。跳远起跳的效果在很大程度上取决于缓冲的作用。关节弯屈缓冲要适度，太大或太小都会降低起跳的效果。

3.起跳腿蹬伸：起跳过程中，当身体重心移至起跳腿支撑点的垂直部位时，因缓冲而被拉长的伸肌强有力的收缩，使髋、膝、踝三个关节迅速地蹬伸，上体挺起，摆动腿的大腿积极向前上方摆到水平位置，小腿自然下垂，完成跑跳动作，起跳时的蹬地角大约成 75 °。

4.起跳中的摆动作用：起跳中的摆动作是指摆动腿和两臂的摆动动作。摆动腿和两臂摆动对提高起跳速度、加大动作幅度，尤其是对加大蹬伸的力量都有重大作用。摆动中两臂摆至稍低于肩关节时，摆臂动作"突停"，摆动腿积极向前上方摆动。摆动的刹那，产生一个向下的力，这个力和起跳腿的蹬地力成为合力才能达到良好的起跳效果，为下一步的腾空创造有利条件。

（三）腾空　跳远时的腾空动作是为了维持身体的平衡从而推迟落地时间，并为落地创造有利的条件。腾空初期的姿势一般称"腾空步"。"腾空步"后空中动作有三种：即蹲踞式、挺身式和走步式。蹲踞式比较易学，一般被初学者采用，走步式对身体素质的要求比较高，中学生队员，在有了一定基础后应以挺身式比较合适。

1.挺身式跳远的优点：挺身式跳远的空中挺身动作，能使体前肌拉长，有利于收腹举腿和伸腿落地，同时也可较好地避免蹲踞式跳远时，身体易绕横轴向前回旋而过早落地的缺点。

2.挺身式跳远技术动作：挺身式跳远的空中动作在"腾空步"后即开始,但"腾空步"保持的时间比蹲踞式短。"腾空步"后展髋放下摆动腿，与起跳腿靠拢，两腿继续向后摆动，同时挺胸、展体，在空中形成挺身姿势，而后收腹举腿，两臂向上向前、向下向后摆动，两臂向前下方摆动，同时前伸小腿准备落地。

（四）落地　正确的落地动作，有利于提高成绩。着地前两腿屈膝高抬，膝关节向胸部靠拢，上体不要过于前倾，即将着地时膝关节迅速伸直，使小腿前伸，以足跟先触及地面，在脚跟触及地面的刹那，立即屈膝缓冲，髋部前移，两臂屈肘积极前摆，使身体重心迅速移过落点，避免后坐。落地方法有向前、侧倒和坐落三种。

二、跳远技术训练要点

（一）跳远技术的原理和特点分析

1.跳远技术的力学原理：抛射运动规律是跳远的运动力学原理，公式：（ $S = \dfrac{V_0^2 \sin 2\alpha}{g}$ ）。跳远成绩（S=S1+S2+S3）的决定因素，主要由起跳距离（S1）、飞行距离（S2）和落地距离（S3）组成，取决于起跳离地一瞬间身体重心的腾起速度（ V_0 ）和腾起角度（ α ）。人体腾起初速度是人体在起跳中获得的水平速度和垂直速度的合速度，腾起角度是由水平速度和垂直速度的比值所决定的。有研究表明：人体在跳远助跑中获得尽可能大的水平速度的前提下，通过合理的起跳技术，在尽可能少地损失水平速度的基础上，获得尽可能大的垂直速度，是合理起跳技术的标志。

根据人体解剖学和生物力学原理获知，跳远与三级跳远的主要用力肌群都是臀大肌、股后肌群、股四头肌、小腿三头肌、屈髋肌群。良好的躯干和上肢力量也是完成好跳远技术的主要保障。

2.跳远技术的特点：现代跳远技术的突出特点是强调以速度为核心，完善和改进技术，强调高速助跑积极上板和快速起跳。突出要求体现"快、准、稳、高"，即助跑速度快、起跳上板快、完成起跳动作快，上板起跳准，动作技术稳定，高重心、高支撑、高频率。

（二）跳远技术训练的重点和难点

1.跳远技术训练的重点：跳远技术训练的重点是跳远的起跳技术，即在快速助跑中有效地完成起跳技术。通过起跳使人体获得尽可能大的腾起初速度和适宜的腾起角度。

提高人体腾起初速度的主要途径是提高最大速度能力；改进助跑技术，提高最大速度能力在跳远助跑上的利用率；改进起跳技术，减少起跳中的水平速度损失。

获得适宜腾起角度的主要途径是提高起跳腿的跳跃能力；改进起跳中摆动环节的技术。

2.跳远技术训练的难点：跳远技术训练的难点主要体现在助跑的快而准，以及助跑与起跳相结合的技术环节。

助跑的准确性直接决定每一次试跳的成绩。助跑准确性不仅取决于队员的助跑技术、助跑节奏的稳定性和熟练程度，也取决于队员在比赛中的心理稳定性和对外界条件变化的正确判断，其中合理而稳定的助跑节奏是基础。

良好的跳远起跳技术应做到：跑调节和连贯，起跳缓冲幅度小，起跳蹬伸速度快，起跳时间短，起跳充分。

（三）跳远技术训练常用手段、实际应用、常见错误、产生原因和纠正方法

1.跳远助跑训练常用练习手段与实际应用：

（1）跳远助跑训练常用的练习手段：在跑道上练习全程助跑、在外界节奏刺激下的助跑练习、全程助跑的计时跑练习、全程助跑上踏板前10米的计时跑练习

（2）实际应用：

①在外界节奏刺激下的助跑练习主要是通过对队员的了解，在练习时以击掌声为信号，帮助队员稳定助跑节奏。一般练习负荷为 4～6 次一组，做 2～3 组。

②全程助跑的计时跑练习主要是在相对稳定的助跑节奏基础上，提高助跑速度。一般练习负荷为 4～6 次一组，做 2～3 组。

2.起跳技术训练常用练习手段与实际应用：

（1）常用练习手段：原地起跳模仿练习、走动中的起跳模仿练习、连续上一步起跳成腾空步练习、行进间 3～5 步助跑起跳腾空步练习、6～8 步起跳腾空步（过障碍、上高台、头触高物、手触高物）练习、短程助跑加高起跳点的起跳腾空步练习、半程或全程助跑起跳练习、负重起跳练习、30～40 米的快跑中听信号快速完成起跳成腾空步练习

（2）实际应用：

①原地起跳模仿练习，我主要是使用高度合适的跳箱，队员站在跳箱前的合适距离，原地模仿起跳成腾空步，把摆动腿的脚放在跳箱上。

一般是低年级队员初练技术时采用，也作为专项技术练习的辅助练习。练习负荷为 15 ～ 20 跳 / 组，做 3 ～ 5 组。

②走动中的起跳模仿练习是在自然走动的过程中，做起跳的模仿练习，一般走 3 ～ 5 步，主要是低年级队员初练技术时采用，也作为专项技术练习的辅助练习。练习负荷为 30 ～ 40 米的行进距离，不低于 5 次模仿练习，3 ～ 4 趟一组，做 3 ～ 4 组。

③连续上一步起跳成腾空步练习，既适合高、低年级队员，也可用于专项技术的辅助练习。低年级队员使用时以徒手为主，高年级队员使用时，我要求他们穿沙背心负重。练习负荷为 30 米的行进距离，3 ～ 4 趟一组，做 3 ～ 4 组。

④行进间 3 ～ 5 步助跑起跳成腾空步练习，除了作为技术训练课的内容外，我还经常把它放在力量练习的循环练习内容中，在做完下肢力量后做这个练习，即练习巩固专项技术，又能起到调节力量练习后肌纤维用力方向的作用，还增强了专项跳跃能力。专项技术课中的练习负荷为 30 ～ 50 米的行进距离，3 ～ 4 趟一组，做 3 ～ 4 组。力量练习后做一次 30 ～ 50 米的行进间 3 ～ 5 步助跑起跳练习或一次 4 ～ 6 跳。

⑤6 ～ 8 步起跳成腾空步（过障碍、上高台、头触高物、手触高物）练习是改善跳远技术，提高起跳能力的基本练习手段。不同的练习手段有不同目的和使用要求，在使用过程中要具体问题具体分析。例如上高台练习，在高台的高度上可以从 20 ～ 30 厘米到 1 米的高度，高度较低时我使用一两节跳箱就可以练习，也可以调高大海绵包做高度较高的起跳练习。练习负荷为 5 ～ 10 跳一组，做 3 ～ 4 组。

⑥短程助跑加高起跳点成腾空步的练习，我使用跳箱盖，高度是十几厘米，在牢固性方面也非常合适。练习负荷为 6 ～ 8 跳一组，做 3 ～ 4 组。

⑦半程或全程助跑起跳练习主要是提高快速助跑下快速起跳的能力，改进起跳技术，起跳后可规定是起跳腿还是摆动腿落入沙坑。练习负荷为 5 ～ 8 跳一组，做 2 ～ 3 组。

⑧我把负重起跳练习作为不完整的辅助性技术练习手段，在全程助跑的情况下一般我不会使用，因为负重的效果可能会导致动作变形，影

响动作技术和起跳的准确性。

3.空中技术训练常用练习手段与实际应用：

（1）空中技术训练常用的练习手段：原地或走动中模仿空中动作、3～5步助跑起跳接空中动作模仿练习、半程助跑在弹性踏板上起跳做空中动作模仿练习、半程助跑后空中动作模仿练习。

（2）实际应用：

①原地或走动中模仿空中动作的练习一般适用某种空中动作的初学者。低年级队员的空中动作，我一般安排练习掌握蹲踞式的空中动作。从初三开始，所有男队员采用挺身式的空中动作，女队员根据其自身能力选择空中动作。一般的练习负荷为15～20次/组，做3～5组。走动30～40米的距离，不低于5次模仿练习，3～4趟一组，做3～4组。

②半程助跑在弹性踏板上起跳做空中动作模仿练习可以获得额外的高度，对于空中动作的技术改进帮助很大。练习负荷为10～20跳/组，做1～2组。

③半程助跑后空中动作模仿练习，是在助跑速度可控下起跳的，对于改进空中技术动作效果非常好。练习负荷为5～8跳/组，做2～3组。

4.落地技术训练常用练习手段与实际应用：

（1）常用的练习手段：立定跳远。

（2）实际应用：落地技术练习，我一般通过立定跳远或多级跳进入沙坑落地，体会屈膝缓冲，髋部前移，两臂屈肘积极前摆，使身体重心迅速移过落点，体会侧倒或坐落，避免后坐落地。一般随素质练习进行，不作为单独的技术练习内容。

5.完整跳远技术训练常用练习手段与实际应用：

（1）完整跳远技术训练常用的练习手段：全程助跑完整技术练习、不同条件和环境下的全程助跑完整技术练习。

（2）实际应用：

①全程助跑完整技术练习目的是提高专项技术能力。我在训练中安排的负荷一般为4～6跳/组，做1～2组。

②不同条件和环境下的全程助跑完整技术练习是非常必要的，对于

提高队员的心理素质，增强赛场的随机应变能力有非常大的帮助，例如在不同风向里、在雨中等。但是受训练条件的限制，我很少有机会做这样的全程练习。如果有机会的话，练习负荷一般安排 4 ~ 6 跳即可。

6. 跳远技术训练常见错误，产生原因与纠正方法：

（1）助跑凑步子上踏板。产生原因：概念不清，以为只要踩上板起跳成绩就好，不知道凑步子上板会因降速而影响跳远的成绩。

纠正方法：讲清凑步子上板的不良后果，练习时发现凑步子立即指出，及时纠正。

（2）助跑步点不准。产生原因：开始助跑姿势不固定；助跑加速不均匀，节奏和步长不稳定；气候、场地和生理、心理因素的影响。

纠正方法：固定开始助跑的姿势，正确使用助跑标志；反复跑步点，在快跑中固定助跑的动作幅度、步频和节奏；在不同的气候和场地练习助跑，培养适应各种环境的能力。

（3）助跑最后几步降速。产生原因：步点不准，最后几步的步长过大或过小；跑的时候上体后仰、臀部"后坐"和后蹬不充分；怕犯规；急于做强有力的起跳；快跑中起跳的能力差。

纠正方法：要强调跑的动作正确，跑的路线正直，并反复跑步点；要强调助跑的"进攻性"，起跳动作轻而干脆，利用速度争取跳出好成绩；改进起跳技术；采用俯角斜板的辅助练习提高起跳速度。

（4）起跳腿蹬不直。产生原因：起跳时髋关节没有积极"前送"；蹬伸用力开始太早或太晚；起跳时落地太重或落地时身体重心下降；动作不协调和力量素质差。

纠正方法：做仰卧"送髋"的辅助练习；减少起跳中的制动作用，提高向前用力的效果；做高重心的最后几步助跑和起跳练习；强调起跳着地瞬间上体向上提；做各种跳跃练习，改进动作的协调性和发展腿部力量。

（5）起跳方向不正。产生原因：最后几步助跑的路线偏斜和起跳时身体侧倾；摆动腿摆动方向不正；起跳中身体积极前移不够。

纠正方法：强调跑的直线性和向前的效果；反复做起跳的模仿练习，

强调头和躯干成一直线，稍仰头，摆腿要正，着地后要快速前移身体；强调助跑过板或采用俯角斜板起跳的辅助练习。

（6）"制动式"起跳。产生原因：对起跳技术缺乏正确的理解，对保持高的水平速度的意义认识不足；盲目追求过高的腾空高度。

纠正方法：正确认识水平速度对提高跳远成绩的重要意义；强调起跳前保持跑的动作结构和起跳腿着地时的"扒"地动作。

（7）蹲踞式跳远中腾空阶段身体前旋。产生原因：起跳时低头，肩前冲，上体过于前倾；起跳时摆腿不积极，摆腿幅度小；急于做落地动作。

纠正方法：短、中距离助跑跳远，要求起跳时身体保持正直，目视前方；起跳后保持"腾空步"姿势，待身体腾跃一定标志物距离后，再做落地动作。

（8）挺身式跳远中腾空阶段挺身过早。产生原因：起跳不充分，摆动腿摆动不积极；起跳后向前运动的速度慢；摆动腿下落过早。

纠正方法：加强起跳练习，强调"腾空步"姿势，待身体腾跃一定标志物距离后，再做挺身动作。

（9）挺身式跳远中腾空阶段以挺腹代替挺身。产生原因："腾空步"后摆动腿下摆不积极；摆动腿没有后摆的动作，且上体后仰。

纠正方法：短距离助跑起跳，要求上体保持正直；短距离助跑的完整练习，要求摆动腿积极下落并向后摆动；在器械上支撑或悬垂，做挺身的模仿练习。

（10）落地时小腿前伸不够。产生原因：着地前低头，上体前压，腰腹力量和下肢有韧性差。

纠正方法：用立定跳远做辅助练习，要求着地时小腿向前伸出；短程助跑跳远，着地前高抬大腿；发展腰腹肌力量和大腿后侧肌群、韧带的柔韧性。

（11）落地后臀部后坐。产生原因：脚跟着地后，没有迅速屈膝缓冲；落地后身体不积极前移；摆臂动作不正确。

纠正方法：做落地的模仿练习，强调及时屈膝、屈踝和向前送髋；

在以立定跳远作为辅助练习时，强调在着地前将两臂摆向体后，着地后用力前摆，协助身体迅速移过支撑点。

三级跳远技术训练

一、三级跳远技术简介

三级跳远的完整技术是由助跑、第一跳（单足跳）、第二跳（跨步跳）和第三跳（跳跃）四部分组成。

（一）助跑　三级跳远的助跑距离一般为 30 ~ 40 米，它与跳远助跑的各因素基本相同（参见跳远助跑），只是三级跳远的第一跳不像在跳远中那样强调获得的高度，因而最后几步助跑的步幅更加均匀，身体前倾度比跳远稍大一些，上板起跳脚着地更靠近身体重心投影点。

（二）第一跳（单足跳）　三级跳远的第一跳是用力的腿做起跳腿。起跳后经过空中交换腿的动作再用它落地，完成单足跳。

第一跳的任务既要获得远度，又要为第二跳的起跳作好准备。因此，要尽量加快起跳速度，以保持水平速度，使身体重心迅速前移，起跳的蹬地角度和腾空角度均比跳远要小。起跳时腿的蹬地角度为 60° ~ 65°，身体重心腾起角度为 16° ~ 18°，以保证身体重心的抛物线轨迹比较平直。

起跳后，形成一个腾空步。在腾空步中，上体正直，保持短暂的腾空时间，成"腾空步"姿势。在腾空步的后半段，起跳腿以大腿带动小腿前摆，与摆动腿交换。其动作要求是，起跳腿屈膝向前上方摆动，同时摆动腿由上向下、向后摆动，形成"交换步"。上体稍前倾，两臂配合腿的动作协调摆动，以维持身体平衡。在"交换步"后，起跳腿继续前摆至大腿与地面平行，然后大腿积极下压，由前向下、向后，积极以"扒地式"落地，异侧臂由前向后侧摆，准备第二跳的起跳。

（三）第二跳（跨步跳）　三级跳远的跨步跳是以单足跳的落地腿为起跳腿。第一跳落地后，上体保持正直，髋关节尽量保持挺直。此时，摆动腿由后向前积极屈膝上摆，两臂协调配合由后侧向前上方摆动，同时，起跳腿快速有力蹬地，积极送髋，完成第二跳。

在第二跳腾空的后半段，摆动腿继续向上摆动至大腿与地面平行或稍高，起跳腿仍然在身后弯曲，上体稍前倾。两臂同时由上成弧形向下、向后侧方摆动，快落地时，两臂已摆至身体的后侧方。摆动腿开始迅速而积极做"刨地式"的落地，准备第三跳。

（四）第三跳（跳跃）　三级跳远的第三跳是以跨步跳的落地腿为起跳腿，在摆动腿和双臂摆动的配合下完成起跳动作。经过前两跳后，水平速度已有明显下降，第三跳要充分利用剩余的水平速度，尽可能提高垂直速度，以获得一个较高、较远的腾空轨迹，取得最大的远度。第三跳的空中动作和落地动作与跳远基本相同。

三级跳远的摆臂动作有单臂、双臂和单双臂结合等方式。三种方式各有优点，采用何种方式，主要取决于运动员的技术特点和个人习惯。

二、三级跳远技术训练要点

（一）三级跳远技术原理和特点分析

1. 三级跳远技术的力学原理：三级跳远成绩由连续三次跳远远度组成，它的力学原理与跳远相同，主要取决于每一次起跳离地的一瞬间，身体重心的腾起速度和角度。

2. 三级跳远技术的特点：三级跳远成绩由连续三次跳远远度组成，在三次起跳中的每一次落地支撑阶段，身体都要承受巨大的下冲力，然后迅速转换为向前向上的蹬伸起跳。因此，队员必须在三次跳跃中，合理地分配在助跑中所获得的速度，以提高跳跃的效果。

（二）三级跳远技术训练的重点和难点

1. 三级跳远技术训练的重点：

（1）快速助跑：一名优秀的三级跳远运动员首先应具备良好的速度能力。三级跳远与跳远不同的是，运动员助跑获得的水平速度要用三次，每一次起跳支撑阶段都要损失一部分水平速度。所以在第一跳和第

163

二跳的起跳中，运动员既要获得较大的远度，又要尽量保持水平速度。所以三级跳远第一跳的合理起跳角度在16°～18°之间，小于跳远的合理起跳角度18°~24°之间，目的是为了减少起跳时的速度损失。

（2）积极性的落地起跳（扒地动作）：积极性落地起跳技术主要指三级跳远的第一跳落地接第二跳起跳和第二跳落地接第三跳的起跳过程，通常形象地称为"扒地"动作。

积极性落地起跳能够及时缓冲身体接触地面时的下冲力，避免身体重心过度下降，使身体重心迅速向前移过起跳脚的地面支撑点，缩短制动过程，做出积极有力的起跳动作，使身体再次跳离地面。

积极性落地起跳技术是三级跳远中最重要的技术动作，任何一位三级跳远运动员都必须掌握好这项技术，否则无法跳好三级跳远。

（3）合理的三条比例：三级跳远按照跳法可分为三种三级跳远技术风格："高跳"型——注重第一跳的远度，"平跳"型——第一、三跳的远度大致相等，"速度"型——提高助跑速度并减少前两跳的制动作用和速度损失以加大第三跳的远度。

根据抛物线的力学原理和作用力与反作用力的原理，按照运动员的特点，选择与之相适应的跳法，使三跳的比例合理是提高三级跳远成绩的关键。

助跑与起跳技术的结合是三级跳远技术的关键环节。三级跳远技术训练的重点是第一跳的起跳腾空技术和第一跳的落地与起跳的结合动作。

2. 三级跳远技术训练的难点：三级跳远技术训练的难点是在快速的水平速度下，连贯地保证每一跳起跳时适宜的蹬地角度和合理的身体重心腾起角度。

（三）三级跳远技术训练常用手段、实际应用、常见错误、产生原因和纠正方法

1. 助跑训练常用练习手段与实际应用：

（1）常用练习手段：三级跳远的助跑与跳远助跑的各因素基本相同，所以在练习手段方面也基本与跳远助跑的训练手段相同（参见跳远

助跑）。

（2）实际应用：

①三级跳远的第一跳不像在跳远中那样强调获得的高度，因而最后几步助跑的步幅更加均匀，身体前倾度比跳远稍大一些，上板起跳脚着地更靠近身体重心投影点，这是与跳远助跑的区别。

②跳远与三级跳远项目通常在一个课余田径训练队，绝大多数队员把两个项目互为兼项。为了减少项目间技术环节的相互干扰，我在训练过程中以跳远助跑训练为主，对三级跳远项目助跑不做单独训练，只是在三级跳远专项跳跃的练习过程中加以强调，引起队员的重视，在实践中运用。

2.第一跳（单足跳）训练常用练习手段与实际应用：

（1）常用练习手段：立定或短程助跑的连续单足跳练习，短、中、全程助跑完成第一跳并起跳腿落地后继续跑进的练习。

（2）实际应用：

①单足跳练习的目的，是提高队员第一跳接第二跳的技术和能力，练习的方法多种多样。我经常采用的是短助跑5级单足跳的练习，练习负荷一般为4～6次一组，做2～3组。

②短（中、全）程助跑完成第一跳并起跳腿落地后继续跑进的练习负荷一般为3～4次1组，做2～3组。

3.第二跳（跨步跳）训练常用练习手段与实际应用：

（1）常用练习手段：立定或短程助跑的多级跨步跳练习

（2）实际应用：

①跨步跳练习的目的，主要是提高队员三级跳远基本技术和跳跃节奏。跨步跳的练习方法多种多样，我通常采用的是在循环力量练习的过程中加入60～80米的跨步跳练习，组数同力量练习的组数。另外经常用到的是短助跑五级跨步跳，练习负荷一般为4～6次1组，做2～3组。

4.第一跳与第二跳相结合技术训练常用练习手段与实际应用：

（1）常用练习手段：短程助跑的各种单足跳和跨步跳组合练习，短、中、全程助跑完成第一跳和第二跳成"腾空步"落进沙坑后继续跑进的练习。

（2）实际应用：

①我通常把第一跳与第二跳相结合技术训练融入到日常跳跃练习过程中，做各种单—跨—单—跨、单—单—跨、单—单—跨—跨等练习，一致要求是有助跑，第一跳必须是单足跳。练习负荷一般为 50 ~ 80 米，4 ~ 6 次 1 组，做 2 ~ 3 组。

②短、中、全程助跑完成第一跳和第二跳成"腾空步"落进沙坑后继续跑进的练习负荷一般为 4 ~ 6 次 1 组，做 1 ~ 2 组。

5. 第二跳与第三跳相结合技术训练常用练习手段与实际应用：

（1）常用练习手段：跳远助跑跑道上做各种单、跨结合的多级跳跳入沙坑的练习

（2）实际应用：练习时起跳进入沙坑前的最后一步必须是三级跳远的第二、三跳支撑起跳腿做动作。最常采用的是短助跑五级跳，练习负荷一般为 4 ~ 6 次 1 组，做 2 ~ 3 组。

6. 完整三级跳远技术训练常用练习手段与实际应用：

（1）完整三级跳远技术训练常用的练习手段：短、中、全程助跑完整的三级跳远技术练习。

（2）实际应用：短、中、全程助跑完整的三级跳远技术练习中，我安排的训练负荷一般为 4 ~ 6 次 1 组，做 1 ~ 2 组。

7. 三级跳远技术训练常见错误、产生原因与纠正方法：

（1）第一跳起跳不充分。产生原因：起跳腿上板时，髋关节没有积极前送，身体重心未及时跟进；起跳时身体前倾过大，造成髋部落后；助跑速度过快，起跳腿蹬伸太晚。

纠正方法：快跑中连续起跳，改进起跳技术，提高快速起跳的能力；短距离助跑单足跳，空中腾跃一定远度和高度的障碍物，起跳时强调积极"扒地"，挺胸伸背，身体重心跟进。

（2）第一跳腾空过高或过远。产生原因：起跳前有下蹲动作；起跳腿小腿前伸上板，身体向后仰；第一跳的用力方向偏高。

纠正方法：明确第一跳过高过大对完整技术不利，有意识地控制第

一跳的高度和远度；改进助跑与起跳结合的动作，上板时重心平稳，上体保持正直或稍前倾姿势，以"扒地"方式着地。

（3）第一跳空中换步过早或过晚。产生原因：起跳不充分，急于向前收起跳腿；起跳时身体过于前倾，腾空时身体失去平衡；概念不清，腾空步时间过长，掌握不好换腿的时机。

纠正方法：充分完成腾空步后再做换腿的动作；在第一跳腾空的中段放一标志，腾空步到标志处立即做换腿动作。

（4）第一跳落地后跳不起来。产生原因：落地动作消极，用力时机不当；第一跳过高过远，起跳腿承受不了或"退让"过大；第一跳落地时失去平衡。

纠正方法：推迟空中换步时间，强调落地时的"扒地"动作；反复做单脚跳接跨步跳练习，可逐步掌握用力时机，提高起跳腿的专项能力；控制第一跳的高度和远度，并注意身体的平衡。

（5）三跳的节奏不好。产生原因：第一跳过高过远，造成第二跳过近；起跳中（含着地）制动较大，速度损失过大；起跳步充分，用力不协调。

纠正方法：加大第一跳起跳时的向前用力，降低第一跳的高度，并适当控制其远度；改进起跳技术，特别强调"扒地"动作。

（6）三跳空中不平衡。产生原因：上下肢配合不协调；上体姿势不正确，过于前倾；三跳的着地点和放脚不正。

纠正方法：大量进行上下肢协调配合动作的练习，使之形成牢固的动力定型；沿直线进行三级跳远的练习，要求身体端正，脚端正地做积极"扒地"动作。

（7）第三跳跳不起来。产生原因：三跳比例不合理；第二跳着地时髋部未及时"前送"，上提前冲，身体前旋，落地过早；第二跳太短，支撑点太近，贻误了起跳时机；腿部力量差。

纠正方法：做第二、三跳结合的分解练习，强调二跳着地时的"扒地"动作，身体重心前移，达到脚掌与膝联线的延长线上；按合理的比例进行完整三级跳远练习；发展弱侧腿的力量和弹跳能力。

跳远、三级跳远技术训练注意事项

一、技术练习要"天天练"

青少年的基本技术基础，是日后在专项成绩上达到高水平的基础。技术的"天天练"不仅是掌握基本技术，形成动作的正确动力定型的需要，也是对待技术训练的态度。

技术"天天练"并不是要求天天都安排专项训练课，而是要求在专项训练课之外的训练课中，有意识地融入专项技术训练的元素。例如，在力量训练课的负重练习中把负重上步起跳的摆动腿放在高台模仿起跳负重练习；在多级的跳跃练习中，特别要求跳跃的第一跳用单足跳，以便改进三级跳远第一跳和第二跳起跳技术，改进跳跃时脚的着地技术等。

二、技术训练应注重个人技术特点

一支训练队的训练风格会不同程度地体现在每一名队员身上，每一名队员的个体差异又是客观存在的。例如，有的队员助跑习惯站立式开始，有的习惯行进间开始；有的跑跳结合的技术好，有的能充分发挥起跳的力量等等。这就要求教练员在技术训练过程中，抓住技术训练的重点、难点，注重分析队员的运动素质特点，改进错误技术，发挥个人优势，取长补短，逐步形成队员个人的技术特点。

三、技术训练手段要结合训练的目的和任务

不同的技术训练手段具有不同的训练效果。在了解各练习手段的作用、要求、效果的基础上，必须要根据每一次技术训练课的目的和任务，合理且有针对性地选择技术训练的手段，这样才能保证练习者有效地完成训练任务。

四、技术训练负荷安排应优先考虑练习强度的要求

在专项训练中，重复的低强度的技术练习不会带来技术水平和专项能力的发展，能力刺激不够的量的积累，很难给技术训练带来质的飞跃。因此，在技术训练负荷量与强度的安排上，应首先考虑练习强度的要求。

五、技术训练负荷安排应根据质量优先的原则确定

技术训练的任务是掌握基本技术，改进错误技术，取长补短，形成个人技术特点，增强专项能力。这一切都是建立在正确技术动作基础之上的。重复练习的目的是为了巩固正确的技术动作，形成正确动作的动力定型。因此，技术训练负荷量的安排应根据技术练习质量优先的原则来确定。

六、技术训练手段要多样化统一

任何一种练习手段的效果都有它的局限性。单一的技术训练手段容易产生枯燥乏味的感觉，会降低技术练习的效果。过分追求技术训练手段的多元化，不利于稳定动作技术，同样会降低技术训练的效果。在多年、全年等、不同训练时期，要根据队员实际，选择适合的训练手段并合理搭配，做到多样化的统一，才能获得更好的技术训练效果。

七、防止伤害事故出现

专项技术训练，不论是各技术环节的各种专项辅助练习，还是提高专项能力的全程助跑完整专项技术训练，对队员的综合运动素质、练习场地的要求方面都有较高的要求，否则很容易造成运动损伤，甚至更为严重的伤害事故。

专项技术的训练要在队员体力充沛、精神集中的情况下进行。做好充分的身体准备活动，对易受伤的膝、踝、腰、脚跟等部位要格外重视。要保证场地的平整，以及各种器械的安全。不能勉强进行超过身体素质

能力的技术训练，不能提出过高的技术训练要求，要合理地控制运动负荷。

跳远、三级跳远战术训练

一、战术特征和意识

中学生队员通常是把跳远、三级跳远两个项目互为兼项。水平较高的队员的显著特征之一是平跑速度快，所以跳远、三级跳远队员经常兼4×100米接力比赛任务。在大型比赛中，跳远、三级跳远项目往往要进行及格赛的比赛。所以，节省体力，成为了跳远、三级跳远项目的重要战术特征。为此，要培养队员养成尽早跳出好成绩，合理分配体力的意识。

二、战术训练方法和手段

在平时的训练中，注意培养队员在前三跳跳出好成绩，特别是争取在第一跳中跳出好成绩。具体的做法是，在技术训练中模拟比赛，在队员充分做好准备活动后，要求队员进行三次试跳，具体提出三跳的成绩要求，根据队员完成的情况予以评定，接着再让队员跳三次，并予以评定。

三、比赛中的战术使用

对有及格赛的比赛，力争一次通过标准，为后续比赛积攒体能。兼项比赛中，对于已经稳获冠军，并且没有更远突破要求的项目，可申请免跳，以节省体力。对于跳远、三级跳远互为兼项的队员，当某一项有明确的目标，并且有可能获得成功时，对没有希望取得优异成绩的另一项，可以考虑放弃。

跳远、三级跳远心理训练

一、专项心理特征

要想成为一名优秀的跳远、三级跳远运动员，必须具备良好的心理素质。运动员比赛时的状态、心理调节能力、对成绩的渴望程度等，往往对比赛成绩起着决定性作用。例如：准确的踏板起跳会增强自信，而助跑跑不准、起跳踏不上板、犯规等则会造成心理压力和动作犹豫。

另外，在比赛中当对手领先、自己发挥不好、在成绩上你追我赶异常激烈时，容易出现焦急情绪，导致忽视技术、头脑发热的拼命乱跳，结果反而造成"事与愿违"。

二、专项必备的心理品质

1. 高度的自信心——相信自己在比赛中能够充分发挥技术水平，超越自己在平时训练中的最高水平，在运动成绩上有较好的突破。

2. 高度的集中能力——不受比赛及场地中各种因素的影响，专注于比赛。

3. 顽强拼搏的意志品质——能够承受艰苦的训练和比赛的巨大压力，比赛中在形式不利的情况下，始终不放弃战胜对手、取得优异成绩的信念。

4. 高度的自我调节能力——队员在竞争激烈的比赛中，能够主动调节自身状态，消除紧张，保持放松。

三、如何改善心理素质

1. 大负荷、高强度的艰苦训练本身就是对队员心理素质的最好训练。

2. 较好的身体素质，熟练而正确的技术动作，在众人瞩目下的训练过程可以增强队员的自信心。

3．尽可能为队员创造比赛机会，可以全方位增强其心理素质。

四、赛前容易出现的心理障碍及克服办法

1．赛前最容易出现的心理障碍是队员的过于紧张以至焦虑和过于松懈而紧张不起来，无法把注意力集中到比赛中。

2．克服方法主要是谈话等心理疏导法，帮助队员分析现实情况，摆正心态，积极面对比赛。

第八章 征战赛场

经常参加的赛事

在比赛场上，我对队员的教育是，尊重对手、尊重裁判，正确合理地运用比赛规则。"比赛第一、友谊第二"，通过自己不懈的努力取得胜利，让对手输得心服口服，赢得对手的尊重，收获赛场上的友谊。

我曾带领自己的队员参加的比赛至今仍然历历在目。

一、昌平区中小学生田径运动会

区里的中小学生田径运动会每年举办两次，一次是在春季，另一次是在秋季。春季运动会每年4月份举行，设置的项目比较全面，是学校体育工作开展情况的一个突出的展示窗口，备受区教委和各学校重视。秋季运动会设置的项目较少，有些项目是组委会自行设置的，目的是为了搭建一个展示的平台，为师生创造更多的参赛机会，发现体育后备人才。一些学校为了不过早地暴露自己的实力，所派的个别顶尖队员只参加秋运会身体素质比赛项目。

因有特殊的招生政策，我校和六中体校初中组为对抗组，另取成绩和名次。因为两所学校的学制和学生的培养方向不同，所以我们学校更看重高中组成绩。对于区里的秋季运动会，我们学校派出的是平时比赛机会很少或是入队时间不长的二线队员，体育教师的主要注意力是放在挑选小学生为主的后备队员工作上。

二、北京市中学生田径运动会

北京市中学生田径运动会是由北京市教委、体育局共同主办，是推动北京市中学体育工作，提高中学生运动竞技水平，促进广大青少年学生健康成长，展示首都中学生朝气蓬勃、团结协作、顽强拼搏的精神风貌的重要平台。也是检验各区县开展中学生田径竞技体育工作的重要赛事，备受各区县教委重视。

北京市中学生田径运动会每年举办一次。2006 年以前，该项赛事因有小学参加，所以称北京市中小学生田径运动会。2006 年开始，只有中学生参加，改名为北京市中学生田径运动会。2011 年以前，北京市中学生田径运动会在每年 4 月下旬举行，为了保证中学生等级运动员和获得体育优胜的学生能够享受体育特长生政策，从 2011 年开始该项赛事改为每年的 9 ~ 10 月间举行。

比赛以各区县为单位，按照比赛规则自行组建代表队，设城区组和郊区组，再分初中男、女组和高中男、女组，名次录取前八名。

昌平区参加北京市中学生田径运动会部分教师
陈东昇、刘建鹏、马思勇、李毓良、杨万海（由左至右）

三、北京奥林匹克教育学校体育后备人才培养基地学校田径运动会

由北京市教委、体育局共同主办，目的是进一步推动北京市中学生田径竞技运动水平的提高，检查各田径基地学校课余训练工作，发现和培养优秀体育后备人才。其前身是北京市体育后备人才培养试点中学田径运动会。北京市体育后备人才培养试点中学，是以探索提高学校体育运动技术水平，培养体育后备人才，积极参加国内外体育活动与竞赛为目的，在体育传统项目学校的基础上试办培养体育后备人才的学校。学校由教育部体育卫生与艺术教育司批准备案，由北京市教委体美处、区（县）教委体卫科分层管理。市教委和各区（县）教委对学校的课余体育训练给予业务指导和经费支持，并要求各学校投入项目训练的经费不得少于市教委所拨经费。市教委制定评估办法，每年各试点校要进行自我评估，并上报评估资料，市里进行抽查。

2006 年开始改成北京奥林匹克教育学校体育后备人才培养基地学校。目前，北京市的中学共有 15 所田径基地学校。比赛时间安排在每年的 5 月初，由各基地校轮流承办。比赛按照年龄和性别分为甲、乙、丙组，录取前六名。后来，比赛分组更细，几乎每一个年龄段分一个组。

四、北京体育传统项目学校田径运动会

由北京市体育局、教委主办的这个赛事的主要任务是，贯彻落实中央和北京市关于加强青少年体育，增强青少年体质工作的意见，进一步推动全市体育传统项目学校工作的开展，促进学生体育运动水平的提高，培养和发现体育后备人才。比赛时间安排在每年的 10 月中下旬，全市的市、区级近百所田径传统学校，以校为单位参赛，比赛按照年龄和性别分初中男、女组和高中男、女组，名次录取前八名。

五、全国中学生田径锦标赛

2003 年中国中学生体育协会在山东举办了第一届全国中学生"学校杯"田径运动会。历经十年的发展，这个赛事由小变大，由轻变重。现在已经成为教育部批准，中国中学生体育协会、中国田径协会主办，地方政府承办，中国中学生体育协会田径分会、地方教育厅（局）、体育局协办，有较大影响的中学生官方赛事。比赛水平仅次于四年一届的全国中学生运动会。

比赛以会员校为单位，按照年龄和性别分男、女甲组和男、女乙组，名次录取前八名。此项赛事所受重视程度、关注度以及水平越来越高，各单位的报名人数也由以往的 18 人，改为根据上届比赛的团体名次来限制报名参赛人数。比赛一般安排在每年 8 月份暑假期间进行。

参加全国比赛的昌平二中师生

惊天大逆转

　　我第一次以教练身份带领队员参加的正式比赛，是 2004 年昌平区春季中小学生田径运动会。整个比赛过程跌宕起伏，惊心动魄，而最终的比赛结果用"惊天大逆转"来形容也毫不夸张。真没想到我带队比赛的"处子秀"是在这种紧张氛围中进行的。

　　2003 年昌平区春季中小学生田径运动会上，我校高中团体总分以近百分之差输给了主要竞争对手，保持了二十年时间的高中组团体总分冠军的桂冠落入他校之手（详见"进入课余田径训练队工作的背景"一文）。年底，学校调整我到训练组。训练组的全体师生，深刻总结 2003 年区春季中小学生田径运动会失利的教训，经过半年多时间的卧薪尝胆，2004 年 4 月 15 日和 16 日两天，去年输掉了比赛的师生，将再次回到那块熟悉的赛场，为了荣誉去顽强地拼搏！

　　从赛前报名开始，组里就认真研究比赛方案。按照比赛的要求，每个代表队参赛的男、女队员不超过 16 人，除集体项目外每人限报两项。计分规则是，录取前八名，第一名 9 分、第二名 7 分、三至八名依次是 6、5、4、3、2、1，破纪录奖励 9 分，接力项目双倍计分。比赛的前一天，训练组召开了准备会，对参赛进行了统一部署。然后，召集所有参赛队员进行赛前动员。马老师对我说："已经有很多年没有如此地重视这个级别的比赛了"。

　　4 月 15 日，我的队员侯婉菲将要参加高中女子组跳远和 4×400 米接力比赛，她是我的队中唯一参加此次比赛的队员。跳远和三级跳远比赛的基本规则是，参赛队员每人可以跳跃三次，三轮的比赛结束后按照跳跃的远度排出前八名进入决赛，再按照从次到优的成绩顺序每人再跳三次，最后从每人六次的跳跃成绩中取出最好成绩排名，如果最好成相等，就以次优成绩取之，如果次优成绩相等，就再看第三好成绩，以此类推。上午的跳远比赛，侯婉菲以排名第二的成绩进入决赛，排名第一的是主要竞争学校的队员。五轮过后，侯婉菲的最好成绩还没有超越对手，屈居第二。最后一轮跳跃的前六名队员已经完成了比赛，没有人超越侯婉菲。她的这最后一跳，要么超越对手，要么屈居亚军。她站在了助跑跑道上，准备—起动—助跑—起跳—腾空—落地，流畅地完成了这次跳跃，裁判示意跳跃成功。当裁判读出成绩后，侯婉菲激动地跳着向我冲了过来，告诉我她这一跳超越了对手，包括我在内的助威团成员激动得鼓掌欢呼。

好景没有持续多久。这时，主要竞争对手也完成了最后一跳，她的这一跳也非常好，远度和侯婉菲不相上下。戏剧性的一幕出现了，那名队员在起跳的一刹那，把钉在踏板和犯规标志板之间的一根标志线给勾断了。我们，包括对手在内，都认为是犯规了。裁判在仔细观察，对手团队的成员表情凝重，我们团队的成员都双手攥拳端在肩上。所有人都在等待裁判的裁决，此时的跳远赛场出现了窒息般的宁静。突然，裁判举起了白旗，示意跳跃成功，对手的成绩与侯婉菲最后一跳的成绩一样，这就意味着侯婉菲次优成绩不及对手而屈居亚军了。对我们的质疑，裁判认为犯规标志板没有留下痕迹，维持了原判。

我们好像瞬间从天上掉到了地下，兴奋转成气愤和无奈。侯婉菲愤然跑出了比赛场地。她的心情我是非常理解的，但必须面对现实。我安慰和鼓励她调整好情绪，毕竟以后还有很多比赛，要顾全大局，不能因小失大。

下午侯婉菲参加了 4×400 米接力比赛，她跑的是第三棒。按照比赛规则，第一棒选手必须要分道比赛，第二棒选手在跑完第一个弯道进入直道后可以串道，各队三、四接力的排位顺序以各队第二棒队员率先进入第二个弯道的先后为准。一般情况下，第三棒是队内实力最弱的队员，第四棒是实力最强的队员。也就是说，实力相当的两个队，谁在第三棒上保持优势，谁的取胜希望就会更大。接力比赛是每天赛事的最后一项。比赛开始后，侯婉菲在和第二棒队友完成接力时，与主要竞争学校的队员还保持着两三个身位距离的优势。在跑出二百米距离刚刚进入第二个弯道后，侯婉菲就被对手超越了，弯道过半的时候她已经被对手落出近十米的距离，且有越落越远之势。我校所有观战的师生高声呼喊为她加油助威。也许是我们的助威起了作用，在结束弯道进入距离终点最后一百米时，侯婉菲反超了对手，一路向前把对手远远甩在了身后，为第四棒的队友争取了很大的优势，最终我校夺得了高中女子4×400米接力比赛金牌。

第一天的比赛结束后，我们教练员回到学校，反复核算与主要竞争对手当日的比赛得分。第一天我们和对手打了个平手，能否取得最终的胜利，次日的比赛至关重要。我们又反复研究了次日比赛会出现的各种可能性，以及应对措施。马老师负责总指挥，我负责紧盯成绩公告，统计双方的成绩。

4月16日，侯婉菲在高中女子三级跳远比赛中没有再给对手任何机会，稳稳地拿到了金牌，并且达到了国家二级运动员的标准。虽然对一个高中学生来说，二级运动员标准有些低，但这对我们训练队的意义非同凡响。这也是我带队以来出现的第一个国家二级运动员。

在田径比赛中，4×100接力赛是压轴项目。此项比赛开始前，我校与主要竞争学校的总分是368分和374分，我校还输6分。如果我校想取得最终胜利，实现反超，必须在即将进行的4×100接力赛中，男、女组都拿到金牌。我将这一情况告知了马老师，他立即召集教练员做了部署。因为起点和终点是在同一地点，由短跑和中长跑队的两位教练员盯守，第一接力区由投掷队教练员盯守，我被安排在第二接力区，马老师盯守第三接力区，这样安排一是稳定参赛队员情绪，避免在交接棒过程中出现失误；二是如果出现有争议的判罚或是其它意外情况，能及时与大会组委会沟通或申诉。

高中女子4×100接力比赛的队员已经站在了跑道上，响枪、起跑、各接力区顺利完成交接棒，我校高中女子接力队获得了金牌，但总分还落后对手2分。整个赛事的最后一项比赛是高中男子4×100接力赛，参赛队员已经站在了跑道上，"各就位""预备"扩音器里传出了发令员的口令，全场鸦雀无声，好像在场的所有人都清楚这最后一项比赛所含的重要意义。随着发令员的一声枪响，最激动人心的时刻开始了。起跑、第一接力区顺利完成交接棒、第二接力区顺利完成交接棒、第三接力区顺利完成交接棒，伴着响彻云霄的欢呼声，昌平二中的队员一马当先冲过了终点。几个参赛的队员紧紧地拥抱在一起，远远地看着，我的眼泪不由自主地流了下来，马老师对我说，"不要说你，我已经五十多岁了，各种比赛都经历过，今天的情景我也热泪盈眶了"。

回到学校，我们反复核对本次比赛的团体总分，我校最终以 404 分对 402 分两分的优势战胜主要竞争对手，夺得了本次运动会高中组团体总分冠军。

我们把情况向校长作了汇报后，校长立即指示一名副校长，无论成绩确定与否，先带领我们教练员去吃晚饭。

当大家落座准备开始晚餐时，副校长的手机突然响了起来，电话里传来本届组委会的消息，确认我校以 404 分对 402 分 两分的优势战胜主要竞争对手，重新夺得了高中组团体总分的冠军。在场的人高声欢呼起来，相互击掌、举杯相庆。我们几个教练员几乎同时拿起了手机，拨通了家人的电话，把这一好消息第一时间告诉家人。在这半年的时间里，我们这些教练员和家人谈论最多的话题就是训练工作。工作的压力以及这几天比赛的紧张心情是家人与我们默默地承担着。

丰盛的晚餐已经无法勾起我们的食欲了，我们草草地吃了饭，就各自回家了。喜悦过后是身心的疲惫，大家都想立即回家好好睡上一大觉。

没有艰苦的付出，要想逆转半年前那将近百分的团体总分差距，夺回冠军，简直是痴人说梦。然而，训练组全体师生经过半年艰苦卓绝的努力，完成了在绝大多数人看来都不可能完成的事情，实现了惊天大逆转。

第一次带队员出京比赛就挨了说

2004 年 8 月 14 日～ 21 日，第二届全国"学校杯"田径运动会在长春第十一高中举办，我带王欣参加了男子乙组的跳远、三级跳远比赛，他的成绩一般，跳远仅取得了第六名。

　　不怕人笑话，这不仅是我第一次带队员参加全国性比赛，也是我第一次坐火车和出远门。到长春后的第一件事是被马老师训斥了一顿。在本届"学校杯"田径运动会比赛前，另一项全国性的中学生田径赛事先期在第十一高中举行，马老师和另一名教练员带队员参加了比赛。因为两个赛事只相隔三天，所以马老师他们就继续留在这里，等我们几位教练员和其他十多名参赛队员到来。

　　我们到了长春第十一高中后，马老师向我们收火车票时，我们都傻眼了。我是第一次坐火车，感觉对自己来说挺有意义，所以出站验过票后，就把车票留了下来，有些队员则顺手把火车票扔了。当马老师看到有好多人拿不出车票时，一下子就火了，对我们几个教练员大声训斥，毫不留情。我不明白是怎么回事，看到马老师正在气头上，也不敢多问。来参赛的师生都住在学校的学生宿舍，8人一间的上下床宿舍。我校的五位教师和其它学校的三位教师住在同一间宿舍。因有外人在场，马老师也就没再提此事。

　　我和马老师起床都比较早，起来后就一起到校园里去散步。散步的时候我问他为火车票的事情而大发雷霆的原因。马老师说，因公外出的各种费用都是由学校负担，事毕要把相关的票据送学校财务报销，其中火车票是很重要的一项票据，那么多火车票弄没了，要找校长说明并开具相关证明。其他几位教练员不是第一次带队员外出比赛，没有提醒队员保留好车票，不仅是工作的失误，更是失职。马老师的话让我深深感觉到，带队员出来比赛并不是一件容易的事情。

　　"学校杯"虽是全国性的比赛项目，但刚刚起步，比赛的整体水平还不高，运动成绩只要能达到国家一级运动员的标准，在甲组就可以取得好名次，而在乙组，只要运动成绩稍高过国家二级运动员的标准，也能获得不错的名次。有些项目的参赛队员只有四人，拼下一个对手就可以拿到铜牌。

　　但比赛仍有亮点闪现。马老师的队员在本届比赛中的表现就格外耀眼。马老师是区教师职称评定委员会的评委，因为评委会工作需要，本届赛事还没有结束，他就提前返京。在他离开的第二天，他的三名男队员参加了男子甲组和乙组的跳高比赛。在比赛中，他的这三名男队员都跳过了国家一级运动员的高度标准，并包揽了男子乙组跳高比赛的冠、亚军，参加男子甲组跳高比赛的队员获得了季军。特别是获得男子乙组跳高冠军的队员还打破了大会纪录。这样的比赛成绩，在中学生课余田径训练领域引起了的轰动。

滥用权力的裁判

2005 年的北京市中小学生田径运动会于 4 月 23 日～24 日在顺义牛栏山第一中学举行，我带侯婉菲、刘健、孙晨超、张驰四名队员参加了比赛，取得了不错的成绩。刘健和孙晨超分获高中男子郊区组三级跳远银牌和铜牌，孙晨超还获得跳远比赛第四名，张驰获得初中男子跳远第七名,侯婉菲获得高中女子三级跳远第八名。刘健还参加了110米栏比赛,以预赛排名第二的成绩进入决赛,遗憾的是在决赛起跑时犯规,被罚出比赛。我刚带队一年多时间,能取得这样的成绩还是比较满意的。

此次比赛中,个别裁判员滥用权力的行为让我记忆深刻。那是在孙晨超参加的高中男子郊区组的跳远比赛中,某区县的一名队员参加100米决赛与跳远比赛的时间发生了冲突。根据田径比赛规则,如果一名运动员的田赛与竞赛项目的时间发生冲突时,在向田赛裁判员处申请后,可以先参加竞赛项目,然后再参加田赛,但是已经错过的比赛轮次不再补赛。如果预赛阶段的比赛已经结束,将视该运动员放弃比赛。和孙晨超同组的这名队员是一名高水平队员,凭他的实力可以稳获高中男子郊区组100米和跳远比赛的两枚金牌。他向跳远裁判请假后,先去参加100米决赛。在跳远前三轮的比赛很快就要结束时,那名请假去参加100米决赛的队员还没有赶回来,如果再不回来他将失去参加跳远比赛的资格。这时,带队员参加跳远比赛的教练员,都在紧邻比赛场地的护栏外观看比赛,那位队员的教练也在其中。第三轮比赛还剩最后两名队员时,田赛裁判长来到了跳远比赛场地,他和跳远裁判长交流了几句,然后停止了比赛。跳远裁判长安排裁判员一遍又一遍地整理比赛场地。很多参赛队员和教练都很纳闷儿,场地已经很规范了,为什么还不开始继续比赛呢?

过了一会儿,田赛裁判长来到围栏边,对那位请假去参加100米决赛队员的教练员说:"你看这样可以了吧,还需要多长时间,我都可以做到。"原来这二位非常熟识,他们在利用手中的权力拖延比赛,给自己的队员争取比赛时间。这时,那位请假去跑100米并且夺得冠军的队员回来了。这位田赛裁判长又走到比赛场地,指着沙坑说:"这里不够平,还需要整理。"煞有介事地继续拖延时间,为那位队员提供时间丈量步点。又拖延了近20分钟后,比赛才继续进行。那名队员以其超强的实力挺进决赛并夺取冠军。

赛后孙晨超和我聊起此事,我开导他,不能因为一些阴暗的社会现象而影响自己的心态，只有增强自身实力，我们才能有信心和勇气面对各种挑战，获得胜利。

张驰在比赛中

一次精彩的演出

2005 年北京市中小学生田径运动会结束后，我又带侯婉菲、刘健、孙晨超、张驰四名队员参加了昌平区中小学生田径运动会。在 2004 年的昌平区中小学生田径运动会上，我校完成了一次惊天大逆转，再次夺回高中团体总分冠军。而在 2005 年昌平区中小学生田径运动会上，我的几名队员的表现更像一场精彩的演出，他们包揽了高中男子和女子跳远、三级跳远项目的金牌，刘健还获得兼项的高中男子 110 米栏金牌。更可喜的是，孙晨超打破了大会跳远纪录，刘健打破了大会 110 米栏纪录。另外，张驰在初中男子跳远比赛中，也打破了大会纪录。虽然我校对初中队员的比赛名次并不在乎，但我把这次比赛看做是一次很好的练兵机会，也是检验自己带队一年多来的成果的机会，因此我对队员在比赛中的表现以及成绩还是非常重视的。

特别令我感动的是，在此次区运会上，我的队员保持了良好的竞技状态，上演了一出出精彩的表演，这些都是在极少有我亲临指导的情况下完成的。因为我校是国家级田径运动项目传统学校，我们教练员在区运会上还有一项重要工作，就是发现优秀的体育苗子。为此，区教委特意给我们教练配发了选才证，凭此证可以进入比赛场地选才。另外，为了保证比赛秩序，大会要求教练员不能频繁地对自己的队员进行指导。因此，在整个比赛过程中我就极少有机会指导自己的队员。在这种情况下我的队员能取得这样优秀的成绩，确实难能可贵。

带队一年多来，我的队员在区运会上以优异的成绩演绎了这场精彩的表演。

小不点闪亮登场

北京市田径试点学校运动会总是安排在每年"五一"长假的最后一天—5 月 6 日举行。2005 年的试点学校运动会在顺义一中举行。和上一年相比，这次运动会就显得很正规了，每个环节都安排得井井有条。甲、乙、丙组的设置为有更多的队员参加比赛创造了机会，我的队员孙晨超、王欣、张驰、李晨东、侯婉菲、刘少波报名参加了这次比赛，并且都取得了名次。

从 4 月 23 日参加北京市中小学生田径运动会以来，这已经是孙晨超、张驰、侯婉菲三名队员在半个月时间里参加的第三场重要比赛。比赛的密度与强度如此之大，对队员的运动能力是极大的考验和挑战。而这三名队员在比赛中发挥基本正常，特别是孙晨超还获得了男子乙组跳远和三级跳远两个项目的冠军。

正读初中一年级的李晨东，是到我的训练队以来第一次参加比赛，而且是市级比赛，但他在比赛中的表现可圈可点。首先，他能够认真遵守教练的安排。赛前，我告诉他何时熟悉场地，何时开始检录，何时开始做准备活动，做准备活动时的注意事项，等等，他都按照我的要求认真做到了。在比赛过程中，认真听取我的临场指导，一丝不苟地按照我的要求改进。其次，他在比赛中有一股子拼劲。虽然他还处在全面基础训练阶段，完整的专项跳远技术练习很少，专项内容也多以辅助性练习为主，在技术上还很不成熟，甚至无跳跃技术可言，但比赛时他却敢跑敢跳，丝毫不含糊。第三，他在比赛时毫不怵阵，与平时的内敛性格大相径庭。记得有一次训练时，他和一名小队员因为一点小事吵了起来，正好被我看到，我向他们了解事情的因由，结果还没有说什么，李晨东就委屈得哭了。他的家庭条件相对来说还是不错的，家里平时难免会娇惯一些，当我看到他有些娇气时，会稍微严厉地批评他，他就开始两眼泪花了。而在今天的比赛中，面对陌生的环境和人群，他丝毫不胆怯，有时还会跑到裁判那里查看自己的成绩，和裁判聊上两句。

李晨东在比赛中表现出的一些亮点，是队里很多高年级队员都做不到的。常言说是金子总会发光的。如果把优秀的运动员苗子比喻为金子的话，必须要有挖掘人，把他挖出来。我愿意做金子的挖掘人，挖掘出一块块的真金，让他们发出耀眼的光芒。

温岭轶事

浙江省温岭中学的前身是创办于 1847 年（清道光二十七年）的宗

文书院，距今已有一百多年的校史。1959 年正式定名为浙江省温岭中学。学校坐落在浙江省温岭市五龙山风景区，占地近 300 亩，有师生员工四千多人，是一所历史悠久、环境优美、设施先进的省级重点中学。已经举办了两届的"学校杯"运动会，在 2005 年与全国中学生田径锦标赛合并，改称为全国中学生"多威杯"田径锦标赛。2005 年 10 月 1 日～6 日"多威杯"田径锦标赛在温岭中学举行。我带孙晨超、刘健、张驰三名队员随学校参加了本次比赛。

比赛报到的第一天，就出现了一些意想不到的事。我校师生一行到达温岭后，志愿者把我们领到了入住的宿舍，但是到宿舍后我们傻了眼，发现光光的床板上只放了一张草席，草席上放了一床凉被和一个枕头。我坐到床上颤着身子说："这可够硬的！"一路奔波，大家都觉得很疲劳。杨万海说："管它呢，先休息一会儿再说。"话音未落，他已经躺在了床上。可他刚一躺下，就"呵"的一声坐了起来，嘴里唠叨着："这家伙可硌得受不了。"我问志愿者，你们平时就这么睡吗？他说是的。可能是他们习惯了，所以我也就没再说什么。志愿者刚一出去，几个男队员就来到宿舍找我们，女队员也打过来电话，说床板太硬没法睡。马老师安抚说，马上去协调，不要担心。陆续有几十所学校来报到，大家都对铺盖表示不满。于是各校领队向赛事组委会反映，组委会很重视，很快为每人添加了一床被子当床垫用，又在学校对面的一家招待所为每位领队安排了一个房间。

10 月初的北方已经进入秋季，天气凉爽，但在南方依然炎热，外面像火炉一样。虽是海边城市，不时有海风吹来或雨点飘落，但也难抵炎热的天气。屋里却很凉，因为空调调的温度很低不盖被子睡觉冷，盖被子时间长了一身汗。铺盖还掉色，光着膀子睡一觉起来后，身上好多地方被染成了蓝色。后来我们把被罩翻过来套上就不掉色了。

就餐是自助形式，虽然盛饭菜的碟子很小，上面只能放两小块儿带鱼，但随便吃。菜品也很丰富，因为是在沿海城市，有很多海鲜比 2004 年在东北参加比赛时丰富多了，那时只有四大盆菜，两荤两素。

在比赛中刘健和张弛都正常发挥了水平，刘健在男子甲组三级跳远比赛中取得第七名。张驰在男子丙组跳远和三级跳远比赛中获得第五名和第六名。孙晨超的状况不是很好，他在男子乙组跳远比赛中获得第八名，比赛成绩很一般，而且出现了腰伤。从3月份在国家体育总局进行的室内测验赛开始，到7月份的北京市"体校杯"锦标赛暨北京市第十二届青少年运动会预选赛，孙晨超参加了所有比赛，平均每个月至少一场。对于刚从跳高项目转过来的他，专项强度确实不小，在"多威杯"比赛前已经出现腰伤的征兆。在温岭中学的田径馆做赛前训练时，我安排几名队员做了几组力量练习，并给队员增加了负荷，大概没有调整好，使孙晨超的腰伤有些加重，以至于无法参加三级跳远比赛。我校的亮点还是马老师的队员，在男子跳高项目中打破了自己保持的赛会纪录。

赛事进行到中段，区教委主管领导和学校几位领导来到温岭中学看望参赛的师生，还带来慰问品，并观看了部分队员的比赛。他们鼓励参赛师生努力拼搏、为校争光。当天傍晚，校领导带我们几位教练去中国渔业重镇——石塘镇，参观一个叫"世纪曙光"的地方。温岭中学的规模虽然很大，但位置比较偏僻，费了很长时间才打到车。一路上我开着车窗，欣赏着沿途的景色。经过了一个渔村，从石墙、石路、石屋和狭窄的街道可以看出，这是个很古老的渔村，经打听，原来是石塘镇的民俗村。车子盘山而上，到达了一座不是很高的山顶，山顶立着一座纪念碑，上刻"世纪曙光"四个大字。这里是2001年1月1日6时46分眺望21世纪第一天日出的地方，纪念碑即为此而立。暮色之下，站在这里远眺大海别有风味。我们照了一张集体合影，又参观了一个战时的山洞后返回驻地。

我虽然是第一次来浙江，但对浙江别有一份感情，因为我姐姐的婆家就在浙江。2004年姐姐一家三口从北京搬到上海定居后，我们俩已经有一年多的时间没有见面了。来温岭之前，我告诉姐姐要到温岭参加比赛，姐姐说"十一"假期要回浙江婆家，那里距离温岭不是太远，到时候会专程去看我。比赛结束前，姐姐一家三口来到我的住地，大家欢聚一堂。姐姐非常疼爱我，记得我1996年刚上大学时，姐姐也刚刚参加工作，那时她每个月的工资也就一千元。那年冬天北京特别冷，她花了一个月的工资给我买了件羽绒服。姐姐对我的关爱让我永生难忘。傍晚，姐姐全家与我告别，望着她们远去的身影，我的眼泪忍不住流下来。

10月6日下午本届运动会全部赛事结束，各校陆续返程。我们学校被安排在7日凌晨4点乘大巴车到火车站。7日一早，队员们睡眼惺忪地上了大巴车。从温岭中学到火车站有几个小时的车程。在前往火车站的路上，中长跑队的教练坐在副驾驶位置上，一直在和司机聊着天，还不时地把司机放在前风挡处的香烟递给司机。到了火车站，全体师生在候车室候车时，中长跑队的教练告诉我们，他坐在副驾驶的位置和司机搭话，得知司机已经工作了一宿，来回跑了好几趟。他发现司机时而出现打瞌睡的迹象，他非常紧张，所以就不停地和司机聊天并不停地给司机上烟。在返程的火车上，孙晨超让我看他们在温岭中学比赛期间拍的照片，其中有几张是我校几个男队员在温岭中学那座20层高的楼顶上搞怪的照片。他告诉我，那里没有人管，他们几个就坐电梯上去了。看完我很是后怕，我虽然没有严厉批评他们的这种冒险行为，但我严肃地说，以后再做这类有危险的事必须要先和我打招呼，没有我的允许，绝对禁止。

这次外出比赛的所见所闻，让我增长了很多见识。

张驰（左）、孙晨超（中）、刘健（右）在温岭中学参加比赛

伯乐与千里马

2006 年的昌平区春季中小学生田径运动会上，我的队员刘健参加三级跳远和 110 米栏比赛，王欣和侯婉菲参加跳远和三级跳远比赛。由于孙晨超受伤病困扰，此次比赛由王欣出战。刘健和侯婉菲都夺得了参赛项目的冠军，刘健还打破了三级跳远的赛会纪录，被寄予厚望的王欣不仅没有取得跳远的冠军，还在比赛中受了伤，所以没能参加三级跳远比赛，这让我非常失望。

在赛场外，兄弟学校的教练员对我校队员在比赛中的优异表现给予了赞扬，但也有一些教练员说："这些优秀队员给咱们带也能练好。"这种说法我认为有道理的是，区教委给我校的体育特长生招生政策，以及我校体育特长生在各类比赛中取得优异的成绩、在升学方面享受的优惠待遇等，吸引着区内乃至市内优秀的小学生或中学生体育苗子报考我校。但如果说谁都能练好，那可未必。就像"伯乐与千里马"的典故，这世上到底是先有伯乐，还是先有千里马？有千里马没有伯乐是悲哀，有伯乐没有千里马是遗憾。对此，我更赞同韩愈在《马说》中的看法：世有伯乐，然后有千里马。千里马常有，而伯乐不常有。故虽有名马，祇辱于奴隶人之手，骈死于槽枥之间，不以千里称也。

我征求马老师对这种说法的看法。马老师说他也听到过类似的话。但马老师认为，拥有千里马的人并不一定就是伯乐，伯乐不是谁都能当的。学校曾专门给体育训练组设过"伯乐奖"，奖励带出高水平队员的教练员。马老师表示，我们学校不仅享受特殊的招生政策，学校对特长生的训练也有专门的制度，有现代化的训练场地，教练员定期参加北京市或全国的培训，及时更新观念，掌握更先进、更科学的训练方法，各种级别的比赛锻炼机会非常多。这些优越条件是其它学校所不能比的。所以我校参加比赛，比出好成绩是正常的，不应该觉得骄傲自豪，比不出好成绩才是不应该的、是难堪的，甚至可以说是失职。对此，我们在同行面前必须要放低姿态，慎言慎行、戒骄戒躁，同时，要提高对自身的要求，开阔眼界，把目标定的更远，在市级、国家级甚至是世界级的比赛中摘金夺银。

从这一年的区春季中小学生田径运动会开始，我就暗下决心，只要我的队员参加区里的中小学田径比赛，就决不能让该项目的冠军旁落，要对的起我们的优厚条件。同时，通过不断学习与实践，让自己的眼界更开阔，带队本领更强，培养高水平的队员，使他们成为不断创造佳绩的千里马。

从赛场被急召到产房

2006年7月31日至8月3日，北京市第十二届运动会田径比赛在朝阳体育中心体育场举行。市运会是四年一届青少年最高水平的综合性体育赛事，是对北京市体育事业发展、体育后备人才选拔和培养、裁判员队伍建设、体育赛事运行和大型活动组织能力的一次检阅和重要演练。各区、县政府对这项工作都十分重视，各区县体育局负责这项工作的具体事务。

本届运动会田径比赛的赛场被安排在朝阳体育中心体育场，是因为在8月15日，第十一届世界青年田径锦标赛也将在这块场地拉开战幕。国家准备通过北京市本届运动会的田径赛事为这块场地暖场，对赛场的各方面工作进行一次全方位的检验。所以，在这次比赛中我们享受的是国际级比赛的裁判和服务标准，机会难得。

我带刘健、孙晨超、刘冬和王欣四名队员参加了此次比赛。我的队员最有希望取得好名次的是孙晨超参加的男子乙组跳远和三级跳远，刘健参加的男子甲组三级跳远项目。刘冬参加的男子甲组跳远比赛和孙晨超、王欣参加的男子乙组跳远比赛在8月1日上午同时进行，因参赛人数较多，男子甲、乙组的跳远比赛设置了及格赛，及格赛的前12名选手参加下午的决赛。在北京，8月初正值酷暑，天气又闷又热，偶尔还会下一场暴雨。刘冬没能通过及格赛，王欣因脚伤中途退出比赛，孙晨超进入了最后的决赛，并最终取得了一枚铜牌。为了节约开支，减少教练员的工作量，我区代表队在每天下午比赛结束后，会有车辆把没有后续比赛任务的队员送回家，其他队员继续驻会。那天，我和孙晨超步行返回驻地，我俩边走边聊。从去年 10 月份孙晨超出现伤病，到现在已经快一年了，在这期间的好多比赛他都没有参加，他承受了很大的压力。今天的跳远比赛取得一块铜牌也还令人满意，从他的言谈话语中能够感受到他内心的喜悦和自信。他告诉我，这是第一次参加设有及格赛的比赛，闷热的天气给比赛带来了很大的困难，但一天的比赛下来，他并没有感觉很疲惫，他认为这与赛前加强了专项能力训练有很大关系。其实，我只是进行了一种训练方法的尝试，在 7 月 16 日至 21 日这六天的训练课里，有五天我都安排了完整的专项技术练习，每节课做六次完整的专项跳跃，然后进行其它的素质练习。虽然孙晨超认为这种训练方法对他在这次比赛中的专项耐力提高有很大帮助，但我还是觉得这种训练方法有些走偏，以后绝对不会再采用。我们刚刚到达驻地，外面突然狂风大作，黑压压的乌云很快遮住了天空，瞬间电闪雷鸣，大雨倾盆而下，让闷热的天气稍有缓和。

在驻地休整了一天，8 月 3 日上午孙晨超要参加男子乙组三级跳远比赛，下午刘健要参加男子甲组三级跳远比赛。孙晨超是上午 9 点开始比赛，提前 30 分钟开始检录，我们 8 点来到了体育场外开始做准备活动。我的这些高中队员，特别是经常参加比赛的队员，对比赛各个环节把控得很好，因此，参加一些比较重要的比赛，入场前我只是陪在他们身边，观察他们赛前的各种准备活动，为了不分散他们的注意力，给他们带来压力，我们彼此很少说话。在比赛中，我只是在最需要关注的环节方面给与提醒和指导，基本靠队员自己把握。因为这是比赛而不是训练课，只要是抓住关键点，取得理想的比赛成绩就可以了。如果像训练课那样滔滔不绝，就会分散队员的注意力。

就在孙晨超做完准备活动，我陪他去检录处时，我的手机突然响了起来，电话里传来我爱人的声音，她抽泣着说快要生了，现在一个人躺在产房的手术室外。我爱人的预产期是 8 月 15 日前后。今天早晨她感觉有些不对，发现已经破水了，而我的母亲一大早去买菜还没有回家，于是她简单地收拾了一些用品，自己打车到了医院。由于已经破水，医生立即为她做了安排。因为几天前做孕检时，肚子里的孩子有一周的脐绕颈，所以只能做剖腹产。她在电话那头委屈地哭着，让我赶快到医院。我把情况告诉了孙晨超，又对几位参赛队员叮嘱了一番，就离开了比赛场。我到达产房时，我的母亲已经提前到了。得知母子平安后我焦急的心情才平静下来。

那天在没有教练员坐镇的情况下，孙晨超在三级跳远比赛中取得第四名，而刘健在男子甲组三级跳远比赛中没有取得名次，很令人遗憾。

在北京市体育传统项目学校田径运动会上冒泡

在 2006 年的北京市体育传统项目学校田径运动会的比赛中，我的队员开始冒泡，取得好成绩。

北京市体育传统项目学校田径运动会在每年的 10 月中下旬举办，以学校为单位参赛。2006 年以前，各参赛学校的报名人数是不均衡的，报名参赛人数由上一年比赛的团体总分排名决定，排在前八名的学校，初、高中组可各报 9 名参赛队员，其它学校只能报 8 名参赛队员，主要目的是鼓励各传统项目学校积极参赛，取得更好的成绩。但是，如果几所学校实力相当，在报名人数上差一名，总体实力上就会有很大差距。所以，如果没有特殊情况，获得前八名的学校是很难掉出名次的，其它学校也就很难进入前八名。听马老师说，我们学校总是在前八名里，这些年因人才不济等各种原因，掉出了前八名，而一旦掉出去，是很难再挤回去的。为了保证比赛的公平，从 2006 年开始，各参赛队报名人数都统一到初、高中各 8 名选手。

如果以年为周期，这是在进入冬训以前的最后一场比赛；如果以学年为周期，这是新老队员交替后的第一场比赛。既是收官，又是开元。对老队员来说这是最后一战，对刚升入高年级的队员来说是首战。10月下旬的北京，早晚天气已经很凉，有时还会刮大风。受参赛队员新老交替和天气的影响，北京市体育传统项目学校田径运动会比赛虽然很激烈，不容易取得名次，但总体成绩相对于春季和夏季的比赛要低一些。

2004年张驰参加了初中组的比赛，2005年孙晨超参加了高中组的比赛，但都没有取得名次。2006年的体育传统项目学校田径比赛，在大兴体育局运动场举办，我的队员孙晨超、刘健、马跃、李晨东参加了比赛。为避免舟车劳顿，学校安排参赛师生驻会参赛。这是我校新领导班子上任后，我校参加的首场比赛，校长等领导到赛场看望了参赛师生，并带来慰问品，鼓励大家积极参赛、顽强拼搏、争创佳绩、为校增光。

经过两年来的训练，我的队员的实力大大增强。在本次比赛中，刘健在高中男子组三级跳远比赛中获得一枚铜牌，他的比赛成绩达到了15.02米，距离国家一级运动员的标准只差23厘米。他刚刚上高三，如果在冬训期间保证质量，次年开春达到国家一级运动员标准极具希望。李晨东在初中男子跳远和三级跳远比赛中各获得一枚银牌，他在比赛中表现出的那股子拼劲儿可圈可点，今后肯定会有不错的发展。马跃在高中女子组三级跳远中获得第六名，她是在8月份从马老师的跳高训练队转到我这里的。马跃的身体素质在马老师队里打下了基础，因为我队里缺少女队员，我就向马老师提出要马跃。凭马老师的能力，就是捎带着训练马跃的三级跳远，保证她达到国家二级运动员的水平也是没有问题的。但马老师认为跳远项目对马跃的发展更有利，他同意把马跃转到我的队，于是他去做马跃的工作，马跃表示同意，就这样马跃在8月底转到了我的训练队。她在这次体育传统项目学校田径比赛中的成绩与8月份持平。通过近两个月的训练，我觉得马跃在三级跳远项目上还有很大的潜力，如果保证冬训质量，在明年开春的比赛中完全可以取得比较优异的成绩。孙晨超的身体恢复得不错，在8月份的比赛中也找回了感觉和自信，但是在体育传统项目学校田径比赛前夕，一次意外摔伤了膝关节。在比赛中受伤病影响，没有完成比赛取得名次。

　　我的队员在本届体育传统项目学校田径运动会冒泡，至此，他们在北京市级的所有比赛中，都有了收货。我下一步的目标是早日带出达到国家一级运动员标准的队员。

不蒸馒头争口气

　　2007 年开始，北京市培养体育后备人才试点学校田径运动会更名为北京市奥林匹克教育学校体育后备人才培养基地学校田径运动会。这一年的比赛于 5 月 6 日在顺义区杨镇一中举行，我的队员马跃、李晨东、单雪峰、李雪艳报名参加了比赛。

　　几名参赛队员中李雪艳最小，还在读初一，她报名参加了女子丙组的跳远比赛。虽然是第一次参加比赛，而且是市级比赛，但她表现得不错，最后获得了第五名，比赛成绩基本在我的预料之中。

　　马跃在我这里经过半年的刻苦训练，身体素质和三级跳远的专项技术与能力有了进一步提高，在女子甲组三级跳远中的表现不错，12.02米的成绩也还说得过去。从她近几次参加各种比赛的感觉看，她还有进一步提升的空间。如果条件允许的话，再好好抓几个月，有望在暑期的全国中学生田径锦标赛中冲击国家一级运动员的标准。

　　单雪峰本来报名参加男子丙组的跳远、三级跳远比赛，因男子丙组三级跳远的参赛人数过少，无法开赛。经马老师同意，我把单雪峰的三级跳远改为 300 米栏项目。为了加强队员的灵活性、协调性、节奏感和进攻意识，我在平时训练中经常做跨栏跑的各种练习，虽然单雪峰的技术动作没有那么细腻，但在整体上还是不错的。赛前我着重加强他的300 米栏练习，主要是起跑上第一个栏的技术和栏间跑的节奏。基地校的赛程为一天，单雪峰在上午刚刚参加完跳远比赛后紧接着参加 300 米栏的比赛。我带单雪峰做 300 米栏赛前准备活动时，兄弟学校的一名教练员也带着队员做准备活动，他的队员也要参加 300 米栏比赛，和单雪峰同在一个组。他的队员是专门练习跨栏专项的。当他得知单雪峰是临时改为 300 米栏项目时，明显表现出不屑一顾的样子。在单雪峰进入比赛场地前，我悄悄告诉他，刚才那位教练瞧不起咱们临时改项的选手，不蒸馒头争口气，今天一定要战胜他的队员。别看单雪峰刚读初二，但是对比赛一点儿不怵阵。男子丙组 300 米栏的选手只有一组，一次性的决赛。比赛开始后，在前 200 米参赛选手的实力都差不多。在比赛进入最后 80 米的直道时，单雪峰和刚才那位教练员的队员处于前两位，可以说是并驾齐驱。我和那位教练员都在场边为自己的队员打气鼓劲儿。他们两个人肩并肩一路向前冲着，竞争得非常激烈。距离终点大约还有 30 米的时候，单雪峰领先了一肩的距离，对手也在努力追赶着。我大声地喊着单雪峰的名字，让他顶住、顶住。单雪峰拼尽全力，保持了自己的优势，最终以一肩优势冲过终点，获得了男子丙组 300 米栏比赛的冠军。

李晨东比单雪峰大一届，他参加的是男子乙组跳远、三级跳远比赛，在上午的跳远比赛中李晨东获得一枚银牌。下午的三级跳远比赛三跳过后顺利进入了前八名的决赛，排在第四名，再有三跳，将决定冠军的最后归属。前八名的比赛中，李晨东第一跳以后，我感觉他虽然是在全力地跑、全力地跳，但精神状态不是很好，没有兴奋和自信的感觉。我问李晨东是怎么回事，为什么跳得没有自信。他说排在前三名的选手都非常厉害，超强。原来他是胆怯了，以前可不是这样。李晨东在这些比赛的选手中还是很有实力的，应该是冠军的强有力争夺者之一。我对他的表现很是生气，也不顾忌是当着众人的面，对他大声训斥："你怎么越活越抽抽，越大越窝囊啊！你怎么知道他们都比你强啊！你怎么知道自己就不成啊！拼一下都不敢拼就交白旗投降啦！谁家的胜利是白送给你的，你看看单雪峰上午的 300 米栏比赛，还不如小队员能，不蒸馒头争口气，我可不是带你上这里来丢人来了！"棒喝之后，我又对李晨东进行鼓励，告诉他其实前几名选手都实力差不多，目前最好的成绩也只比他远了几厘米而已，整个比赛全都掌握在自己手中。我的训斥与鼓励立竿见影，李晨东的精神状态明显改观，自信满满，最终他超越了所有选手，获得了三级跳远比赛的冠军，并且达到了国家二级运动员的标准。

　　竞技体育所追求的就是更高、更快、更远，通过顽强拼搏，超越对手、超越自我。很多时候，超越的过程是艰难的，结果也不是我们所期待的，但无论如何，努力拼搏的品质是不能放弃的，正所谓"不蒸馒头争口气"。

李晨东站到了市级比赛的最高领奖台上

在海南的激烈角逐

2007 年 8 月 1 日 ~ 4 日全国中学生田径锦标赛在海南省海口市华侨中学举行。每次全国中学生田径锦标赛，大会都会安排提前三天开始报道。一般情况下除了本省或是距离比赛地较近的学校，其它学校都会提前三天报到。第一天休息调整，第二天适应场地，安排赛前的训练。

这个季节海南又热又晒，大会安排的比赛时间都偏于早上和下午，中午休息的时间比较长，将近四个小时。中午外面几乎看不到人，因为实在是太热太晒，我们没事都躲在宿舍里。我们几个教练员除了带队员比赛、训练、吃饭，绝大多数时间是在宿舍里打扑克。

这里天气除了暴晒，雨水也很多，不知道什么时候就会下一场瓢泼大雨，大雨过后依旧烈日炎炎。华侨中学宿舍楼每层的公共卫生间都有太阳能淋浴，冲凉很方便，我们每天都要冲两三次凉。

食堂里的菜品很少，给的量也很小。打饭时，盛饭的师傅经常提醒我讲普通话，问我要几个馒头，我说"俩"，他反复问我，于是我给他做出 V 字手势，他点头理解了。师傅又问我要几块西瓜，我说"仨"，他又反复问我，于是我又给他做出 ok 的手势，他点头理解了。师傅告诉我，要说普通话，不然他听不懂，"俩"要说成"两"，"仨"要说成"三"。华侨中学的校园里有好几棵大榕树，巨大的榕树树冠下是我们晚饭后的纳凉处。

以往我校参加全国中学生田径锦标赛是根据队员现有水平，与上届各项目决赛成绩做比较，有希望取得名次的队员才允许报名。2007 年，校领导班子进行了重组，学校的很多规章制度也做了调整。学校规定，报名参加全国中学生田径锦标赛的队员，比赛期间的食宿费用由学校承担，往返路费及其它费用由队员自理，如果队员在比赛中取得名次，学校除承担其所有费用外，还会为其发放助学奖励金。学校这样做的目的是激励队员刻苦训练，争取优异成绩。

短跑和跳跃项目在全国中学生田径锦标赛中竞争是最激烈的，参赛的人数也多，如果没有绝对的实力，谁也没有把握稳获名次。根据以往经验，全国中学生田径锦标赛跳远、三级跳远项目，如果想在甲组取得名次，必须有接近国家一级运动员的实力，要获得奖牌，必须有国家一级以上接近国家健将级运动员的实力；如果想在乙组取得名次，必须要有接近国家二级运动员的实力，要获得奖牌，则必须接近或达到国家一级运动员的标准。

我队里的马跃、李晨东、马战山三人报名参加了 2007 年全国中学生田径锦标赛。马跃的三级跳远最好成绩和 2006 年相比应该能排在女子甲组的第六左右；李晨东的跳远、三级跳远最好成绩和 2006 年相比应该能排在男子乙组的第四左右；刚刚完成初二学业的马战山，由于还小，还没有参加过什么比赛，但平时训练的成绩有望在男子乙组的比赛中夺得名次，他是很有发展潜力的小队员。

一般情况下，全国中学生田径锦标赛的赛程都是四天，跳远、三级跳远比赛的安排是：第一天乙组跳远比赛、第二天甲组跳远比赛、第三天乙组三级跳远比赛、第四天甲组三级跳远比赛。

李晨东、马战山的比赛结果和预想的差不多，李晨东在男子乙组跳远和三级跳远两个项目比赛中都获得了第五名，发挥正常。马战山距离获得名次只有一步之遥，毕竟他的实力有限，参加这种大型比赛，在心理上也过于紧张，属预料之中。而马跃在女子甲组三级跳远比赛中却让很多人大跌眼镜。

马跃参加的是女子甲组跳远和三级跳远比赛。她的三级跳远训练成绩已经在国家一级运动员的标准上下徘徊，而她跳远的最好成绩也就是 5.30 米左右，刚过国家二级运动员的标准，这个成绩在全国中学生田径锦标赛上是很难获得名次的。尤其她自 3 月份起，先后参加区运会、大学体育特长生招生测试、北京市中学生田径运动会、高水平运动员测试、北京市基地校运动会等密集的比赛和测试，连续作战已经让她的左膝出现疼痛。海南的炎热天气，对体能是一种极大的消耗。在绝大多数情况下，我的队员比赛成绩都要好于训练成绩，最差也能持平。综合这些因素，如果放弃跳远比赛，集中精力准备三级跳远比赛，非常有希望达到国家一级运动员标准并取得名次。当我把我的考虑告诉马跃时，她认为既然已经报了名，还是想完成跳远比赛。我继续做她的工作，但她很执着，不愿放弃。

马跃是一名非常有个性的队员，有自己的想法，也非常执着。她的文化课成绩是几名高三队员中最好的一个。即便面临着高考的压力，对自己的训练也从没有放松过。北京市基地校的比赛结束后，距离高考只有一个月的时间，我曾劝她不要训练了，集中精力参加高考。她说："您放心吧，我会处理好的，不会影响高考。"6月5日，离高考还有两天时，她告诉我调整两天准备参加高考。高考结束的第二天她就恢复了训练。她的高考成绩不错，借助体育特长，如愿地考上了中央财经大学。全国中学生田径锦标赛是她代表学校参加的最后一次比赛。

如果是在以前，我会拒绝她的请求。但是这次不同了，一是队员自己出资参加比赛，而我更像是队员花钱聘用的教练，对参赛的安排没有更多的主动权。我也能隐隐地感觉到她是有这种想法的。二是她即将跨入大学校园，也到了选择自己命运的年龄了，雏鹰总会有搏击长空的时候。所以，我尊重了她的选择。

由于参赛人数众多，甲组的跳远比赛设有及格赛，上午及格赛，取前12名参加下午的决赛，决赛再取前8名争夺最后的名次。虽然我们做了精心准备，但终因实力所限没有通过及格赛。我没有任何埋怨，还是鼓励马跃积极准备参加最后一个比赛日的三级跳远比赛。

最后一个比赛日的上午，女甲三级跳远及格赛开始的比较早，气温还没有那么高。马跃准备得很充分，心态也不错，第一跳就达到了12.03米。这一成绩稳稳地通过了及格赛。为了保存体力，我让她放心地休息，准备参加下午的比赛。下午的比赛在三点准时开始，头上烈日炎炎，身体被地面反上来的高温烘烤着，参赛队员都躲在遮阳伞下，减少酷暑造成的体力消耗。在我身旁的是一位湖南的教练员，他的身材不高且略显臃肿，戴着一副金丝边的近视镜，大约有四十岁，为了抵挡烈日的炙烤，他在头顶上顶了一块四方的毛巾，即便这样，他依然是满头大汗，一边指挥队员参赛，一边拿毛巾不停地擦汗。我的防护措施是戴墨镜，抹防晒霜，只要是能被阳光晒到的皮肤，都抹上防晒霜。

马跃在比赛中的第一次跳跃略显紧张，起跳时距离踏板有好几十厘米远，吃了很大的亏，成绩是11.86米。我感觉她并不是助跑距离的问题，而是心理的问题，于是告诉她跑的时候动作放松一些。她在第二跳的时候，助跑的整体感觉还是不错的，节奏很好，最后的几步也能顶起来，只是在起跳时超出了踏板有一脚的距离，犯规没有成绩。同样的助跑距离，第一次跳跃起跳时吃了很大的亏，第二次跳跃起跳时又犯规，两次跳跃起跳距离相差如此之多。作为一个经常参加比赛的队员，这不是技术上的原因，而是心理原因。

在比赛中队员受各种因素的影响，在心理上发生变化是很正常的。例如：队员在决赛的前三次跳跃中前次两跳跃无成绩，这第三跳就决定了是否可以取得名次，进入最后三跳，这时有些队员心理就会产生变化，进而影响比赛；还有当比赛最后一次跳跃前，成绩排在自己后面的队员突然超越了自己，有些队员的心理也会发生变化。调整队员比赛时的心理也要因人而异，掌握好尺度和方法，否则就会适得其反，这需要教练员了解队员的性格脾气。有的队员需要在比赛时当头棒喝，让他清醒；有的队员需要及时鼓励，激起他的斗志。

在马跃第三次跳跃前，我告诉她比赛情况，目前场上12名选手，有三名选手实力非常雄厚，明显比其他选手的水平要高出一大截，其余队员的实力相差不多，就看谁能正常发挥或超水平发挥。对于马跃来说，只要能把平时训练中的最好状态发挥出来，进入前八名就应该没问题。我要她多做做深呼吸，抖动肢体放松一些，找找训练时的感觉。

马跃的第三次跳跃，助跑起动后的节奏和速度上很好，只是在上板前的几步，太想发力，步子压得太狠，显得有些紧。跑与跳的衔接也还自然。由于上板前最后几步发力过紧，起跳只是稍稍踩到踏板。第一步做不好，会影响后面各技术环节。发力过狠，受作用力和反作用力影响，跳跃方向和角度会受到影响，向上效果会增加，水平速度会减少，向前效果就会差，成绩就会受到影响。果然在单足跳、跨步跳两个技术环节后的跳跃动作中，她向前的速度几乎消失殆尽，只是向上起，向下落。

虽然在专项技术方面差很多，但这终归是一次完整的跳跃。最后裁判丈量，成绩是 12.13 米。

三轮比赛结束后，马跃排名第九，与第八名只差了两厘米，很遗憾没有能够进入前八名的决赛。成绩和排名让我们非常遗憾。但比赛是没有如果的，我们只能面对现实。我对马跃稍加安慰，让她先回宿舍休息，我继续观看后续的比赛。对我来说，观看比赛、听其他教练员临场指导，是很好的学习机会。

我身边那位湖南籍教练员一边擦汗，一边指挥队员比赛。他带的两名队员具有很强的实力，是冠军的有力争夺者。天气很炎热，比赛也更加激烈，伴随着观众的欢呼声与掌声，每一轮比赛都有新的突破。经过最后三轮比赛，女子甲组三级跳远比赛前八名的名次终于尘埃落定。前八名队员的比赛成绩，是我近些年参加比赛所见过的最高的一次，第八名的成绩距离国家一级运动员标准只差 5 厘米，前七名选手的成绩都在国家一级运动员标准以上，冠亚军的成绩甚至接近国家级健将的标准。

马跃在我的队里训练了一年的时间，她在训练中非常刻苦，我们的配合也很默契。她的三级跳远进步非常大。2006 年 10 月刚转过来不久，她参加传统校比赛时的成绩是 11.4 米，2007 年 3 月参加区运会的成绩是 11.66 米，4 月份参加北京市中学生田径运动会的成绩是 11.79 米，5 月份参加基地校运动会的成绩是 12.02 米，这次比赛的成绩是 12.13 米。从她的训练情况看，她的成绩还能提高。如果马跃在此次比赛中顺利一些，多出 3 或 5 厘米，就能进入前八名的比赛，就能多出三次比赛机会，就有可能冲击国家一级运动员标准。

赛后我把女子甲组三级跳远比赛前八名的成绩告诉了马老师，他非常惊讶。他说，女子甲组三级跳远比赛的整体成绩如此之高，是他以前没有遇到过的，也是没有想到的。通过对比赛的分析我认为，比赛的级别越高，水平也会越高，竞争也会越激烈。作为教练员必须要树立培养高、精、尖队员的意识，在训练计划制定、训练内容安排、训练方法选择与运用等方面要更加科学，唯有不断提高自身实力，具备较高的水平，才能更好地参与到激烈的竞争之中。

马占山（左）、李晨东（中）、马跃（右）在海南参加比赛

长啸南充

2009年以来，几名主力队员迅速成长，特别是正在读初三的库振华和李雪艳，两位队员自3月份参加区运会开始，相继参加了4月份的市运会，5月份的基地校田径运动会和传统校初中升高中的体育特长生测试。在这些赛事的三级跳远比赛中，他们不仅摘金夺银，而且每次成绩都能达到国家二级运动员的标准。三级跳远国家二级运动员的标准是男子13.60米，女子11.00米。库振华在传统校初中升高中的体育特长生测试中跳过了14米，李雪艳在基地校田径运动会上跳到了11.70米，他们的成绩在初中年龄段是很不错的。正在读高二的李晨东表现也很不错，在这几次比赛中成绩都在14.7米至14.8米之间。

比赛成绩只是队员在参加一项赛事时的最远有效成绩，并不代表队员的真正水平。对于最好成绩和运动水平两个概念，我是这样同队员们讲的："如果你多次参加正式比赛，但只在一次比赛中达到了国家二级运动员的标准，只能说你的最好成绩达到了国家二级运动员标准，而不能说明你的运动能力和水平；如果你多次参加正式比赛，每一次比赛中你都能达到国家二级运动员的标准，这才说明你的运动能力达到了国家二级运动员的水平，因为一次成绩具有偶然性。"我这样说的目的是要让队员清楚地认识自己的能力，不能为偶然取得的好成绩而自满。对李晨东来说，下一个目标就是冲击 15.25 米的三级跳远国家一级运动员标准，他已经具备了这一实力。

2009 年的全国中学生田径锦标赛于 7 月 16 日至 19 日在四川省南充高级中学举行。虽然初中队员库振华和李雪艳的运动成绩很好，但是按照赛事组委会的年龄规则，他们不能参加乙组比赛，而他俩的成绩要想参加甲组比赛，还差得很远，所以本届比赛我只给李晨东报了名。

7 月 12 日中午我们启程。因为北京没有直达南充的火车，所以我们坐火车先到成都，再由成都转乘大巴到南充。7 月 13 日，我们到达成都，转乘大巴时暮色已降临，从成都乘大巴到南充还有好几个小时的车程，夜里十点左右我们到达南充高级中学。

志愿者带我们到学校的学生宿舍楼入住，进入宿舍开灯的一刹那我惊呆了，在很干净的地板砖上有几只硕大的蟑螂，这是我见到的最大的蟑螂，足足有五六厘米长。掀开褥子，床板上也有蟑螂。我问志愿者，宿舍怎么有这么多蟑螂？他说现在天气太潮，所以蟑螂很多。在我们到来之前，学校对学生宿舍进行了认真打扫，现在已经好多了。正说着，李晨东的电话就打来了，抱怨宿舍里的蟑螂多。志愿者说，学校准备好了驱蟑螂的喷剂，随时可以领用。我告诉李晨东，不要暴露开封的食品，垃圾要及时清理，避免招来更多的蟑螂。

7 月 14 日下午，我带李晨东开始训练。他报名参赛的是男子甲组跳远与三级跳远两个项目，都有希望取得名次。特别是三级跳远项目有冲击国家一级运动员的希望，因此我给他做工作，放弃跳远比赛，全力准备三级跳远比赛。比赛的前一天要确认参赛队员，如果无故不参赛就会取消其后面比赛的参赛资格。7月16日就要开赛，所以一定要提前做出决定，避免影响后继的比赛。在海南比赛时，马跃的情况李晨东亲眼所见，也许正是有了马跃的前车之鉴，他特别痛快地接受了我的意见。我们调整了赛前的训练内容，集中精力准备三级跳远比赛。

四川的天气很热，而且与海南的热不一样。海南是又热又晒，但在树阴下或日落后会感觉凉一些。而这里是又闷又热，让人喘不过气来，在外面待一会儿就一身汗，所以我们宿舍的空调24小时都开着。这里暑湿很严重，出来进去冷热交替，很容易中暑或患肠胃病。我本人的肠胃功能不是很好，遇到这样的气候就得吃藿香正气水。我担心李晨东的身体状况，每天上午都要询问。还好他的身体没有出现任何问题，每天下午我们照常练习。

7月16日是最后一个比赛日，李晨东参加男子甲组三级跳远比赛。参赛队员先分成两个小组进行资格赛，他分在第二小组。受场地限制，男子甲组三级跳远比赛被安排在南充市中心的体育场进行，大会安排专车接送我们往返比赛场地。资格赛第一组队员在早晨六点半出发，第二组八点半出发。为了掌握第一组参赛队员的比赛情况，我随第一组到比赛场地，李晨东随第二组。男子甲组三级跳远的及格标准定为15.25米的国家一级运动员标准，资格赛的及格标准一般都会定的比较高，避免及格标准低，通过的队员多而失去资格赛的意义。资格赛的前12名队员参加决赛。通常只有三分之一的队员能够通过及格标准，如果通过及格标准的人数不够12人，就把所有未通过及格标准的成绩排队，择优录取补齐12人。资格赛属于正式比赛，成绩如果达到等级运动员的标准是被承认的，但是不带到决赛中。

九点左右资格赛的第一组比赛已经结束，只有两人通过及格标准。天气依旧十分闷热，我坐在看台上，上身穿的半袖T恤已经被汗水浸湿透了。第二组的参赛队员被带入比赛场地，大家依次丈量助跑距离。比赛开始后我坐在看台最高处，以便于观察李晨东跑跳的整体技术。李晨东第二个出场，显得非常轻松，他开始助跑，节奏和速度都很好，起跳的踏板踩得也很好，单足跳、跨步跳、跳跃，很顺畅地完成了第一轮比赛。他站在沙坑边上看裁判丈量距离，等待裁判报成绩。因为距离太远，我无法听清裁判员报出的成绩，只是看到在裁判员报过成绩后，李晨东低着头双手举过头顶，一边鼓掌一边朝我坐的看台下方走来。我能感觉到他的这一跳成绩应该不错。当他走到看台下方的时候，我站了起来，就听他说到："李老师，我到一级了，成绩15.42米。"我当时稍微愣了一下，然后毫无顾忌地仰天长啸。看台上的其他教练都回过头看我，可能有的教练还会想："不就是到了一个一级吗，至于这样？"我带队近六年时间，这其中的辛酸苦辣只有我最清楚。这一刻我的情感得到了充分的释放。

我在第一时间打电话把这个好消息告诉了我的爱人，每次下班回家，她都能通过观察我的表情来判断我今天训练工作完成得如何，帮我分担工作压力。今天的喜悦我也要和她第一个分享。第二个电话我打给了马老师，向他通报了喜讯，我能听到伴随着叫好声，还有清脆的拍大腿声，他的喜悦之情溢于言表。

决赛在下午两点举行，而天气也变得更加闷热。前三轮比赛过后，李晨东以15.05米的成绩和排名第四进入前八名的比赛。前八名的比赛开始前，他来到我面前说天气实在是太热了，跳不动了，他想免去刚开始的一跳，多休息一会儿，然后努力跳好最后两轮的比赛。进入高中后，他身上已经没有了初中时的娇气，如果不是疲惫到了一定程度，他是绝不会服软的，我同意了他的战术安排。倒数第二轮的比赛他踩板犯规没有成绩。看到他精疲力竭的样子，为了避免受伤，我决定让他放弃最后一轮比赛。裁判员也被这闷热的天气折磨得够呛，他们特意拉长了每轮比赛之间的休息时间，让参赛队员多休息一会儿。最后三轮的比赛，不仅是我们，几乎所有的参赛队员都没有完成比赛，最终李晨东以15.05米的成绩排名第四结束比赛。

在返回驻地的路上，李晨东对我说，比赛时在运动员休息区，坐在他旁边的一位湖南籍队员说，湖南的气候和四川差不多，可今天这样闷热的天气，就是他这个湖南人都受不了，更何况从北京来的。

虽然在决赛中李晨东的三级跳远成绩没有进一步突破，但他在资格赛中达到国家一级运动员标准的成绩是被承认的。我带队训练近六年时间，第一位达到国家一级运动员标准的队员就此诞生，这对我的训练工作是极大的鼓舞和肯定，具有里程碑意义。

南充比赛后与李晨东（右）在重庆游览

七年的等待

2010年4月23日至25日，一年一度的北京市中学生田径运动会在丰台体育中心举行，我的队员李晨东、吕赛超、李雪艳以及编外队员李春阳参加了此次运动会。在这次运动会上，我的队员出现了很多令我意想不到的。第一是没想到李晨东在跳远比赛中跳出那样好的成绩；第二是没想到李晨东在跳远比赛中受伤，错失了打破赛会三级跳远纪录的好机会；第三是没想到李雪艳在参加女子4×100米接力比赛时摔伤；第四是李春阳在200米比赛中达到国家二级运动员标准。

5月初，由北京市基教中心体美教研室组织的北京市体育教学现场会将在我校召开，作为2010年北京市体育教学评比一等奖获奖代表，我被安排在此次现场会上授课。这是北京市多年来第一次在昌平区开展这样的活动，市、区有关领导非常重视，市里体育教学方面的特级教师、专家以及体育教师代表都要参加，并现场评课。为此，我集中精力做授课准备，没有第一时间随队参加本届市中学生田径运动会，而是在24日下午才赶到赛场。

23日李雪艳和李春阳分别参加郊区组高中女子跳远比赛和高中男子100米比赛，24日下午李晨东和吕赛超参加郊区组高中男子跳远比赛，25日上午李雪艳参加郊区组高中女子三级跳远比赛，下午是李晨东的三级跳远比赛。

2009年10月李晨东参加北京市传统校田径比赛时，以7.13米的成绩夺得高中男子组跳远比赛冠军，但这只是他前四跳的最好成绩。因为比赛场地的踏板不是很平整，他在第四跳时起跳脚被硌伤，后脚跟当时就肿了起来，我们立即放弃了后两跳到医院检查，幸亏没有大碍，但是接下来的三级跳远比赛不能参加了。虽然李晨东夺得了跳远比赛冠军，但他的实力并没有完全发挥出来，依他的实力，我预计他应该跳过7.35米，达到国家一级运动员标准，这样他将成为我校有史以来第一位在两个项目上都达到国家一级运动员标准的双料一级运动员。我对李晨东在本届市运会上打破三级跳远大会纪录也充满信心，因为在平时的训练中，李晨东就能达到纪录的成绩。对于李雪艳的三级跳远比赛，根据她的状态，我预计可以达到12米。如果成功，她将是我校第一位在高一就跳过12米的女队员。这不仅为她今后的训练增添信心，对小队员也将起到激励作用。李春阳是高三开学后由文艺特长生转来，经过半年多时间的训练，在本次比赛中如果达到国家二级运动员标准，并且取得名次，也将是一件很有意义的事情，能够从另外一方面证明我的训练是对路子的。

24 日中午我赶往比赛现场。一路上我在想，六年前的今天我在自己的婚礼现场，未能陪队员参加比赛，结果没有拿到一个名次。今天队员在这里比赛，我一路赶来，结果会如我所预料的吗？

到达丰台体育中心后，我直接来到郊区组高中男子跳远比赛场地。此时前三轮比赛刚结束，参赛队员正在等待裁判宣布进入决赛的名单。李雪艳和李春阳也在看台上观看跳远比赛。我很快得知，李雪艳在 23 日的高中女子跳远比赛中，还有两轮没有比就去参加 4×100 米接力赛，结果由于和队友的配合出现了问题，在交接棒时被绊倒了，有多处挫伤，虽无大碍，但肯定会影响 25 日上午三级跳远比赛的发挥。李春阳在 100 米比赛中很遗憾地与国家二级运动员标准失之交臂，也未能取得名次。因为平时很少练习 200 米专项，李春阳在 25 日的 200 米比赛中能否如愿，我心里还真是没有底。面对这些令我遗憾的消息，我只能鼓励他们忘掉前面所发生的事情，尽自己全力去参加好明天的比赛。

这时裁判宣布，李晨东的成绩 7.1 米，排名第三，吕赛超的成绩 6.7 米，排名第五，双双进入后三轮的比赛。后三轮比赛的第一轮跳跃时，李晨东在助跑时感觉自己会犯规，所以在跳跃时只做了起跳动作，而没有完成整个动作，没有取得成绩。他的助跑前段很好，上板前的几步怕犯规而有意识压得过小破坏掉了助跑节奏。我要求他把助跑距离增加 30 厘米，控制好助跑最开始几步的节奏和速度，然后顺其自然地放开去跳。接下来的一跳他完成得很顺畅，踏板踩得非常好。裁判经过反复测量确认成绩为 7.57 米。我非常高兴，这成绩不仅使他跃居到了第一的位置，而且达到了跳远项目国家一级运动员的标准，实现了我们在这个项目上的预期目标。

在最后一轮比赛前，根据前八名的选手前五轮比赛的最好成绩，由低到高排定最后一轮比赛的跳跃次序。李晨东将是最后一个出场比赛。

从我的观察看，李晨东的比赛成绩可以稳获本次跳远比赛金牌。为保险起见，我让李晨东做最后一轮比赛的准备活动。如果在最后一轮比赛中没有对手超越他的成绩，我们就放弃最后一次跳跃，节省体力参加

李晨东在比赛中

25 日的三级跳远比赛。最后一轮比赛结束后，没有人超越李晨东的成绩，他已经稳获金牌了。我让他放弃最后一跳。他看了一眼纪录旗，对我说他现在的感觉非常好，决定把最后一轮跳完。我明白他的目标是破跳远比赛的纪录。为了不影响他的积极性，我也就没再多说什么，静静地看他去完成最后一轮比赛。

结果发生了我最不想看到的一幕。他助跑向前的速度很快，节奏感稍差了一些，在起跳的一刹那，由于发力过猛，他的脚下一滑，身体在空中横着就飞出去了，并且是单腿落地躺在沙坑里。这一场景让在场的所有人都惊呆了，还好他迅速从沙坑里站了起来，只是膝关节略感不适，没有什么大碍。最终李晨东以 7.57 米的成绩夺得高中男子跳远比赛的金牌，也成为我校第一位在这个项目上达到国家一级运动员标准的男队员。

李晨东的三级跳远项目达到了国家一级运动员的标准。今天，他又在跳远项目上达到国家一级运动员标准。我们终于取得了突破，这一跳，我等了七年。

吕赛超也以 6.92 米的成绩取得高中男子跳远比赛的第五名。

李晨东的腿虽然没有大碍，但还是有不适的感觉，为了不造成更大伤害，我计划让他放弃高中男子三级跳远比赛。对此他心有不甘。他向我保证，将量力而行参加比赛，不会让伤病加剧，我同意了他的请求。三级跳远比赛的全程我都跟着他，监控他的活动。他没有做准备活动，检录后进入比赛场地，其他选手都去丈量助跑距离，李晨东只是坐在队员席静静地看着。当第一轮比赛轮到他跳跃时，他稍稍做了一下准备活动后，找了个半程助跑距离象征性地跳了一次，成绩是 14.58 米。凭借这一成绩，他获得一枚铜牌。李晨东在三级跳远项目上实力很强，如果不是意外受伤，他绝对可以打破三级跳远大会纪录。

高中男子 200 米比赛场地传来喜报，李春阳获得了第八名，并且达到国家二级运动员标准。李雪艳顶着伤痛参加了高中女子三级跳远比赛，成绩是 11.34 米，我觉得这个成绩还是不错的，她的那种顽强拼搏的精神，值得表扬。

市级比赛的大满贯与药检

一位运动员要想成为大满贯得主，除了一些幸运的成分外，更主要的是具备强劲的实力。2009 年 8 月以来，李晨东先后参加了北京市青少年田径锦标赛、北京市田径传统项目学校运动会、北京市中学生田径运动会、北京市奥林匹克教育学校体育后备人才培养基地田径运动会，并且都获得金牌。北京市第十三届运动会田径比赛于 2010 年 7 月 28 日至 8 月 1 日在先农坛体育场举行，这项赛事每四年举办一次，备受市政府的重视。如果能在本项赛事中获得冠军，李晨东就会在这一学年里完成北京市级中学生所有正规田径比赛的大满贯，这是一个很诱人的荣誉，当然也极具挑战。因为根据比赛规则，只要是户籍和年龄在规定之内，无论是上了大学还是进了专业队，都可以回来参赛。李晨东对此也很是期待，这将是我们这次比赛最大的奋斗目标。

因为经常在一起比赛，参赛选手之间也比较了解，包括李晨东在内，男甲跳远比赛具备夺金实力的选手有四位，他们都达到过国家一级运动员标准，能力不相上下，竞争将会非常激烈，最终鹿死谁手只有老天才会知道。考虑到近几个月受各种因素影响，李晨东训练不够系统，我们决定把主要精力放在更有把握夺冠的三级跳远比赛，在跳远比赛中不过多耗费精力。"大满贯"只是我对队员的一种激励方式，我想，金牌至上的评价才是我们放弃拼搏，退而求稳的真正原因。

在赛事第一天的跳远比赛中，前后六次跳跃机会，李晨东选择性地只跳了三次，最后以 7.18 米的成绩获得一枚铜牌。从比赛过程看，正如我们预料的一样，能冲金的就这四人，其中李晨东自己退出了争夺，另外一位因伤退出了争夺，剩余两位选手在比赛中展开了激烈争夺，相互之间不断超越，直至最后一轮比赛才最终确定冠军归属。

在三级跳远比赛中，李晨东没有给对手们更多机会，只用两轮比赛他就跳过了三级跳远国家一级运动员成绩标准，把其他选手远远地甩在后面，稳稳确定了领先优势，将三级跳远比赛金牌收入囊中，实现了市级比赛大满贯的愿望。

赛会规定对比赛获得金牌的选手都要进行兴奋剂检测，进入决赛的选手随机选择进行检测，于是在比赛结束后我立刻陪李晨东去接受药检取样。这是我第一次经历这样的事情，对兴奋剂有关事情的了解主要是通过新闻媒体，也知道有很多的世界名将因兴奋剂事件而身败名裂，更有甚者，在中学生的比赛中给学生使用兴奋剂，这不仅是违反了体育道德，更是缺少了人性，我们对此是要坚决抵制的。我的队员是肯定不会服用兴奋剂类药物的，而且也根本不知道从何去获取这些东西，但正是因为有这种坦荡的心情的作用，可能会在一些小节方面麻痹大意。

由于天气很热，再加之高强度运动，身体流失水分会很多，李晨东的尿液留样量总是不能达到标准，于是就在休息室大量地喝水等候。在这期间，我和医务人员攀谈过程中，他告诉我，有时候虽然运动员没有主动服用违禁药品，但是因伤病等情况可能会误服一些限制类药物，另外，如果在赛前大量喝一些运动功能性饮品，都有可能在留样中表现出某些物质含量较高而被认为是使用违禁药物，到时候事情是有口难辩。他对我说，作为高水平的教练员对此都是十分重视。听了他说的这些，我突然想起李晨东在前一段时间在嗓子不适做了一次小手术，服用过一些药物。于是赶快向医务人员咨询这是否会造成影响，他因为没有看到药品的名称无法肯定，但他告诉我，如果有这种事情，必须要把当时看病的相关材料，包括病例、诊断证明、用药底方等证明复印上交。听了这些，我很是焦急，赶快联系李晨东的家长，让他们立即把当时看病的相关材料带过来上交。幸好这些材料都被留了下来，不到一个小时的时间，他父母把证明材料送了过来，而此时李晨东也刚好按照要求完成了留样。医务人员留下了病例等材料，他告诉我从材料证明上看应该是对药检没有影响，就此我们才放下一颗悬着的心。

我有信心，以后可能还会带出更高水平的队员，参加级别更高、水平更高、规模更大的比赛，要想在田径训练这项事业上铸就辉煌，使自己成为一名优秀的教练员，在这些细节上必须引起高度的重视。药检这件事又给我上了一课。

在我们比赛的时候，中央财经大学的教练到场地来给李晨东送录取通知书，并告诉他一周后跟随学校出京集训。赛后李晨东和我一起回到了驻地，吃过午饭，他和他的父母向我告别。2004年李晨东小学六年级升入初一的时候被我做工作招进我校特长班，到高三毕业整整六年时间。看着他从一个懵懂少年成长为一名大学生，回想起我们共同走过的岁月，一起经历过的那些成功的喜悦和失败的遗憾，那场景一幕幕浮现在眼前。以后再见面不知是什么时候了，当他感谢我这些年来对他的培养时，我虽然没有流出眼泪，但心里还是非常难受，怅然若失。雏鹰总有放飞的一刻，你就在那无际的蔚蓝天空里翱翔吧！

第九章　中学生跳远与三级跳远训练研究

中学生跳远与三级跳远互为兼项的探索

跳远和三级跳远运动都是田径运动中以远度决定比赛成绩的田赛跳跃项目，两者有相同和相通之处，又有着很大的区别。现实中，有许多中学生队员，在训练和比赛中把跳远和三级跳远互为兼项，如果把握不住二者的相同与不同之处，把握不住它们的特点，在训练中就会相互影响，制约主要项目成绩的提高。本文对跳远和三级跳远项目做一简单比较和分析，希望能够对中学生跳远、三级跳远队员兼项训练起到一些帮助作用。

一、很多中学生队员把跳远和三级跳远作为兼项

通过对 2005—2007 年全国中学生"多威杯"田径锦标赛的统计可看出，有超过 50% 的中学生队员把跳远和三级跳远作为兼项，从兼项队员在两项比赛中都能够从及格赛进入到决赛并取得前八名的人数来看，两项都取得好名次的比例很低，不足 50%。因此把两者互为兼项进行训练，实际上是有一定影响的。

2005~2007 年全国中学生"多威杯"田径锦标赛
跳远、三级跳远兼项队员及取得名次统计

时间	组别	跳远报名人数	三级跳报名人数	兼项人数	兼项队员两项进入前 12 名人数	兼项队员两项进入前 8 名人数

05年	男甲	42	40	19	4	3
	女甲	30	26	19	9	7
	男乙	14	15	8	6	4
	女乙	17	12	10	6	5
06年	男甲	61	50	43	4	3
	女甲	55	51	37	6	2
	男乙	22	15	11	6	5
	女乙	28	21	16	6	3
07年	男甲	44	35	24	4	2
	女甲	42	36	24	8	4
	男乙	21	17	13	7	5
	女乙	20	21	11	5	3
合计		396	339	245	71	46

二、跳远与三级跳远项目的比较与分析

1.项目类型的分析：跳远与三级跳远都是田径跳跃类项目，奥运会田径比赛项目。是在人体通过助跑获得一定的水平速度基础上完成跳跃，以获得更远的远度，取得优异成绩的田赛项目。所不同的是跳远采用单脚起跳后，进入腾空，以双脚落地的速度力量型项目。而三级跳远是经起跳连续完成单足跳、跨步跳和跳跃的三次水平跳跃，相对来说，动作比较复杂，属于田径运动中技术型项目。相比较而言，跳远更注重的是速度与力量的结合，三级跳远更注重的是技术。这是把跳远、三级跳远互为兼项的中学生队员，在训练中首先要明确的概念问题。

2.生物力学原理的分析：两者的生物力学原理都是以抛射运动规律

作为力学基础，公式：（$S = \dfrac{V_0^2 \sin 2\alpha}{g}$）。明确了原理，跳远、三级

跳远互为兼项的中学生队员的训练才会有的放矢。

3. 成绩的决定因素的分析：根据跳跃技术原理，跳远成绩的决定因素，主要由起跳距离、飞行距离和落地距离组成，取决于起跳离地一瞬间身体重心的腾起速度和角度。虽然三级跳远的力学原理与跳远相同，但与跳远不同的是三级跳远成绩由连续三次跳远的远度组成，要取决于每一次起跳离地一瞬间，身体重心的腾起速度和角度。所以跳远与三级跳远项目成绩的决定因素是有一定区别的。

4. 对助跑的分析：助跑的目的是使人体在起跳前获得尽可能快的速度，为快速、有力、准确的起跳做好技术和心理上的准备。根据远度公式（$S = \dfrac{V_0^2 \sin 2\alpha}{g}$）得知，人体腾起初速度是获得远度的主要因素，

而人体腾起初速度是人体在起跳中获得的水平速度和垂直速度的合速度。有数据统计，世界优秀跳跃运动员的平跑最快速度，男子在 9.4 ～ 10 米 / 秒之间，女子在 10.5 ～ 11.2 米 / 秒之间。可见一个优秀的跳远、三级跳运动员必定是一个具有优秀短跑能力的运动员。助跑起动方式都是有站立式和行进间起动两种。在技术上助跑动作要轻松自然连贯、身体重心平稳地前移、助跑节奏积极稳定，即做到"快、直、稳、准"。所以跳远与三级跳远项目的助跑要求是一致的。

5. 对起跳角度与技术的分析：获得适宜的腾起角和尽快的腾起初速度是提高跳远成绩的关键。有研究表明，跳远的合理起跳角度在 17° ～ 24° 之间。与跳远不同的是，在三级跳远中，运动员助跑获得的水平速度要使用三次，每一次起跳支撑阶段都要损失一部分水平速度。所以在三级跳远第一跳和第二跳的起跳中运动员既要尽量获得较大远度，又要尽量保持水平速度，因此三级跳远第一跳的合理角度在 12° ～ 15° 之间，略小于跳远的合理起跳角度。在技术动作表现上看，三级跳远第一跳起跳动作，比跳远的动作幅度小，助跑和起跳的过渡更加自然、平顺，好像跑过起跳板一样的起跳动作。所以跳远与三级跳远项目对起跳角度和

起跳技术的要求是有区别的。

6.对身体素质的要求：优秀跳远运动员的竞技能力结构表现在最大力量基础上重视发展快速力量，突出力量和速度、技术的结合。因此，跳远运动员的专项身体素质应以速度为灵魂，以力量为核心，以耐力、柔韧和灵敏为基础。三级跳远是运动员经过助跑，经起跳连续完成单足跳、跨步跳和跳跃三次水平跳跃。任何一个环节出现错误都可能导致跳跃的失败。因此，三级跳远运动员除具备跳远运动员快速助跑支撑跳跃的速度力量能力外，对运动员两条腿的支撑跳跃能力、身体的柔韧和灵敏等协调性能力有了更高的要求。所以跳远与三级跳远项目对运动员身体素质的要求是有着区别的。

7.对主要用力肌群的分析：通过运动解剖学的分析可以得知，跳远与三级跳远项目的主要用力肌群都是臀大肌、股后肌群、股四头肌、小腿三头肌、屈髋肌群。在对主要用力肌群的训练方法上跳远与三级跳远项目是一致的。

三、结论与建议

1.有很多中学生跳远、三级跳远队员，把跳远和三级跳远互为兼项进行训练和比赛，但是两项都能取得好成绩的很少，两者互为兼项是有影响的。

2.跳远与三级跳远同为田径跳跃类项目，两者在生物力学原理、助跑技术、主要用力肌群及其训练方法的方面是相同和相通的。但在项目类型、成绩的决定因素、起跳角度与技术、身体素质的要求等方面是有很大区别。

3.中学生跳远、三级跳远互为兼项的队员及其教练，要明确两个项目的特征，在训练时区别对待，训练方法的选择要有针对性。各种身体素质练习，应以围绕主要项目练习为主。

项目	跳远	三级跳远
项目类型	田径跳跃类项目，奥运会田径比赛项目之一。是在人体通过助跑获得一定的水平速度基础上，采用单脚起跳后，进入腾空，以双脚落地的速度力量型项目。	田径跳跃类项目，奥运会田径比赛项目之一。运动员经过助跑，经起跳连续完成单足跳、跨步跳和跳跃三次水平跳跃，动作比较复杂，属于田径运动中技术型项目。
生物力学原理	田径跳跃运动通常以抛射运动规律作为力学基础，力学抛射公式：作为远度主要部分，作为人体腾起初速度，作为人体腾起角，作为重力加速度。	田径跳跃运动通常以抛射运动规律作为力学基础。
成绩的决定因素—远度构成	根据跳跃技术原理，跳远远度主要由起跳距离、飞行距离和落地距离组成。	根据跳跃技术原理，三级跳远远度要由三次起跳距离、三次飞行距离和三次落地距离组成。
助跑	助跑起动方式有站立式和行进间起动两种。助跑动作要轻松自然连贯、身体重心平稳地前移、助跑节奏积极稳定，即做到"快、直、稳、准"。	助跑起动方式有站立式和行进间起动两种。助跑动作要轻松自然连贯、身体重心平稳地前移、助跑节奏积极稳定，即做到"快、直、稳、准"。
起跳角度	合理的起跳角度在17°～24°之间。	第一跳的合理起跳角度在12°～15°之间。
对身体素质的要求	应围绕速度和快速力量这两个主要因素进行训练。	对各项素质的要求都很高。
主要用力肌群	臀大肌、股后肌群、股四头肌、小腿三头肌、屈髋肌群	臀大肌、股后肌群、股四头肌、小腿三头肌、屈髋肌群

参考文献:

黄化礼主编，全国中学生田径教练员培训教材，清华大学出版社

《田径》，体育学院普修通用教材，人民教育出版社

浅析影响中学生跳远队员助跑准确性的主要因素

　　助跑是跳远项目的灵魂部分，在跳远比赛过程中，跳远运动员每一次试跳都会拿出自己的最好状态全力以赴，这时助跑的准确性将直接决定试跳的成败，甚至决定比赛的成败。美国运动员鲍威尔在创造世界纪录的那次试跳，很大程度上取决于助跑的准确性。2009 年柏林世锦赛上，在当今跳远项目具有统治力的北京奥运会冠军萨拉迪诺，因三跳犯规没有成绩无缘奖牌，即便在最后一跳时采取看板起跳的方式也无济于事。中学生跳远队员助跑准确性更是受到其生理特点和训练水平等多方面因素影响，广大教练员对此也有相同的认识。目前中学生队员的跳远助跑准确性能到达什么程度？影响中学生跳远队员助跑准确性的主要因素是什么？本文以 2009 年北京市中学生田径运动会跳远队员助跑准确性的统计为例，做一浅析。

一、中学生跳远队员的助跑准确性有待进一步提高

　　在中学生跳远比赛现场，经常能看到这样的场景，在队员赛前练习和比赛时，很多教练员都在注视着队员助跑的准确性，并提醒队员及时调整。助跑是跳远项目的灵魂部分，在跳远比赛过程中，运动员每一次试跳都会拿出自己的最好状态全力以赴，这时助跑的准确性将直接决定

试跳的成败，甚至决定比赛的成败。从表1可以看出，在北京市中学生田径运动会跳远最好成绩的队员中，准确起跳的人数占84%。据相关材料统计，世界高水平跳远运动员的比赛助跑成功率达到75%左右，我国优秀跳远运动员在国内外的重大比赛中，助跑成功率在68%左右。从表1中可以看出，北京市中学生田径运动会跳远队员的总体助跑成功率仅为40%，说明中学生跳远队员的助跑准确性还有待提高。

表1 2009年北京市中学生田径运动会跳远队员助跑准确性统计

组别	性别	人数	总跳次	成功准确上板起跳次数	成功率	最好成绩出在准确起跳人数	占总人数的百分比
高中	男	26	258	114	44%	45	84%
	女	28					
初中	男	33	285	103	36%	51	82%
	女	30					
总体		117	543	217	40%	96	82%

注 1. 北京市中学生田径运动会初、高中学生分A、B组分别录取，所以跳次相应增加。
2. 比赛当天天气，晴，4级左右的阵风，男子比赛逆风，女子比赛顺风。

二、训练水平对中学生跳远队员助跑准确性的影响

从表1可以看出，高中队员准确上板起跳的成功率为44%，高于总体的40%和初中队员的36%。这是身体素质占优和训练时间占优的结果，初中队员尚不能适应大负荷、高强度的训练，助跑技术容易走形。因此，教练员在平时的训练中应注意以下几个方面。

1. 提高绝对速度：一个优秀的跳远运动员必定是一个优秀的短跑运动员，如第十一届奥运会获得男子100米、跳远等四项冠军的美国选手欧文斯。1991年刘易斯和鲍威尔创造8.91米和8.95米的成绩时，他们的助跑速度分别达到了11.06米/秒和11.00米/秒，表现出极强的杜埃

苏助跑能力。我国优秀女子跳远运动员关英楠在跳到 6.86 米和 6.83 米时的 30 米成绩分别是 3.71 秒和 3.69 秒。中学生跳远队员的身体素质、自控能力和起跳能力弱，因此，在速度训练中，必须把在有控制能力的情况下发挥自身最大速度的训练放在首位。在训练中可采取下列方法。

（1）采用快速高抬腿、跨步跳、快速的多级跳等练习，利用计时或设标志物的方法来发展步频与步幅。

（2）加强 100 米以内不同距离各种跑的练习，并用计时的方法来提高跑的质量。

（3）加强关节灵活性和动作幅度，增强下肢及腰腹力量。

2. 加强助跑技术训练：跳远助跑技术的一个鲜明特征就是助跑必须有固定的步数和步长，使之符合助跑逐渐加速，到起跳时发挥出最大可控速度的特点，以提高最大速度的利用率，这就需要队员在设定的助跑距离内保持固定的步数和步长。通常情况下，青少年男子在 16 ~ 18 步（30 米左右），女子在 14 ~ 16 步（25 米左右）。详见表 2。

表 2

步数	24	22	20	18	17	16	15	15	14	13	12
100 米成绩（秒）	10.2	10.5	10.8	11.1	11.5	11.8	12.1	12.5	12.9	13.8	14.7
30 米成绩（秒）	3.7	3.8	3.9	4.0	4.1	4.2	4.3	4.4	4.5	4.7	5.0

注：女子力量差，可多加两步

在训练中有以下几种常用方法：

（1）采用固定每步距离的加速跑、踩点跑和行进间跑的反复练习，直至队员形成动力定型。

（2）在普通跑道上进行全程助跑练习。将全程助跑距离丈量出来，按助跑要求反复进行练习。由于没有起跳板的限制，容易使队员的助跑接近平跑，发挥出最大的水平速度。

（3）在助跑道上采用标记进行全程助跑接起跳练习。将全程助跑距离丈量出来，队员反复跑几次，然后在每两步之间放置标记，队员反复进行全程助跑接起跳练习。这个练习有助于克服队员因起跳而使助跑最后几步速度减慢的问题，加快助跑与起跳的衔接，从而发挥最大的水平速度。

（4）在助跑道上后四步放置标记进行全程助跑接起跳练习。将全程助跑的距离丈量出来，然后在助跑最后四步的每两步之间放置标记，队员反复进行全程助跑接起跳练习。这个练习同样有助于克服队员因起跳而使助跑最后几步减慢的问题，加快助跑与起跳的衔接，从而保持和发挥最大的水平速度。

（5）在助跑道上进行全程助跑接起跳练习。按照跳远助跑的要求，进行全程助跑接起跳练习。要求队员快速助跑而不要考虑起跳，尤其是助跑最后几步尽量接近平跑，积极加速，以便获得最大的水平速度。

3.强调助跑节奏：培养和提高队员的节奏感，在提高助跑准确性的训练中至关重要。要提高节奏感必须做到：

（1）助跑必须在同一位置用同样的速度开始，无论在什么情况下都不要改变这种节奏。

（2）利用跨栏跑进行训练可提高队员的节奏感及步幅和步频感。

（3）经常进行加速跑、放松跑和惯性跑的练习，使队员体会用力的节奏和在放松情况下保持固有步幅和步频用力的感觉。

（4）当队员练习助跑时，要求他们自数起跳脚落点的步数，这样有利于提高队员的节奏感和控制能力。特别是最后四步的助跑节奏和动作直接影响到踏板的准确、起跳的速度和起跳的合理性，教练员应做到：一是让队员明确为了保证踏板准确和加快起跳速度，应控制助跑的最后一步，使其小于倒数第二步。二是要求队员在起跑至倒数第二步的过程中保持正确的身体姿势，在倒数第二步时身体与地面垂直。三是在控制每步距离的同时，教练员可发出口令进行调节，这种方法是通过外因条件刺激大脑皮层中枢产生优势兴奋，经常反复练习，使支配肌肉做功的原有神经系统的条件反射得到进一步强化而形成动力定型，从而提高助跑的节奏，提高踏板的准确性。

三、不稳定的心理因素制约技术水平的发挥，影响助跑准确性

良好的心理素质和合理的技术统一才能创造优异成绩。2009年北京市中学生田径运动会的跳远比赛那天，天气虽然晴朗，但有4级左右的阵风，男子比赛逆风，女子比赛顺风，由于一些队员对比赛规则不了解，在比赛过程中当裁判员示意比赛开始后，有的队员立刻在四五级的风中投入了比赛；有的队员则为了等风小一些而延误了比赛时间，受到警告。这些队员都受外界影响，心理产生了变化，最终影响了助跑的准确性。在比赛过程中，有一名队员引起了我的注意。这名队员从练习时第一次丈量步点开始，起跳点距离踏板相差有40～50厘米的距离，他的教练员让其向前挪动了两次但还是上不了踏板。比赛开始后教练员意识到可能是该队员心理紧张的原因使动作技术变形，于是他反复提示这名队员要放松，但都无济于事。在第三次试跳前，教练员索性让这名队员把助跑标记向前挪动1米的距离，结果还是没有踩上踏板，最终因成绩差未能进入决赛。赛后我与这位教练员交谈了解到，他的这名初三队员在之前的区运会比赛中成绩达到6.6米，但由于比赛经验少，心理素质不稳定，助跑准确性低，此次比赛的成绩受到了很大影响，仅跳到5.57米。心理因素对跳远助跑的准确性有很大的影响。跳远运动员除了具有敢跳的心理素质外，对自己的助跑和起跳点要有坚定的信心。出现踏板不准的心理因素大致有以下几种：

1. 想取得好成绩而心情紧张；

2. 助跑时眼睛盯着踏板；

3. 害怕犯规，最后几步拉大步或捯小步；

4. 助跑时受环境影响，注意力不集中。

运动技能是复杂的、连锁的，运动员在助跑中获得感知信号，对助跑准确性影响很大，所以由肌肉感受到刺激而引起感觉。正是由于这些感知的协调活动，在跳远助跑中固定节奏、步幅、步频，才能准确踏板。在训练和比赛中由于受外界的干扰，分散注意力，不能全神贯注地进行训练和比赛，这正是踏板不准的重要因素。大脑高级活动规律告诉我们，

人的一切心理活动都要通过注意，所以为了提高助跑的准确性，必须进行心理训练。可以用自我放松训练法、自我抑制训练法、表象重视法等基本方法，还应结合跳远助跑技术的特点和规律，进行专门性训练。通过心理训练，可以提高跳远运动员的感受灵敏度、知觉的广度和深度、反应的速度与准确度、运动表象的完整性等，这对于跳远助跑准确性具有重要作用。

四、结论与建议

1. 中学生跳远队员助跑的成功率低，准确性还有待进一步的提高。

2. 中学生跳远队员助跑准确性差的主要原因是训练水平低和不稳定的心理因素。

3. 建议教练员根据影响中学生跳远队员助跑准确性的主要因素，选择有针对性的方法，加强助跑准确性的练习。

参考文献：

黄化礼主编，全国中学生田径教练员培训教材，清华大学出版社

夏华，影响跳远准确性的因素，田径杂志，1998-1

孙雯，如何提高青少年运动员跳远助跑的准确性，田径杂志，1998-9

浅析放松能力对提高短跑速度的作用

一个优秀的跳远运动员必定是一个优秀的短跑运动员，其所具备的优异的速度能力是取得优秀的跳远成绩的根本保障之一。高水平的跳远运动员动作放松不费力，而速度又特别快，给人以美的享受。相反，有些运动员在比赛中虽竭尽全力，但动作不协调，很难取得好成绩。这其

中除了本人的绝对速度较差外，另一原因就是放松技术掌握得不好。短跑是一种周期性的运动项目，时间短，爆发性强，要求神经支配肌肉运动的灵活性很高。科学研究表明，跑动中如果动作僵硬不协调，肌肉不能充分放松，就会有大量的附加的神经冲动传导到大脑皮质，使大脑皮质过早出现疲劳。同时，肌肉过分的紧张还会影响到血流速度，使运动过程中产生的酸性物质大量堆积，血液中的 ph 值降低，中枢神经产生超限抑制，最终导致兴奋与抑制的转换速度减慢，影响短跑的速度。运动员在训练中放松能力强，可有效地加快血流速度，促使酸性代谢产物的加速排除，减轻大脑皮质的负荷。同时还可以改善肌肉工作时的能量供应过程，提高速度耐力与协调能力，加快步频。

教练员在训练和比赛中常会通过语言或肢体信号，告诉运动员要放松，以使其在心理上放松再致身体上放松。运动员在心理上要坚持"在愉快中跑"这个基本要求，否则会越练越紧张，越练越僵硬，更谈不上"节奏感""速度感"。目前，仍有一些教练员没有充分认识到或者不重视放松能力在短跑训练中的重要作用。甚至为了让运动员早出成绩，早见成效，用大力量进行大强度、大运动量的专业化训练，一开始成绩似乎有所提高，时间一长，到了运动员最适合出优秀成绩的年龄段，成绩却不见增长，有的甚至还出现倒退。这就是缺少进行全面发展的训练，特别是没有解决好提高速度和增强放松能力两者关系的一种典型的结果。

一、研究对象与方法

1. 研究对象：我校 10 名队员，5 名为对照组，5 名为实验组，平均年龄 16 岁，队员的短跑成绩均无显著差异。

2. 实验时间：实验时间为半年，每周训练 6 次，每节 90～120 分钟。

3. 研究方法：对照组按原来方法训练，实验组除执行对照组训练方法外，增加了放松能力的训练。

（1）首先要让队员从思想上重视放松技术的作用，教练员在制定训练计划时，要深入细致地研究放松技术的有效手段，针对具体情况来制定训练计划，而且一定要贯彻实施和运用。

（2）用80%～90%的强度练习，来增强队员所需要的放松能力和基本技术，这样训练效果会更好一些。

（3）短跑训练中加大步幅增强队员的放松能力。步幅的加大能够体现出跑时动作协调性。加大步幅跑，对抗肌群有比较好的交替放松作用，是建立良好放松能力的有效手段，也是跑的一个关键技术。在步幅训练手段上，采用大步跑、跑格、多级跨步跳等来尽力分大两腿之间的加角，掌握两大腿大幅度交换技术，提高髋关节的灵活性，加大跑动中骨盆前移程度。人体在高速运动中，蹬摆的方向和速度能作用到骨盆上，并与骨盆的运动协调一致，这是检验短跑的放松程度和步幅大小的主要指标之一。在加大步幅技术的训练中，特别要避免故意向前伸小腿，这样不但增加不了步长，反而会导致出现动作不协调和紧张的表现。

（4）波浪跑的练习，也是培养队员放松能力的有效手段。即先进行30米的加速跑，速度上来后，再保持速度跑30米，然后做25米的放松惯性跑，一组起伏2～3次。加速距离可长可短，以这样的方法来培养队员的放松能力和节奏感、速度感效果很好，但不要把这种节奏跑变成明显的变速跑，否则会使训练起不到应有的作用。

（5）在短跑速度训练过程中要强调放松技术，体现到训练的每一个环节，如在进行起跑、行进间跑、定时定距跑、反复跑及冲刺跑等练习中，强调队员协调用力加速、到终点自我减速惯性跑出，以体会放松技术。当队员到达终点后，身体不要马上后仰减速，这样会破坏动作的节奏而且容易使膝关节受伤。再如后蹬跑接加速跑的练习时，先助跑10米左右，然后后蹬4～6步，当最后一步落地时应立刻用最快动作频率向前跑出，要求5～7步后再加大跑动弹性直到终点。

（6）一些队员训练时很放松，速度也不错，但一到比赛或遇到高水平对手时心理发生了变化，就显得动作不协调，节奏紊乱，造成动作太僵化，破坏了节奏和跑法。要想不出现或少出现这样的情况，必须经常多人在一起训练和竞争，多参加比赛，在近似实战的情况下来锻炼心理素质。时间一长就会慢慢地适应比赛，跑时也就放松了，成绩也就会提高。

二、结果与分析

1. 试验后对实验组和对照组的 100 米进行了成绩评定，其结果是实验组明显好于对照组，两组的平均成绩有显著性差异（见表）。

实验前后 100 米成绩统计表

	试验组	对照组	差值
试验前	12"05	12"10	0.05
试验后	11"50	11"75	0.25
差值	0.55	0.35	

2. 对实验前后两组 100 米成绩变化情况的分析：从试验前后 100 米成绩统计表中可以看出，试验前两组 100 米的平均成绩无显著变化，说明两组实力基本相等。试验后，由于实验组增加了放松能力的训练，其100 米跑的成绩优于对照组。

研究结果表明，加强队员短跑训练中的放松能力训练，有利于提高队员的运动成绩。特别是中学生队员，由于训练水平较低，接受能力相对较差，动作技术处在不稳定状态，因此一定要从小培养放松的能力，使他们得到更好的发展。

参考文献：

张然，《放松训练对青少年短跑成绩提高的初探》

227

浅析中学生跳远队员的速度训练

——对李晨东的训练分析

一、李晨东的基本情况

李晨东是北京市一所普通全日制中学的学生，国家一级运动员，北京市中学生运动会跳远冠军。他 12 岁时读初一年级，到 18 岁高三毕业，期间一直坚持参加课余田径训练，项目是跳远和三级跳远。包括周末在内，每周 6 次训练课，每次训练课时长 90 分钟左右。我曾在全国中学生暨全国体育运动学校"多威杯"田径锦标赛中对各参赛学校做过调查，李晨东的训练模式是被绝大多数开展课余田径训练的普通中学所采用的。根据学生发展的年龄跨度大、训练时间不足等实际，教练员在训练中，应该科学合理地制定训练计划，做到长期规划和短期目标相结合，在全面发展的基础上，根据项目特点选择适当的手段与方法，有重点地进行训练。

表 1　李晨东的基本情况

姓名	性别	出生年月	所属学校	入学时间	毕业时间	毕业去向
李晨东	男	1992 年 6 月	北京某普通中学	2004 年就读初一	2010 年高中毕业	中央财经大学

表 2　李晨东的运动水平

姓名	项目	最好成绩	运动级别	比赛名称	比赛时间	比赛地点
李晨东	跳远	7.57 米	一级	北京市中学生田径运动会	2010 年 4 月 24 日	北京市丰台体育中心
李晨东	三级跳远	15.42 米	一级	全国中学生暨全国体育运动学校"多威杯"田径锦标赛	2009 年 7 月 19 日	四川省南充市高级中学

二、运动项目特点分析

物体抛射运动规律是跳远项目的生物力学原理，由物体飞行远度计算公式（$s = \dfrac{V_0^2 \sin 2\alpha}{g}$），可以得知，人体在空中的飞行距离与人体在空中飞行的腾起初速度的平方，和人体飞行时的腾起角度 α 成正比。而人体腾起初速度是人体在起跳中所获得的水平速度和垂直速度的和速度。从技术角度看，水平速度是运动员跑的位移速度，垂直速度是跳跃的动作速度。技术的"速度化"是现代跳远项目的主要发展趋势。一个优秀的跳远运动员必须具备的优异的速度能力，这是其达到优秀跳远成绩的根本保障之一。从李晨东跳远成绩、30 米、100 米及短助跑 5 级单足跳的成绩（表 3），更能直观地看出速度对跳远成绩的重要性。可以这样说，速度素质是跳远项目的灵魂。中学生跳远队员应该在全面发展的基础上重视速度素质的发展。

表3 李晨东跳远成绩、30米、100米及短助跑5级单足跳成绩

比赛名称	时间	地点	成绩	30米（秒）	100米（秒）	短助跑5级单足跳（米）
北京市田径试点学校运动会	2005年5月6日	北京市顺义区城关一中	5.30米	4.32	13.15	15.7
北京市田径传统学校运动会	2006年10月21日	北京市大兴体育局	6.15米	4.16	12.4	16.9
全国中学生"多威杯"田径锦标赛	2007年8月3日	海南省海口市华侨中学	6.28米	4.00	11.98	18.3
北京市中学生田径运动会	2008年4月25日	北京市海淀区十一学校	6.93米	3.88	11.4	19.8
北京市田径传统学校运动会	2009年10月17日	北京市大兴体育局	7.13米	3.73	11.0	21
北京市中学生田径运动会	2010年4月24日	北京市丰台体育中心	7.57米	3.61	10.8	21.5

三、李晨东的速度训练历程

跳远运动员的位移速度的训练主要是提高跑进速度，并以提高助跑速度利用率为目的。因此，跳远速度训练中，首先应在提高速度的基础上，结合助跑技术和助跑速度训练，尽可能地在较短距离的助跑中发挥最大速度的能力；其次，在提高助跑速度的同时，应注意提高跑动节奏的稳定性和准确性。

跳远运动员所需要的动作速度主要是指起跳时的动作速度、跑动中的步时和跑动中的身体各环节的动作速度。动作速度的快慢主要取决于动作完成时，神经的兴奋传导速度、神经—肌肉间的协调性、肌肉的收缩力量和收缩速度、对抗肌的协调配合，以及动作结构的合理性等。

据此，对李晨东的速度训练，在加强位移速度和动作速度训练的同

时，注重了跑跳结合能力的练习。他的速度训练历程分为三个阶段。

第一阶段：是其初一、初二学习阶段，年龄段为 12 ～ 13 岁。在这个阶段，青少年随着年龄的增长和神经系统的发育成熟，神经的灵活性已经达到了成人水平，是速度的敏感期。在全面提高步长、步频能力的同时，优先重视步频能力的训练，也就是动作速度的优先发展。采用的主要方法：

1. 20 ～ 60 米距离的计时跑，发展最大速度；

2. 20 ～ 150 米距离的各种跑：通过小步跑、高抬腿跑、起跑、加速跑、行进间跑、边速跑、反复跑、放松大步跑等练习，提高速度节奏感、改进跑的技术；

3. 不同间距的标记跑、跨栏跑，发展动作速度、动作幅度和节奏感；

4. 利用各种克服自身重量的跳跃练习：跳深、跳栏架、多级跳等发展动作速度、动作幅度和节奏感；

5. 在动作速度的练习中，通过语言或信号刺激等方法，提高神经系统的兴奋传导速度；

6. 利用各种专项辅助练习发展速度能力，提高助跑速度利用率。

根据中学生田径队员的生理特点，这一阶段总体运动负荷为量大强度小。以一周为最小训练周期，每周安排三次速度训练课，两次中小负荷，一次大负荷。

第二阶段：是其初三、高一学习阶段，年龄段为 14 ～ 15 岁。在这个阶段，青少年开始进入力量的敏感期。重点抓快速力量的训练，通过提高肌肉收缩力量和速度，改善肌肉间的协调用力；以改进技术来提高专项动作速度水平。采用的主要方法：

1. 在第一阶段主要练习方法的基础上增加练习难度，如：增长计时跑的距离（30 ～ 80 米）；利用各种跳跃练习中增加轻负重或计时的方法，进行小重量的杠铃练习等。

2. 适当增强运动负荷。这一阶段，每周三次的速度训练课负荷为：一次小负荷、一次中等负荷、一次大负荷。适当增加练习的强度。

第三阶段：是其高二、高三学习阶段，年龄段为 16 ～ 17 岁。竞技训练是一个"适应—提高—再适应—再提高"的过程，随着运动能力的提高，运动负荷的量与强度也要相应增强。而中学生队员的课余训练受到训练时长的制约，负荷的变化主要在训练强度上调整。在这一阶段，对李晨东的速度训练除了延续第二阶段所用的方法外，利用田径跑廊的有利条件，对其冬训的训练内容作了调整。即在冬训期间，每周的小周期训练中保持一次中上等强度的速度训练。

经过六年的系统训练，李晨东的速度素质不断增强，相对应的每年跳远的成绩也明显提高（见表3）。可见速度的发展对于跳远成绩的提高具有至关重要的意义。

四、结论与建议

1. 在中学生课余田径训练中，学生的年龄跨度大、训练时间不足是普遍存在的现象。

2. 优异的速度能力是跳远运动员取得高水平跳远成绩的根本保障之一。在中学生跳远项目的课余训练中，教练员应重视速度素质的训练。

跳远项目速度练习应注意如下事项：

1. 根据中学生课余田径训练的特点，明确队员所处阶段的生理和心理特征，科学合理地制定训练计划，选择适当的训练方法和手段，避免课余训练的专业化。

2. 大强度的速度训练应安排在队员身体状态较好时进行，一般安排在每次训练课的前半部分，每周小训练周期的中前部分。

3. 速度练习时，一定要培养队员动作的放松感，坚持"在愉快中练习"的基本要求，否则就会越练越紧张，越练越僵硬，更谈不上"节奏感""速度感"。

4. 在训练中要注意训练手段与方法的多样性，训练周期与训练内容的安排要有一定的节奏，训练负荷的强度与量要有相应的变化，否则容易产生"速度障碍"，影响速度水平的再提高。

参考文献：

黄化礼主编，《全国中学生田径教练员培训教材》，清华大学出版社，2004年

《田径》，人民教育出版社，1989年

第十章 七年课余田径训练工作感悟

感 恩

2007 年"五一"假期是长假。假期的最后一天，一大早收拾妥当，我开车带爱人回娘家。车窗外春意盎然，生机勃勃，开着车窗，春风伴着和煦的阳光，泥土的气息迎面扑来。昨天带队参加了北京市奥林匹克教育学校培养体育后备人才基地田径运动会，又有几名队员拿到了市级中学生田径比赛的冠军，我的心情无比舒畅。

我们一路聊着。突然爱人一本正经地说："我问你一个问题。"

"你说。"

"你觉得你最应该感谢的人是谁？"

是啊！这世上最应该感谢的是父母，没有他们哪能有我。

她接着问："在父母们和我之外，列出你到目前为止最想感谢的三个人。"

我思考了一会儿说："第一是我的老姑父；第二是马思勇老师；第三是带引号的'他'"。

"我猜中了第一和第二，但没有猜中第三。你先别说为什么，让我来分析一下，你看对不对？"她抢着说道。"如果没有老姑父你就不会认识马老师，所以他排第一，马老师排第二。我和你在一起的这几年，深深地感觉到马老师对你的影响非常大，他对你生活轨迹的改变起到了至关重要的作用。而那个'他'是我没想到的。"

正如我的妻子所说，没有我的老姑父，我就认识不了马老师，所以我要第一感谢他。

第二我要感谢的是马思勇老师，没有他就没有我现在的一切。马老师对待自己的学生就像对待亲人一样，是他把我从农村的小学招收到县

233

城的中学，又从县城把我送进了首都的高校。我大学毕业后他又帮助我落实了工作，几年后又让我参与到他为之奋斗近半生的中学生课余田径训练工作中。

第三要感谢的'他'，包括了所有直接和间接帮助了我的亲朋好友、领导、同事、同学、学生以及我的对手。

榜样的力量

2000年我刚刚走上工作岗位时，国家取消了福利分房制度，改为商品房制度。我的家在农村，父母都是收入微薄的普通职工，我每个月也只有几百元的工资，即便是在北京的县城，要想买一套小面积的住宅楼也绝对是一种奢望。

2003年我开始谈婚论嫁，父母用他们几乎所有的积蓄帮我交了几万元的首付款，我又贷款20万买了婚房。等到房子简单装修完毕，每个月偿还1500元的贷款后，我就剩下了饭钱。我身边的年轻人不少，但像我这样的还真没有几个。2004年4月份筹备婚礼用的几万元钱，都是岳父、岳母和哥哥、姐姐给的。

在进入体育训练组之前，我的工作是组织学生进行课余篮球训练，每个月有不到一百元的补助，这让一些年轻教师羡慕和嫉妒。在进入训练组之前，我常常找马老师聊天，每当我得知他带领学生在比赛中取得了成绩，获得了奖金时，我都羡慕不已。学校批准我进入体育训练组时，发现我思想上有追求物质利益的苗头，要马老师对我进行教育帮助。

马老师向我讲述昌平二中进行课余田径训练工作的由来以及取得的骄人成绩，学校开展这项工作的重要意义。同时他也介绍自己怎样言传身教，发挥示范作用；怎样帮助队员正确处理学习与训练之间的关系；这样管理队员的生活，怎样加强队员的思想道德教育；怎样科学地选材、训练、指导比赛……。他告诉我，比赛中取得了成绩，获得了奖励金，这只是对工作成果的一种表彰，不能把它作为工作目标，否则就不会踏踏实实、持之以恒地投入到工作中。即便是取得了一些成绩，也只能代表某一阶段的成果。作为教练员必须要有较高的思想境界，有理想、有追求。

马老师的话使我受到了深刻教育，对课余训练工作有了进一步认识。但真正触动我心灵的，是几天后我去拜访马老师时的感触。

那天在马老师家聊天时，他对我说，他正在整理自己多年的训练笔记。我看到一堆笔记本摊放在桌子上，旁边还堆放着一些专业书籍和学习材料。他拿起了一个笔记本递给我，告诉我这是他的第一本训练笔记。当我接过它轻轻打开时，一段用蓝色书法笔工工整整书写的话，赫然呈现在扉页之上："体育训练是我生命的一部分，培养出高水平的运动员是我人生最大的幸福——马思勇"。这就是马老师的理想与追求！

马老师告诉我，在大学时他的专项是体操，毕业时他的大学老师对他说，"马思勇，你要是有本事，将来你就带运动员，并且训练出高水平的运动员！"这句话对他的触动很大。带着这一股子热忱参加工作后，他从学生中挑选出一批田径队员，开始进行课余田径训练工作。经过努力在全区中学生田径运动会上取得了良好的成绩，得到了学校领导的表扬。他不仅深深地爱上了课余田径训练，而且立志将毕生精力献给体育教育事业。

我被深深地触动了。至此，我才真正地理解了一个人在人生中、在事业上树立崇高理想并不懈追求的意义。

付　出

2004 年，我姐姐一家准备在 5 月份离开北京搬到上海。之所以选择在 5 月搬迁，是因为我的婚礼定在了 4 月份，她打算参加完我的婚礼再离开。她离开的那天是周末，我是一定要到火车站去送行的。为了不影响我的训练工作，我让姐姐买了出发时间较早的车票。送走姐姐全家之后，我的心里久久不能平静。姐姐这一走，从此就要相隔千里，虽然现在交通工具非常发达，但想要见面也不是容易的事。姐姐一家在北京已经生活了三十年，能够在家乡哪怕多停留几个钟头时间都是很珍贵的，但却让我擅自做主给剥夺了。想起这事我就有些难受。过了不久，在和马老师聊天时，我向他提起了这件事。

马老师说在追求理想的路上，付出是必不可少的。不仅有时间、精神上的付出，甚至会有身体上的付出。他给我举了很多例子。比如在时间方面，首先体育训练不同于普通的体育课堂教学，体育训练更注重竞技性，运动员所要承受的运动负荷很多时候都是要超强度的，要想保证训练的系统性、针对性、科学性，最终取得优异的比赛成绩，教练员就必须不断提高自己的专业知识，不断总结和反思，这就需要付出大量的时间。其次，学校的训练都是课余训练，也就是说只能利用学生的课余时间训练，当其他教师完成一天的工作下班回家了，我们教练员还要坚守在操场上，别人已经吃完晚饭观看电视或外出散步，我们教练员才踏着夜幕走在回家的路上，寒冬酷暑，天天如此。另外，为了保证训练的系统性，每周只能在周六休息一天，寒假暑假，年年如此。即便是对中国人来说最重要的传统节日春节，也只能休息三天，从未休息过完整的节假日。

在精神上，家人的理解与支持是教练员的精神后盾，但是也有很多人对教练员的艰辛付出难以理解，甚至会问，这样辛苦地付出值吗？在身体上，不论是疲劳还是病痛只能自己默默承受。1986年马老师因为阑尾炎需要住院手术，在手术后拆线的第二天他就返回学校工作。1990年6月马老师的左肋下突然长出三个体积较大的脂肪瘤，医生提出要进行手术治疗，为了不影响上课和训练，马老师利用中午休息的时间去医院进行手术。中午做完了手术，他下午就投入到训练工作中，在指导训练时他完全忘记了伤痛。当晚上训练结束后回到办公室，其他教练员发现马老师左肋下的衣服已经被伤口渗出的鲜血染红而提醒他时，马老师才意识到自己在中午做了手术，于是赶到医院处理。1995年和1996年马老师的父母相继病故，他每次都是当天处理了后事，第二天就返回工作岗位。马老师患有慢性咽炎，每次比赛前的一个阶段，由于专项技术训练时间的增加，指导队员时说话较平时明显多，就会引起咽炎发作，严重时不仅说不出来话，甚至会咯血。但这都没有影响马老师的工作。

随着工作的深入，对于马老师所说的付出，我也有了更多的体验。2006年8月3日，我带队员参加在朝阳体育中心体育场举行的北京市第十二届运动会田径比赛，这是本市四年一届的最高水平的青少年综合性体育赛事。那天上午我正带队员准备即将开始的三级跳远比赛，我的手机突然响了起来，是一个陌生号码，电话那头传来的是我妻子的声音。她哭着对我说现在一个人躺在产房的手术室外，就快要生了，是借别人的电话打给我的。我叮嘱队员后，赶紧往医院赶。等我到达产房外，儿子已经出生，好在母子平安。妻子见我第一眼就委屈地哭了，后来她告诉我真怕出点什么事情，见不到我最后一面。

2008年4月，是我结婚四年的日子。结婚纪念日前夕，我妻子对我说，从结婚到现在，从没有利用节假日带她出去游玩过，周六好不容易有一天休息，不是她在单位参加补课，就是我们去看望彼此的老人。每年4月都是举办北京市中学生田径运动会的时间，她说，如果我们结婚的日子选在其他时间就好了。她很理解我，也知道我的训练工作压力大，想尽早培养出国家一级运动员。但这样的生活什么时候才能到头。她的话让我心里很难受，感到很对不住她。我姐姐曾和我商量，让我们安排个周末去乌镇旅游一趟，她负责安排。我征求马老师的意见，他建议我们去，聊补我的内疚之情，我周日下午的训练由他来兼顾。于是我和妻子周五下班后出发，周六一早到达上海，姐姐一家先带着我俩在南京路转了半天，然后驱车直奔乌镇，在乌镇住了一晚，周日饭后我们从乌镇赶回上海，乘坐当晚的火车返回北京。周一一早，作为班主任的妻子已经在早读前出现在教室里。这是我和妻子婚后唯一一次外出旅游，一次犹如急行军似的旅游。我感谢姐姐一家为我们做的各种准备，感谢马老师的分担，是他们为我和妻子提供了一次难得的旅游机会。

学习是可以"偷"的

学校最北端靠西有三间小平房办公室，紧把边的一间十几平米小屋就是我和马老师的办公室。它位于全校供暖的最末端，三面有窗户，冬天无敌冷，夏天超级热。我们的办公桌相对，靠着北墙，西墙立着一排装有训练工作资料的档案柜，南面窗台下有洗手池和墩布池，此外屋里别无他物。不大的房间被我们收拾得干净利落。不读书写字的时候，办公桌上只摆放着台历和笔筒。后来我给马老师找了个文件架，摆放训练方面的材料。

最初，由于没有带队训练的经验，工作能力不足，我只能通过延长训练时间，提高运动负荷量这种最笨的方法去完成我的工作，所以每天我的离校时间都要比马老师晚。

马老师的训练场地主要是在田径场的北侧，我的训练场地是在田径场的南侧。他结束训练离开办公室的时候会把办公室的门锁上。我训练结束后回到办公室，都要写当天的训练小结，然后收拾东西回家。有一天，当我结束训练回到办公室后，发现马老师的训练笔记放在他办公桌的正中间。

"难道是他写完当天的训练小结忘了收起来了？"我想。

"可不可以看看他的训练笔记？他是怎样制定训练计划，怎样写训练小结的呢？马老师的训练笔记所记录的内容是他多年来日积月累的宝贵经验，绝对是不可多得的财富！"我盘算着。

"这样不好，没有经过别人允许，翻看人家的笔记是很不礼貌的行为，不好！"经过反复的思想斗争，最终我还是没有翻看马老师的训练笔记。

一般情况下，每天早晨我都要比马老师先到办公室。第二天一早，马老师来到办公室，我们相互问候之后，他第一件事是把笔记本收到了自己的抽屉里。然后开始和我聊起他昨天训练时的一些感受。一切都显得很自然。我在想，肯定是他昨天写完笔记后忘记收回，所以一早过来就把笔记收了起来。

说也奇怪，当天晚上他的笔记本又安静地躺在办公桌上，第二天他进办公室才把它收了起来。如此反复着。于是我就开始琢磨，难道是他有意放在那里让我看的？我不禁想到了武侠电影的场景：一位武功高强的掌门大师，每日独自在后院操练着自己的独门绝技，一个特别好学的徒弟躲在院子的大树上或是趴着墙头偷看。这位大师明明知道有徒弟在偷学自己的武功，却假装不知道，把自己的绝活在徒弟面前展现得淋漓尽致，唯恐躲在暗处偷学的徒弟看不清楚。其实大师的本意是要教会自己的徒弟。

想到这里，我也就不再犹豫，每天训练结束回到办公室，便开始翻看马老师的训练笔记，认真地学习研究。他的训练笔记详细记录了怎样制定队员的多年发展规划、年度训练计划、不同阶段的训练计划、每周工作计划和每日工作计划，以及每天、每周、不同阶段的工作总结和工作反思。训练任务清楚、目标明确、重点突出、方法具体，总结与反思无论内容多与少，都写得非常客观，针对性很强。以下是马老师的两段工作小结。

1月9日 周三

今天是身体素质训练。由于我在教委开会，把训练计划交给了队长，让他带领训练。中间我赶回来一趟，看队员的训练让我很不满意，他们练得不够积极不够主动。放松的时候，我要求他们回家后好好地想一想，在这里训练的目的是什么？

1月10日 周四

今天训练，队员全部到齐。做完准备活动，针对昨天训练的不足，组织全队开会。会上对个别队员进行了严厉的批评，同时对全体队员进行教育，目的是让他们端正训练态度，摆正关系，刻苦训练。

会后训练正常进行。临时调整了训练内容，男生做半程助跑跳高过杆的改进技术练习20次，女生做负重上步摆腿练习 ×5～6组。队员练习都很认真，在练习中注意纠正动作的同时，还要教他们学会用脑训练，站在不同的角度观察动作，相互帮助、相互学习，这样更有助于个人技术的提高。最后分别做腹肌练习和原地过杆练习3～5组。

早上，马老师到办公室后的第一件事情还是收起放在桌子上的笔记本，然后和我聊训练工作。我们聊的内容越来越具体，越来越有针对性，有时我拿着我的训练笔记或是围绕他观察我训练时的一些情况，一点一点地剖析。这些聊天内容使我的训练工作少走了很多弯路，我感觉进步很大。慢慢地我们在训练工作的交流中，由最初以马老师指导为主，转为我们彼此进行探讨了。

这样的交流持续了半年的时间。当我第一次带领队员在区中小学生田径运动会上夺得第一个冠军后，我发现，我和马老师每天上午在办公室里交流训练体会的场面依旧，但是办公桌上再也看不到他的训练笔记本了。

当我发现这些变化时，心里有一种酸酸的感觉。就像老鹰教小鹰学习飞翔，小鹰学得差不多时，老鹰就会把小鹰推向巢外，逼着它自己去飞翔。就像学步的孩子，父母不撒手，他怎能学会走路呢！

继承优秀传统

我刚进入训练队时，和马老师同在一个办公室。有一次，我在办公室的门前，看到马老师从远处走来，一边走一边用手抛接着一样小东西，由于距离远，我无法看清他抛接的是个什么物件儿。到了办公室门口时，他把那个小东西攥在手里，笑着问我："你看到我刚才一边走一边抛接着东西吗？"

"看见了，是个什么好物件儿？"我问道。

"你猜猜看！"马老师还挺神秘。

"肯定不是捡了银元！"我打趣道。

"呵呵，你看！"马老师笑着把手在我面前摊开，一颗小螺丝钉躺在他的手心里。

"原来您一路抛接的就是这个小玩意儿？"

"现在的年轻人，可能不会拿这些丢在路上的小零件当回事儿。可我们这代人不一样，在路上看到这些小零件还是会随手捡起来的，不信你问问你父亲？"

"确实如此。我家的窗台上也摆了很多这样的小零件，都是我父亲在路上随手捡到的，我们劝他扔掉，他却总也舍不得，说是指不定就会

241

在哪儿用上，而且真的被用上，他就自豪地说'看，我说的一点错都没有吧！'"

"我们这代人，由于当时国家的经济条件非常差，从小接受艰苦朴素、勤俭节约的教育，养成了随手捡这些小零件的习惯。这对现在的孩子来说，好像都有些可笑。"马老师说，"看看现在的孩子们，光是训练用的跑鞋，有的就要上千元，尽是名牌，甚至还要托人去国外买。穿得稍微有点旧就不要了，然后再买新的。现在的条件的确比过去好了，但也不应该浪费。现在训练队的有些队员习惯很不好，例如随意丢弃垃圾，跑廊里面、器械房里，到处可见队员随手丢弃的垃圾。每次我们打扫完卫生，很快又会出现新丢弃的垃圾。"

正如马老师所说，我们有些队员不仅在行为习惯方面缺少好的养成，在基本的礼仪方面也有欠缺。例如见到老师不主动问好；看到教练员搬运器材或准备训练场地时，不懂得帮忙；搬运器材时拈轻怕重……；个别队员还有训斥自己父母的无礼言行。

马老师顺手把这枚小螺丝钉放到了抽屉里，意味深长地说："我们带领学生参加课余田径训练，取得优异的运动成绩，考上重点大学固然重要。但这不是我们唯一的目标。在课余田径训练过程中，我们还要言传身教，为他们树立好的榜样，对他们进行养成良好习惯的教育，教会他们如何堂堂正正地做人。在这个过程中，我们要把好的优良传统有意识地传授给学生，不仅使他们成才，更要使他们成人。其实学生的心里很明白，作为教练员，对待自己的工作是兢兢业业、一丝不苟，还是在消极怠工、虚度光阴，他们都看得非常清楚。"

马老师对我说，在训练的过程中要重视对学生进行继承和发扬优良传统的教育，使他们从小就养成良好的行为习惯。马老师本人也是这样做的。

过了不久，马老师对我说，前些天他捡到的那颗小螺丝钉派上了用场。他的训练队的跳高架子因为丢了一枚螺丝钉，使用时无法固定，影响到训练。他把那天捡到的螺丝钉拿过去一试，大小正合适。这枚不起眼的小螺丝钉解决了器械故障。马老师还以这件事为题，为队员做了一次勤俭节约的传统教育。在马老师的影响下，我在训练中也开始有意识地加强优秀传统教育。

首先我从自身做起。在没有其它工作的情况下，我一定要在队员训练之前到达运动场，打开更衣室的门，给跑廊地面浇水，把训练的准备工作提前做好。如果没有特殊情况，整个训练过程始终和队员在一起。练习时耐心地指导，认真落实每一个训练环节，保证练习质量。休息时对练习情况进行分析比较，或是与队员进行思想、生活等方面的交流。训练结束时一定要最后离开运动场，让队员感受到我始终和他们在一起拼搏。

我也以马老师为榜样，因陋就简，勤俭节约。我的一些训练器械就是废物利用。比如训练跑的频率、节奏、步幅的跑格练习，做这个练习最好是用长 60 厘米左右、高 10 厘米左右的长方体海绵块，优点在于既有一定的高度，使队员的练习动作达到合理的幅度，还保证了安全，踩在上面不会磕碰造成伤害；而且可以自由调节格子的大小，用于不同练习的需要。在我苦于找不到合适材料时，恰巧跳高训练队有一块跳高垫子，因尺寸不合适，马老师找裁缝给这块垫子做修剪，我用裁下来的海绵做出了 20 块符合标准的跑格块，这些海绵块成为我训练中经常使用的训练器械。再比如，我发现体育器材室里有一副跳箱和两块较大的体操垫，它们已经破损，作为废弃物丢在那里。我把这几件废弃器具要来，经过修理加工派上了大用场，体操垫被我用作软跑道，在上面做各种跳跃练习，增加了跳跃难度，提升了跳跃能力；跳箱用来做伸髋肌群的训练和起跳的辅助性练习，都收到了很好的训练效果。

其次是进行思想教育。马老师经常勉励我的话是"工作要向高标准看齐，工作不满足，生活常知足"，我把这句话改为"学习和训练要向高标准看齐，成绩不满足，生活常知足"。在做思想教育工作中，我很注意树立典型，以点带面。例如有的队员不仅运动成绩优异，文化课成绩名列前茅，品德也优秀。这正是我们培养人才的方向，因此我把这样的队员作为榜样，鼓励其他队员向他们学习。再比如我校跳远项目的第一位国家一级运动员是马老师培养的一名女生，我经常用这位女生为榜样激励我的队员，鼓励他们努力争做我带队后的第一名国家一级运动员。对于取得优异成绩的队员，我常用中国国家乒乓球队里的一句话"走下领奖台，一切从零开始"来鞭策他们戒骄戒躁，继续努力训练，争取创造更加优异的成绩。队里有家庭条件优越，但在生活中却非常朴素的队员，我把他们树立成生活的典型。通过加强队员的思想教育，全队呈现出朝气蓬勃和谐向上的风气，积极促进了训练工作。

最后是在行动上落实。我感觉在行动上落实有时是需要用纪律来约束的。比如礼貌问题，我要求队员对各位教练员必须讲礼貌，如果我的队员见到其他队的教练员，装作没看见，不主动打招呼，我一定要严肃批评。平时训练经常要搬运器材、整理场地，每周还要大扫除。对此，我要求高年级队员要爱护低年级队员，主动承担苦活、累活、重活；在劳动过程中所有队员都要积极主动，抢在前面；小队员必须要尊敬学长，对学长有礼貌。等等。我认为，这些日常小事是培养队员的优秀品质和高尚情操的最好途径。

随着社会的进步和经济的发展，我校的训练条件有了很大的改善。上世纪90年代初，我们要在课后骑车到距离学校几公里以外的县体委运动场训练，使用的是焦渣跑道；90年代后期，我校铺设了4条跑道的塑胶场地做训练使用；到2003年我校修建了400米标准田径场，并修建了长120米，有4条跑道，含有跳远和跳高场地的专用封闭式跑廊；队员的生活条件更是大幅改善。随着训练条件的不断改善，对我们教练员也提出更高要求，必须要突破创新。

突破创新切忌为了创新而创新。北京市教委每年都组织田径基地学校的教练员进行培训，中国中学生体育协会（田径分会）也经常组织全国范围的教练员培训。培训老师有体育院校和其它高校的教授、博导，有中小学田径训练工作经验丰富的老教师，有体科所或跟随国家队训练的科研人员等。这些培训使我学到了很多理论知识和经验、开拓了思路、更新了观念。

我自己总是用吃饭来比喻训练手段和方法。传统的训练手段和方法就像主食，而现代的、科技的训练手段和方法是副食，主食与副食要根据进食对象的具体情况，有针对性地选择品种，科学合理地搭配并控制好进食量，这样才有助于进食者成长。对于中学生课余田径的训练工作，我们必须要重视继承并发扬优良传统，并在传统的基础上创新，谋求更高更远的发展。

课余田径训练中的矛盾

一、学习与训练之间的矛盾

学习与训练之间的矛盾主要是时间。下午最后一节课，其他同学在班里自习的时候，体育特长生则在运动场训练。当其他同学吃过晚饭，开始晚自习时，体育特长生则刚刚结束训练，草草吃过晚饭，拖着疲惫的身体开始晚间的学习。日积月累，比起没有课余训练的学生，参加课余训练的学生就要少很多学习时间。

就像体育特长生的运动成绩证明了教练员的训练水平一样，学生的文化课成绩在一定程度上也反映了科任教师的业务水平，以及班主任的带班能力。学生的学习成绩，还会直接影响到教师的绩效评价。

虽然学校的制度规定，体育特长生在每天最后一节自习课开始进行课余田径训练。但为了提高学生的学习成绩，有的教师会利用最后一节自习课的时间，找那些文化课成绩较差的学生补习，这些学生中很可能就有体育特长生，这时就出现了训练时间与文化学习时间的矛盾。

为了解决这些矛盾，我主要从以下几方面着手。

1. 把好入口关。在入学招生，特别是小升初招生时，对于体育特长生选材，在身体素质同等的情况下，优先录取文化课成绩好的学生。

2. 加强日常教育。利用训练间歇等教育并鼓励学生，刻苦用功，加强文化知识的学习，养成良好的学习习惯，德智体全面发展。对文化课成绩取得进步的队员，及时予以表扬。

3. 树立榜样。在历届体育特长生中都有文化课成绩的佼佼者，他们的成绩不仅能够在年级位列前茅，有的甚至还夺取了区的高考状元。我鼓励队员以他们为榜样，拼搏进取，全面发展。队员马跃在高考中，成绩超过了一类本的录取分数线；马战山、王禹森、李金焱等在初中就读时，就能够进入本年级的实验班学习。

4. 加强沟通。通过平时与队员的沟通，了解其任课教师的性格、教学水平等情况，也及时了解其家长对其文化课学习的督促情况。适当的时候，与队员的家长、所在班级的教师沟通交流，了解队员日常文化课学习的表现。通过沟通，共同督促队员的文化课学习。

5. 提高自身执教能力。促进队员的文化课学习，使队员有更多的文化课学习时间，与教练员的执教水平也有密切关系。教练员要提高训练的效率，针对每节训练课的目的和任务，选择合理的训练方法和手段，不做无用功。在分层训练方面，对高年级队员和低年级队员合理区分，减少低年级队员训练的耗时。做好重点时段与重点队员的训练，减少非比赛期和非重点队员训练中的耗时。

二、玩与训练之间的矛盾

玩与训练之间的矛盾主要是在周末和寒暑假。训练队每周训练六天，只在周六休息一天，无论是开学期间还是寒暑假，都是如此。

学生利用周末和寒暑假时间放松玩耍很正常。但对参加课余训练的队员来说就不成了，因为训练的连续性和不间断性是提高运动成绩的最基本的保障。

李晨东入队的第一年，在周末和寒暑假时就经常请假。还有的队员，在节假日贪玩，训练时经常迟到。

为了让队员坚持训练，保证训练的出勤率，我主要从以下几方面着手。

1. 加强思想教育，进行正确引导。在初一、初二时间段，培养队员良好的训练习惯是科学训练的一部分。通过教育，要让队员懂得训练的连续性和不间断性对于提高运动成绩的重要意义，确保出勤率是刻苦训练的重要组成部分。加强引导不仅是对学生，对其家长也同样重要。要让家长明白坚持连续而不间断的训练对孩子不仅可以提高运动成绩，更有益于培养孩子吃苦耐劳的意志品质。为了孩子的健康成长，家长不仅要理解，更要给与大力支持和配合。

2. 加强考勤管理，批评与表扬相结合。在每天的训练日志中对出勤情况详细记录，定期统计出勤情况，该表扬的表扬，该批评的批评。要特别注意表扬进步明显、出勤率高的队员，树立榜样，使表扬的效果明显。对出勤情况不是很好的队员采取个别谈话等方式进行批评教育。

3. 以身作则。要求自己的队员遵守纪律，刻苦训练，顽强拼搏，教练员就必须身体力行，坚持爱岗敬业的精神。"有什么样的老师，就会有什么样的学生"，队员受教练员的影响非常大。我对自己的要求是，必须要在训练前十分钟进入训练场地，调整好自己的状态。如遇特殊情况不能到场，必须通知训练队队长，并要及时了解训练情况。

三、全面发展与重点训练之间的矛盾

对于运动员的全面发展与重点训练存在不同的观点，一种是主张全面发展的"木桶理论"，另一种是主张重点训练的"反全能理论"。

主张全面发展的"木桶理论"认为，队员的训练就像是木桶原理那样，木桶里所盛的水好比是队员的运动成绩，木桶的木板好比是队员发展所需的各种条件，木桶装水的多少取决于最短的那块木板。所以他们主张，要想让队员的运动成绩提高，必须要全面发展，使所有的木板都同时增长，才能装得多。

"反全能理论"认为"木桶理论"的全面发展是多余的，他们强调专业的运动训练就要突出专业项目的特点，他们以田径训练为例，短距离的力量性项目不必像耐力项目那样去强调有氧运动能力，耐力项目不必要像投掷项目那样去强调肌肉的爆发力。他们认为各专项训练要像训练全能运动员那样去要求全面发展，最后的结果就是各专项发展的"全

不能"。

作为基层教练员，我认为应该在全面发展的基础上有重点地进行训练。

1. 全面发展是基础。随着队员的身体发育和专项能力的增强，全面发展对专项成绩的提高会显得更加重要。无论是速度、力量、耐力，还是柔韧性、协调性、灵活性，任一欠缺都会影响专项成绩的进一步提高，所以必须注重全面发展。

2. 在全面发展的基础上有重点地进行训练。每天的训练时间仅一两个小时，每周的训练时间只有六天，队员成长过程中的敏感期也就一两年。在周的训练中，每天训练一项，会破坏训练的系统性、连续性和不间断性，不利于身体素质的提高。在队员成长的敏感期，训练抓得科学会收到事半功倍的效果。所以对身体某一方面的发展要有阶段性的重点训练。

3. 重点训练要突出项目特征。跳远、三级跳远作为体能类速度力量型项目，其成绩取决于运动员所具备的运动机能和专项身体素质。因此身体素质训练应以速度为灵魂，以力量为核心，以耐力、柔韧和灵敏为基础。教练员在训练过程中，必须要针对项目特征，选择科学合理的训练方法和手段。

四、专项素质与技术练习之间的矛盾

运动训练的最终目的是提高运动员的运动成绩，运动训练所选择的方法、手段等都是围绕这一目的进行的。专项身体素质和技术都会直接或间接影响运动员的比赛成绩。

凡是不能很好地掌握专项技术，一方面是技术练习不够，没有掌握技巧；另一方面是身体素质达不到掌握专项技术的要求。在运动训练过程中，专项身体素质和专项技术的比重如何分配，经常使我感到困惑。

由于训练时间有限，如果专项技术练习时间安排多，专项身体素质练习时间安排少，容易使局部运动负荷过重，产生运动疲劳，甚至造成运动损伤。而专项身体素质练习时间安排多，专项技术练习时间安排少，又会使专项身体素质训练无的放矢。

一般情况下，青少年队员的运动成绩，与其专项身体素质有较大关系。尤其是在比赛时，肌体要在高强度、高消耗的状态下完成技术动作，只有良好的身体素质才能保证专项技术的正常发挥，创造优异成绩。我的队员都是中学生，所以我对两者的训练比重更倾向于专项素质练习。对于不同的年龄段和不同的训练任务阶段，我对专项身体素质和专项技术的安排策略是：

第一，不同年龄段训练区别。队员在初一、初二年级段，在训练中基本都是以专项身体素质练习为主，加强基本动作技术的正确性要求。专项技术练习以半程助跑跳远为主，到初三再开始进行全程助跑完整跳远和三级跳远技术训练。

第二，不同时期区别。在一般准备期，完全是专项身体素质训练，在专项准备期，每两周进行两至三次的专项技术训练。

第三，注重专项身体素质训练的练习手段的选择。纵观我的训练安排，侧重于专项身体素质练习，在练习手段方面，注重与专项技术练习相结合，练习动作的选择多是专项技术的辅助性练习，分解练习及与专项技术特征相关联的练习，保证动作技术的正确性。

五、留与走之间的矛盾

以下是队员焦春媛在退队前写的最后一篇训练笔记。退出训练队的这一天，她把她的笔记本送给了我。

2004 年 5 月 11 日　　星期二

这几天听了马老师的话，以及所有为我好的老师的话，我真的坚持不住了。真的不是滋味，也觉得很委屈，真想找个没人的地方大哭一场，宣泄一下心中的不快。

五年的训练时光，一瞬间全部变成了回忆。现在，哭也哭过了，想也想明白了。我对自己有了新的认识，对老师们的话有了新的理解，我将把全部精力放到文化课学习方面，所有的酸痛都让它飞走，我将迎接新的开始。

……

对了，如果队里以后有什么集体活动，千万别把我忘了，一定要叫上我呀，我希望永远是队里的一员。

这是我的最后一篇训练笔记了。最后，祝您工作顺利！

焦春媛是小升初时由马思勇老师招入的队员，那时候跳远、三级跳远和跳高项目都由马老师一人负责。后来马老师只负责跳高项目的训练。我到课余训练队工作时，焦春媛已经是高二的学生了，还担任马老师负责的训练队队长，在队里很有影响力。很遗憾的是，她在跳远、三级跳远的项目上还未能达到国家二级运动员的标准。我负责跳远、三级跳远项目的训练后，她跟随我刻苦训练了半年，终于在 2004 年 4 月底 5 月初的几次比赛中达到了国家二级运动员的标准。我很清楚，除非考取体育院校，否则这样的运动成绩是无法以体育特长生的身份考入非体育类高校的，而焦春媛本人并不打算报考体育院校。

马老师与我的看法一样，认为既然如此，焦春媛就不如放弃课余训练活动，把精力集中到文化课的学习中。经过我和马老师做工作，最终焦春媛理解了我们的意图，退出了训练队。

我们的竞技体育后备人才培养工作面临不少困难，其中之一是青少年运动员成材率低、淘汰率高。这是由多方面因素造成的，既有教练员能力和水平的问题，也有训练条件与制度机制等方面的因素。当然竞技体育人才的选拔是呈金字塔形，这是不争的事实，淘汰实属正常。

运动员淘汰的原因大致可分为自然淘汰、伤病淘汰和其他原因的淘汰三种。无论哪种原因，退出自己热爱的运动项目，是对心灵的一次打击。所以，对于即将被淘汰的青少年队员，我们教练员一定要本着认真负责的态度，在做工作时耐心诚恳，晓之以理，动之以情。同时应尽心尽力引导他们选择更适合自己的发展道路。

向吴小伍老师求教

进入学校课余田径训练组不久，我就参加了北京市教委组织的北京市中学田径试点校教练员培训班。培训期间，我第一次接触到了清华大学的吴小伍老师。

2004 年 1 月 6 日下午，是我们参加培训的教练员报到的时间。晚间全体培训人员聚餐。聚餐的座位是以训练项目安排的，我们跳远教练员围坐在一张餐桌。除了我之外，其他教练彼此都很熟。见此情景马老师走过来，把我介绍给大家，并请他们多多指导和帮助。

开始进餐后，一位迟来的教练员被安排坐在了我身边的空位上，在座的各位都主动和他打招呼，称其"吴老师"或"小伍"。这时，马老师又过来，把我介绍给这位吴老师。原来这位吴老师名叫吴小伍，是清华大学的体育老师，负责跳远和三级跳远项目的训练。清华附中马约翰班田径特长生中的跳远、三级跳远队员也是由吴老师负责训练的。吴老师训练的运动员在国内外的很多赛事中都取得了很优异的成绩。马老师告诉我，吴老师在明天培训时要做专题授课，报告结束后就要离开，他嘱咐我一定要抓住机会，向吴老师讨教。

晚餐结束后，吴老师和另外两位清华大学的老师去打保龄球，那两位老师也是来授课的。我记住了马老师的话，这样的机会当然不能放过，便随他们来到保龄球场。我不会打保龄球，就坐在一旁观看他们打球。不一会儿，来打球的人越来越多，他们就决定去打台球，我也跟着去了，每一局结束时我都主动为他们重新摆放球，还为他们安排饮水服务。

过了很长时间，其中一位姓马的老师说："算了，小伍你别打球了，你的粉丝已经在这里等了很长时间了，还是快去帮人家说说吧！"

于是吴老师放下球杆，把我带到他的房间。他斜靠在床上，我拿着笔和本坐在他对面的沙发上。他笑着对我说："你呀，什么也不用记，把本子放一边吧。"

随后他说："你现在刚刚开始带队训练，急于带出成绩，这很正常，可以理解。但你还没有经过实践，可能我说的很多内容你还听不明白。再说，我所带的队员，都是从北京市甚至是全国选招进队的，都有很好的基础和较高的水平，这与中学老师从小学选材到初中，从基础一点一点地开始抓起有很大的区别。而且我的训练对我的队员适合，但对你的队员不一定适合。比如我们俩带的队员，都是同一年级、同一性别，在一次训练课上，同样安排十次100米计时跑，可能对我的队员就比较合适，而你的队员就会吃不消。还有，我的训练课为什么安排十次100米计时跑，此前我们做了什么，以后我们准备做什么，可能我和你的情况都不一样。因此，对于别人的东西不能原样照搬，必须批判和辨证地学习和接受，大胆地进行尝试，通过实践来验证哪些方法适合自己，具体问题具体分析。现在我把我带队的经过当作故事讲给你，希望对你带队训练能有所帮助。"

就这样，我听他讲这些故事足足有三个小时，直到他的室友回来才结束。

这一晚，我从吴小伍老师那里得到的最大收获是："对于别人的东西，必须批判和辨证地学习和接受，并大胆地进行试验，通过实践来验证哪些是适合自己的，具体问题具体分析。"这一收获对我以后的训练工作起到了至关重要的作用。

训练组三个不成文的规定

为了学校课余田径训练队的健康发展，树立高、精、尖的品牌意识和避免内耗，作为训练组组长的马思勇老师，在组内确立了三条不成文的规定。

一、多名教练员同时看中某一招生对象

我校的体育特长生招生范围是区内办学规模比较大、对课余田径训

练比较重视、在区中小学田径运动会排名靠前的中小学。发现体育苗子的主要途径，一是在区教委主办的春、秋季中小学生田径运动会中观察物色；二是定期下校走访；三是通过中小学体育教师推荐。

由于小学生课余田径训练的专项化还不明显，所以在小学升初中的招生选材过程中，很容易出现多名教练员同时看中某一招生对象的情况。为了维护我校训练组的团结，避免内耗，当出现多名教练员同时看中某一招生对象时，训练组规定：任何一名教练员在不影响学校形象、不相互诋毁的情况下，都可以做招生对象的工作。一旦招生对象选择了某一个训练队，并开始到该训练队试训，其它训练队的教练员就不能再挖墙脚。

这一措施的好处在于，既促进了各教练员招生选材工作的积极性、主动性，又避免了彼此之间的恶性竞争。

二、初中升高中的招生标准

我校是初、高中衔接的六年一贯制中学，也是国家级田径传统学校、培养体育后备人才基地学校。在小学升初中的过程中，区教委给予我校体育特长生招生政策；初中升高中的体育特长生由北京市教委统一分配招生名额，学生参加北京市统一组织的体育特长生加试，达到及格标准后才能按照我校制定的体育特长生招生政策录取。

上述各种政策使我校招收的体育特长生在全区范围内都是出类拔萃的。我校对体育特长班在人力、物力、财力方面的投入以及制度建设方面也都优于兄弟学校。我校参加各种规模比赛的机会众多，教练员每年都参加市教委组织的教练员培训，也参加中国中学生体育协会田径分会组织的国家级教练员培训。在这种得天独厚的优势下，无论是初中还是高中，我校的训练水平和比赛成绩在全区都是首屈一指的。我校初中升高中的体育特长生招生主要是以我校培养的队员为主，以其它学校运动成绩突出的个别队员为辅。

2008 年初中升高中体育特长生招生前夕，马老师找到我，拟制定初中升高中体育特长生招生准则，以促进培养更多的高、精、尖队员，特别是促进对初中队员的科学训练。这是因为有很多水平不高、潜力不大的外校队员进入我校高中，而我校初中队员的训练成绩和发展潜能也并不突出，有的队员进入高中后一直达不到国家二级运动员水平。

按照学校的招生政策，我们拟出了初中升高中体育特长生招生方案：

1. 招生对象在运动水平上要达到国家二级运动员的标准，文化课成绩达到学校制定的体育特长生录取标准；

2. 招生对象在运动水平上达到或接近国家一级运动员的标准，文化课成绩可在学校制定的体育特长生录取标准基础上适当放宽；

3. 招生对象虽没有达到国家二级运动员标准，但经过教练组集体确认其具备运动潜力，日后必将达到较高的运动水平；文化课成绩达到学校制定的体育特长生录取标准。

随后，马老师召开训练组会议，请大家对此方案进行讨论，最后一致通过。

三、对比赛报名工作的内部约束

学校每次组队参加各类比赛，参赛队员的报名工作都交由训练组负责，学校从不插手过问。一是因为学校信任训练组，二是因为教练员最了解自己的队员，最有发言权。

一般情况下，每次比赛组队报名时，马老师先让各训练队按照比赛要求上报参赛队员。若报名参赛人数超过赛会规定时，他就召集全组成员共同讨论，对照上一年度的比赛成绩，比较哪名队员的成绩更突出一些、更容易获得好的名次，再决定哪名队员报名参赛，这种方式得到全组的认可。

2007年春季，在一次比赛报名前，马老师对我说，有其它队的教练感觉自己的队员跳远成绩不错，想给自己的队员报名参加跳远项目比赛。马老师想听一听我对此事的看法。

我对此事的看法是：一、工作不能不务正业。学校的训练队是分项目训练，教练员应该用心专一，在培养高、精、尖队员方面下功夫。如果自己的专项练不好，而去练别的项目，这是不务正业的表现。二、做人应该大气一些。那位教练员应该向马老师学习，为了更快地提高我校跳远、三级跳远队伍的水平，应该帮我做工作招收优秀队员。为了队员的发展，把自己的队员转到我的队中。三、工作须一视同仁。如果允许那位教练员的做法，那也就是说，所有的教练员都可以随意安排队员的训练专项，不必再分项目，只分训练队即可，每个教练员都是全能教练，比赛报名时想报什么项目就报什么项目。

当天训练工作结束后，马老师把所有教练员召集到了一起，针对比赛报名工作开了一个短会。马老师明确表示，只要他负责管理训练工作一天，就决不允许训练组内部在报名工作上出现让人戳脊梁骨的事情；各训练队集中精力认真训练自己的专项项目，努力提高运动成绩，带出高水平队员；报名时训练队是什么专项，就报什么项目；遇有特殊情况，把问题放到桌面上，由大家讨论通过。马老师的训练项目是跳高，他只有一个项目，所以在报名时，只有他的队可以报名参加其专项之外的比赛项目。马老师也只是在区级比赛时，从学校的团体总分考虑，参加一些其他项目，市级以上的比赛他基本不报别的项目，即便报了也不参加。

没想到几天后，这种情况在我这里出现了。在为5月初北京市奥林匹克教育学校培养后备人才基地学校田径运动会报名时，组委会打来电话，因比赛组别参赛人数不足，单雪峰参加的男子丙组三级跳远无法开赛，允许选手改换其他项目。这事上了组内桌面，由于是组委会允许改换项目，其他教练员也就没有什么异议。我平时在训练中把跨栏作为辅助性练习，所以临时给单雪峰改为300米栏项目，没想到他在比赛中经过顽强拼搏，居然获得了金牌。

我的队员也曾经有过参加非跳远、三级跳远项目比赛的情况。比如刘健在高一和高二的上半年就曾参加高中男子110米栏的比赛，主要原因是他在初中时练习这个项目，并在北京市中学生田径运动会上取得过好名次。另外，当时学校训练队中没有人练高中男子110米栏，刘健的跨栏成绩在区运会中不仅可以稳获冠军，还有打破大会纪录的可能，为学校赢得更多的团体分数。2005年底，刘健读高二后，为了集中精力搞好专项训练，不再安排他做跨栏的专门训练，也不再参加此项目的比赛。

我想，训练组的三个不成文的规定如果能坚持下来，对于促进我校课余田径训练的发展一定能起到推动作用。

了解与理解

有一次训练结束后，我刚出校门遇到一位同事回学校，他是来学校看晚自习。见我这么晚才回家，很是不解。因为已经到上晚自习的时间了，我们匆匆打过招呼就分手了。后来这位同事与我聊天时说，他很羡慕课余体育训练工作，他说我们教练员每年都可以带队员参加一次全国性比赛，这就有一次外出旅游的机会；而且在训练和比赛的时候，教练员还可以在一旁休息，工作真是轻松。我告诉他，这只是表面现象。

就外出比赛来说，绝不是一次轻松的外出旅游。第一，参赛人员有限制。全国性比赛并不是谁都可以参加的，参赛队员必须具有较强的实力，有希望取得名次的队员才有资格参加。第二，参赛的目的明确，是能够在激烈的竞争中取得优异成绩，这可不是游玩。第三，参赛师生是有压力的。学校对于没有取得名次的队员，要自己解决旅费。这是一种激励，也是一种压力。参赛队员如果没有绝对的实力，谁也不敢保证在比赛中获得名次。作为教练员，一年付出的辛苦能否取得成果，全靠比赛来证明，这对教练员也是一种压力。第四，外出比赛劳神费力。带队员外出就要对他们负责，衣食住行等哪一个环节没有注意到都会影响比赛的结果。还有在外出比赛过程中的安全问题，例如乘大巴车夜晚在崎岖的山路上行驶，队员擅自爬到几十层高的建筑物楼顶照相等。第五，条件艰苦。比赛往往安排在暑期，特别是到南方比赛，暑热难耐。住宿安排在学校的学生宿舍，休息时爬上爬下，洗漱也非常不方便。第六，就近一日游不久前才实行。2007年以前，从不允许赛后旅游。参加全国性比赛的整个过程是，从本校出发离京，到达承办比赛的学校即进入封闭式管理。比赛结束即返京到校解散。从 2007 年开始，学校批准在比赛结束后，可以在比赛地附近游览一日。而这一日的游览，教练员的主要任务是关照队员，哪有心思游山玩水，观赏风景呢！

至于训练和比赛时教练员都很轻松地坐在旁边，那更是误解。第一，课余体育训练要求教练员在练习过程中有大量的动作指导、动作示范、技术讲解等，教练员怎么可能坐着完成训练？教练员只是在训练间歇坐下来休息一会儿。第二，教练员即便是利用训练间歇坐下来休息，他们的注意力也得都投入到工作上，利用小间歇总结刚才的练习质量、练习效果等；或是利用间歇把队员集中在一起，对训练情况进行分析讲解。第三，比赛时坐着是很难受的。队员在比赛时，教练员虽然是在场下，但在紧张的比赛气氛中，教练员内心的紧张情绪丝毫不亚于场上的队员。所以，在所有允许教练员指导的比赛场所，教练员都会不时站起来，通过不同方式与队员交流。

对于同事的误解，我是理解的，因为他们还不了解教练员的工作内容和特点。比如，不少同事说参加课余体育训练的学生在服从教练员的管理方面，远胜于科任教师，甚至是班主任。

一天早晨，我在去办公室的路上，突然被学生处的一位老师喊住，他对我说，好好管理一下你们体育特长生。原来这位老师检查卫生时，正好碰到一位男生，他在路上用脚踢开了打扫卫生后堆放的垃圾，这名男生是体育特长生。我说那您为什么当时不叫住那位男生进行教育呢？这是您的工作呀？！这位老师说，这些特长生一般人可管不了。前几天一位体育特长生被班主任批评的时候，班主任一怒之下打了他一巴掌，于是这位学生不依不饶，而且嚷嚷说教练员踢他打他都没问题，别的老师谁也不能碰他。

有关体育特长生管理问题，我也有亲身经历。到训练队工作不久，训练组的教练员开会，会上提出要各训练队对高中某一年级队员加强管理，协调队员与班主任之间的关系。原来这个年级的所有体育特长生被告到了校长那里，原因是这些体育特长生不好管理。于是校长指示，要求训练队加强对该年级队员的管理。后来，学校专门召开该年级体育特长生管理工作会，校领导、年级组长、班主任和全体教练员参加。该年级的年级组长和班主任说本年级体育特长生表现很好，没有再出现什么问题。

我曾问过我的一些队员，包括已经考入大学的队员，课余田径训练非常累，如果成绩不好还有可能被淘汰，对文化课学习也有一定的影响，为什么还要坚持训练，仅仅是为了考学吗？大多数队员的回答是，训练场是自己的天地，让自己有一种释放的感觉，如果被淘汰则很正常，能留下的就是优胜者。对于是否影响文化课，队员表示，想学的学生会处理好学习与训练的关系，影响不会很大，学不好的也不是因为训练的原因。到训练队里来训练，大多数队员觉得这里像一个大家庭一样，队员之间、师生之间的交流非常愉快，这种交流对于树立正确的人生观、价值观很有意义。

有一位从外校转入我校的高中生进入我的训练队。他对我说，报到的第一天，班主任老师让他写保证书，保证自己作为体育特长生遵守班级的各种管理，不犯错误。他对此很不服气，认为自己没有犯错误为什么要写保证书？为什么只要求体育特长生写？他就此事找到学校，学校为他调换了班级。

有沟通、有交流才会相互了解，了解是理解的基础。课余田径训练是学校众多工作的一个组成部分，体育特长生是有体育特长的普通学生，并不证明自己特殊。在学校课余田径训练工作以及体育特长生的管理方面，我们要加强与外界的沟通和交流，相互了解后才会有相互理解，才能使工作更加顺畅。

伤病带来的遗憾

一、与国家一级运动员标准擦肩而过

中学生队员的运动成绩如果能够达到国家一级运动员标准，就很优秀了。而要达到国家健将级标准，无论是从生理角度还是心理角度，都是很难实现的。所以我把在初中阶段达到国家二级运动员标准，高中阶段达到国家一级运动员标准，并且在这标准上成绩稳步提高，作为训练的目标。然而，由于工作经验不足，以及其他一些因素，最初有几名队员与国家一级运动员标准擦肩而过。

首先是孙晨超。他是 2004 年初中升高中时，从马老师的跳高训练队转来的。他当时在马老师的跳高训练队已经训练了三年，初三的时候在跳高项目上已经达到国家二级运动员标准，在北京市的中学生男子跳高项目中夺得过冠军。但是马老师认为他在跳高项目中达到国际一级运动员标准难度很大，而他在平时训练中的跳远练习成绩很不错。我刚刚带队训练时，队里没有实力强的队员，为了支持我的工作，马老师把他转到了我这里。我感觉孙晨超的整体条件练习跳远、三级跳远项目潜力很大，1.85 米的身高，速度素质也很不错，有一定的支撑跳跃能力。经过一年的训练，在 2005 年初的比赛中，他可以跳到 6.9 米以上，三级跳远达到了 14.5 米以上，距离国家一级运动员的成绩标准只差 30 多厘米。在训练中，他非常努力，训练成绩也一直上升。可是每到比赛前夕，他总是会被一些伤病困扰影响比赛。除了运动损伤以外，赛前被人力三轮车撞伤、被自己的跑鞋硌伤等，都曾在他身上发生过。

到了高三时，他的训练成绩已经达到国家一级运动员的标准。因为平时训练的总体负荷比较大，经过赛前的调整，队员在比赛中的成绩往往比平时训练的成绩要高出许多，所以说孙晨超当时已经很有希望在比赛中达到国家一级运动员的标准。但是在 2007 年开春，各项比赛和体育加试的前夕，他的起跳脚的小脚趾却莫名其妙地肿了，去医院检查也找不出原因。这不仅影响了他的比赛，更影响了他的高水平运动员测试。

寒假的时候,林业大学的教练员两次来学校观察他的训练情况,他在林业大学的内部测试中成绩是最好的,只要在 4 月份的高水平运动员测试中达到国家二级运动员的标准,就可以享受到林业大学的体育特长生招生政策。在我看来这实在是太容易了,毫不夸张地说,就是蒙着眼跳,他也能很轻松地达到这一标准。但脚上的肿痛却影响了他,几次试跳都没有达到标准要求,很遗憾地错失了一次上大学的机会。

参加首都体育学院体育加试前,无意间他发现自己的跑鞋小脚趾处已经磨坏了,露出了跑鞋的钢钉,原来问题在这里,他更换了跑鞋后一切都好了。在报考首都体育学院的体育加试中,他随便一跳,成绩就在 6.9 米以上,裁判没有让他再跳,因为专项成绩已经达到满分。

为孙晨超高兴的同时,我更觉得遗憾,一双跑鞋和我们的不经意,却改变了一名学生的人生轨迹。

第二是刘健。他是 2004 年从体校初中毕业后被我招来的学生。初中时练习三级跳远和 110 米栏项目,在三级跳远项目上达到了国家二级运动员的标准,夺得过北京市中学生田径运动会初中组男子三级跳远项目的冠军。1.85 米的身高,身体的协调性、柔韧性非常好,基本素质不错。性格内向但很有主见,在 2005 年北京市中学生田径运动会上,他在 110 米栏项目上以排名第二的成绩挺进了决赛,决赛时,他私自做主采用抢跑战术,结果弄巧成拙被罚出了比赛。

他来我队后,专项是三级跳远,跨栏只是作为辅助练习。为了帮助我校多得些团体分,比赛时才兼报跨栏项目的。

由我训练一年后,刘健的三级跳远成绩有了明显的进步。2005 年 4 月北京市中学生田径运动会上,他的三级跳远成绩是 14.65 米,比一年前提升了 1.05 米。随后一年多的时间里,经过我们共同努力,他的三级跳远成绩稳步提升,在 2006 年 10 月的北京市田径传统项目学校运动会上,他已经跳到了 15.06 米,距离国家一级运动员的标准只差了 20 多厘米,前途一片光明。由于已经到了高三,接下来的半年训练至关重要,不仅关系到他能否达到国家一级运动员的标准,而且 2007 年开春后的比赛成绩对他的升学也起着决定性作用。冬去春来,半年的时间很快就过去了。2007年3月，正是大地复苏，春意盎然的时节。对于刘健来说一系列的比赛和升学加试即将到来，而他的专项训练成绩超过15米已经是很轻松的事情了。

也许是实力提升带来的自信，刘健显得非常兴奋。而我对刘健以及其他队员在训练中的优异表现，也是得意之色溢于言表，然而不幸的种子也就此埋下。先是孙晨超莫名其妙的脚伤，接着在距离参加2007年第一次正式比赛不到两周时，刘健突然没有来训练。第一天没来是别的队员帮他请的假，说是他感冒了身体不舒服，休息一天，我也就没往心里去。第二天刘健还没有到场，我就有了一种不祥之兆。因为我的队员没有极特殊情况，不会连续两天不到训练场，即使伤病没有完全恢复，不能参加剧烈运动，他们也会到训练场来做一些力所能及的活动，哪怕帮助平一平沙坑也好。在我再三追问下，队员才说了实话，原来刘健在那天训练后上楼梯时脚踝扭伤了。本来前途一片光明，却突然掉进了冰洞，他觉得没法向我交代，所以要队友帮着瞒我，能拖一天是一天。

我对我的队员的要求是比较严格的，特别是在赛前阶段，不允许他们参加打篮球、踢足球等有身体对抗的激烈活动，即便是上下楼梯也要提醒他们注意，不要急，不要打闹，为的就是避免意外受伤。万一不小心受了伤，赛前准备期的几个月努力就会毁于一旦。

得知刘健受伤的第二天，我去班里找他想看看情况怎样，班里的同学告知，他在宿舍休息，没有来上课，我的不祥之感又增加了一分。于是我来到了他的宿舍，当时他正在床上休息，映入我眼帘的是他那打着石膏缠着纱布的伤腿。他告诉我，那天训练结束后返回宿舍，上楼梯时，一名同学下楼梯，他们撞在了一起，他的脚踩空了，于是就伤成了现在这个样子。经医生确诊，踝关节有些错位，并出现骨裂，经过治疗只能静养了。我心里一下凉了，不要说当国家一级运动员了，伤成这样，这学期的比赛，乃至升学都无望了。但事已至此，只能做好下一步的打算了。

不借助体育特长，以刘健的文化课成绩是考不上本科的。今年学校的高考报名工作刚刚结束，如果今年参加了高考没有考上，他再想上本科的话就只能复读了，因为特长生的优惠政策只对应届考生。如果能够撤销他今年的高考报名，虽然他因为超龄而不能参加以后的中学生比赛，但是明年他可以继续享受应届特长生的招生政策，这是他上本科最为理想的办法。于是我和考试中心联系，把他的情况向考试中心的工作人员作了说明，考试中心的工作人员答应可以帮助撤销。但事关重大，我必须要先征得刘健及其家长的同意才行。考试中心的工作人员告诉我，如果决定撤销报名，务必在当晚下班前告知，否则就没有机会了。

我再次来到刘健的宿舍，向他讲明了这些情况，希望他按照我的意见办。但他坚持认为伤病会很快恢复，不会影响他参加体育加试，因此不愿意撤销高考报名。我实在是做不通他的工作，就把他的父亲约到了学校，向他说明了这些情况，他父亲表示与刘健沟通后再做决定。一个多小时后，刘健的父亲来到我的办公室说他们决定不撤销报名，坚持参加考试和体育加试。事已至此，我也只好作罢。

第三是马跃。马跃是在2006至2007学年开学时，从马老师的跳高队转到我的队的，当时她读高三。她从初中开始就随马老师练习跳高，初中毕业时她的跳高成绩已经达到国家二级运动员标准。马跃的文化课成绩很好，只要在高中能够保持住国家二级运动员的水平，就可以享受体育特长生的招生政策，考入一类本科院校。但在2006年暑期的各项比赛中，她的主项跳高始终没有达到国家二级运动员标准，反倒是副项三级跳远屡次跳过11米的国家二级运动员标准。

马跃身高1.75米，脚下很脆，爆发力很好，平跑的速度也很不错，只是膝关节略显僵硬。她的身体素质非常好，否则马老师也不会一直带她到现在。因为我的训练队里一直没有招到条件较好的高中女生，所以我很希望马跃能到我的队训练跳远和三级跳远。可这不是挖自己老师的墙角吗？如果我能坦诚地向马老师表达我的想法，以马老师的胸襟是不会生气的。于是在2006至2007学年开学前，我向马老师表达了我的想法。马老师说他也正有此意。因为马跃在跳高的主项上达到国家二级运动员标准不够稳定，会影响她高三毕业考学。她在三级跳远项目上倒表现得很稳定，连续几次跳过了11米，达到国家二级运动员的标准。但是在马老师队里，跳远和三级跳远只是作为辅助练习偶尔练一练。为了帮助她顺利考学，马老师也希望马跃到我这里训练三级跳远，但不知道她本人是否愿不愿意。马老师表示去做做马跃的思想工作，但最终还要看她本人的意愿。

2006至2007学年开学前一天，马老师见到我，说他已经找过马跃了，马跃很爽快地表示很愿意到我的队练习三级跳远。

在我的队里，马跃经过一个多学期的刻苦训练，在2007年5月参加北京市奥林匹克教育学校体育后备人才培养基地学校田径运动会的三级跳远比赛上，跳出了12.02米的好成绩。三级跳远项目，男子的国家二级运动员标准是13.6米，国家一级运动员标准是15.35米，女子的国家二级运动员标准是11米，国家一级运动员的标准是12.5米。在这个项目上，我感觉高中男生队员能跳到15米以上，女队员能跳到12米以上，其能力和实力就提升了一个等级，冲击国家一级运动员的标准就指日可待了。自从马跃第一次跳过12米的距离后，在后来的训练中跳过12米的距离成为很平常的事。于是我把目标确定为8月份参加全国中学生田径锦标赛时达到国家一级运动员标准。

马跃是一名很要强的学生，2007年6月她将要参加高考，此前她所有的特长生体育加试都已经顺利通过，高考前的所有比赛也都圆满完成。在距离高考还有一个月时我曾经做她的工作，希望她暂停训练，安心复习备战高考。但她回答说："您放心吧，我会安排好的，不会影响考试。"就这样，她一直坚持参加训练，直到距离高考还有三天时才停止训练。高考后的第二天她就继续参加训练了。可以看出，她的信念就是直指国家一级运动员。

她的高考成绩超过了当年一类本科录取分数线，就等着领取录取通知书了。在这种情况下，她的心情显得更轻松，训练的劲头显得更足，从训练成绩看，在8月份的全国中学生田径锦标赛上，冲击国家一级运动员标准是很有希望的。但让人担心的事也出现了。因为前一时期参加体育加试和比赛较多，密度也大，她的右膝开始出现剧烈疼痛。对此我根据需要及时调整训练的负荷，采取有针对性的训练方法和手段。

2007 年的全国中学生田径锦标赛于 8 月份在海南省海口市华侨中学举行。学校对外出参加全国性比赛的制度进行调整。代表学校外出参加全国性比赛的队员，由教练员拟定，队员自愿报名，自理往返旅费。如果在比赛中取得名次，学校不仅给予奖励，也负责报销其往返旅费。

学校出台此项制度的初衷是想激励队员刻苦训练，提高运动水平。但事物总是具有双面性，这项制度在激励队员的同时也给一些队员带来了压力，一是与往年全国中学生田径锦标赛的成绩相比较，其成绩处于夺取名次边缘的队员，因为有压力不敢报名。二是有的队员承担不起往返近 5000 元的费用，不得不放弃参加比赛的机会。与近三年来全国中学生田径锦标赛上高中女子三级跳远的成绩相比较，马跃平时训练稳过 12 米的成绩，应该能排前六名左右，所以她毫不犹豫地参加了比赛。

在这次全国中学生田径锦标赛上，马跃在跳远和三级跳远两个项目上都报了名。由于参赛人数多，两个项目都要先分成两组进行资格赛，录取前 12 名队员参加正赛。在资格赛中每人有三次试跳机会，如果任意一次达到组委会设立的及格标准，即可参加正赛。一般情况下组委会设立的及格标准都很高，除了极具实力的队员以外，很少有队员在三次试跳内达到及格标准。如果超过及格线的人数不足 12 名，赛会将按照所有参赛选手的资格赛成绩由高到低补足 12 人进行正赛。这样做的目的，一是避免优秀队员在资格赛中浪费过多的体力，二是使比赛的组织简单易行。

整个比赛时间共四天，高中女子跳远、三级跳远的比赛安排是，第一天上午跳远预赛，下午决赛，第三天上午三级跳远预赛，下午决赛。8 月份的海南又晒又热，每天的比赛时间是上午 7 点到 11 点，下午 3 点到 7 点，主要是为了避开高温炎热的天气。因为我们的主要目标是冲击三级跳远的国家一级运动员标准，况且马跃的跳远成绩刚过国家二级运动员的标准，取得名次毫无希望，超水平发挥的可能性几乎不存在，再加上膝关节还有些伤痛，所以我建议她放弃跳远比赛，积蓄能量全力应对第三天的三级跳远比赛。

但马跃并不同意我的观点，她坚持要参加跳远比赛。我理解她多一次比赛就多一次取得名次的机会的心理，而且取得名次，就可以不承担旅费了。看到她的态度坚决，我只能按照参加跳远比赛的计划来安排赛前的准备了。结果如我所料，第一天上午的跳远资格赛中，她拼尽全力也未能进入到正赛。

第三天上午参加三级跳远资格赛，马跃很顺利地进入了下午的正赛。正赛的前三跳，她第一跳的成绩是 11.86 米，第二跳犯规，第三跳 12.13 米，最终还是没有进入到前八名的决赛。在临场指挥时，我能明显地感觉到在炎炎烈日下，马跃的体能下降得很快。如果不是跳远比赛的消耗，她在三级跳远比赛中达到国家一级运动员标准应该没有什么问题。

马老师对马跃未能进入前八名也很惊讶。女子三级跳远 12.13 米的成绩在往年能排在前四名左右，而今年却连进入前八名的资格都没有，足以说明此次赛事水平之高，竞争之激烈，对手实力之强大。

就这样，三名极具冲击国家一级运动员标准的队员，都在希望中失去了希望。也许正是有了前车之鉴，类似的事情没有在两年后的李晨东身上上演。

二、因打闹而造成的伤痛

2007 年"十一"长假调休，9 月 29 日和 30 日即周六、周日两天被调为正常工作日。再过两周就要参加北京市田径传统学校运动会以及区秋季中小学生田径运动会，所以我开始减少队员的训练负荷，进行赛前准备了。

在 29 日的训练中，我组织队员做一些小负荷的趣味性练习，这对精神状态也是一种很好的调整。整个过程很顺利，效果也不错。训练结束后，队员做放松活动，随后回更衣室更衣。我归还了器材回到场地时，看到几个队员在打打闹闹。我对这种行为是明令禁止的，原因很简单，就是避免受伤。看到我过来，除了马战山和单雪峰还扭抱在一起外，其他队员都停了下来。我大声喝令他俩停止打闹，话音刚落，马战山被摔倒在地，只见他抱着小腿痛苦地在地上翻滚，我意识到不对劲，立即拨打120，把他送到了区医院，同时通知了他的家长。

在区医院急诊室，医生看了他的伤情，对我和马战山的家长说，孩子的伤他们治不了，赶快送到积水潭医院。在积水潭医院，医生诊断马战山的踝关节伤得很严重，并做了初步处置，因为是非开放性创伤，医院也没有床位，医生安排他先回家，明天再来复查。看着被伤痛煎熬着的队员和焦急万分的家长，我非常愧疚，自责自己没有看管好队员，造成这种不该出现的后果。

第二天一早，我们到医院挂了儿科专家门诊，专家得知马战山已经16周岁，说应该转到成人科室。专家说可以帮我们看看片子，看了片子后，他让我们去急诊室，请急诊室的医生重新正骨。

我们又来到急诊室，医生看过马战山受伤部位的照片后，为马战山做了正骨治疗。在经过极其痛苦的治疗后，医生对我们说，受伤部位的处置效果很好，听了这话以后我们稍感安慰。

这时已经是中午了。由于马战山的伤实在太重，我和他的家长商量，再挂一个专家号，再请专家看看，如果专家说确实没问题了，我们也就放心了。于是我们又挂了一个专家号。这位专家看了马战山最后一次治疗后拍的片子，对我们说孩子的伤需要动手术。马战山问是否可以不动手术，这位专家说："孩子，骨科的所有创伤都可以不做手术，只要你不怕落下残疾就可以。"我对这位专家说，昨天来看病的时候，医生说病床都已经满了，无法安排住院。这位专家说，床位确实挺紧张，说着写了一张纸条，让我们拿着这张纸条去找急诊负责人安排加床，并且安排在这位专家负责的床位。急诊负责人见到纸条说你们真幸运，写条的这位专家是副院长，平时很少出诊，即便是出诊也很难挂上他的号。于是马战山很顺利地住进了医院。后来，在那位副院长的亲自关照下，马战山又顺利地完成了手术治疗。我们非常感谢那位医术精湛、责任心极强的骨科专家。

一次不经意的打闹，造成队员受伤，家长痛苦。也让我损失了两名很有潜力的队员。

马战山和单雪峰是小学同学，同一年被我招入队中，两人都具有很大的潜力。由于单雪峰的文化课成绩较差，无望考入我校高中，为了他的将来着想，我和马老师商量推荐他到北京田径队的二线队。在他上初三前的暑假，北京田径队的教练员来学校考察单雪峰的情况，考察后他们非常满意，决定初三毕业后招收他入队。不过他们更看中马战山，更希望把马战山也招走，但被我们拒绝了。

出了这次意外事故后，单雪峰转到其它区的中学，在那里他重读了一年。2010年的几次比赛中我都见到了他，他的身高足有1.85米，身体也壮实了。单雪峰告诉我，他现在已经具备国家一级运动员的实力，就等着通过比赛证实了。我为他感到高兴。

马战山因伤病影响，也重读了一年初中，后来考入我校高中实验班。上高中前他的伤病已恢复，又回到我的队训练，当时的身高也有1.85米，身材很棒，初三毕业时三级跳远能很轻松地跳过14米。他上高二前离开了训练队，后来听说他的三级跳远接近15米。

无论怎样，我对这次意外事故有不可推卸的责任，教训沉痛。从此我对训练工作中的安全问题更加注意了，对队员的安全管理更是丝毫不敢松懈。

三、造成中学生队员伤病的主要因素

竞技体育追求的是更快、更高、更远，不断挑战人类的极限。为此，运动员就要超负荷训练。伴随着大负荷、高强度的训练是运动员的伤病问题。无论运动员的水平有多高，或多或少都会受到伤病的困扰，这已成为不争的事实。伤病问题已经成为运动员追求更快、更高、更远的最大对手。预防和减少运动员的伤病，在伤病后如何尽快、尽好地恢复，也是竞技体育的一项重大课题。中学生队员在训练过程中同样会遇到伤病的问题。作为中学生课余训练的教练员，更应重视训练中的伤病问题。

运动员的伤病主要分为两大类。一类是由于长时间的超负荷训练积累起来的慢性损伤，例如关节、韧带、骨膜等部位的受伤；另一类是崴脚、骨折等急性创伤。比较而言，慢性损伤较难治愈，因为在恢复过程中或治愈后，稍不注意就会再次发作或再次受伤。

造成中学生队员伤病的主要因素有以下几种。

一是心理因素。所谓心理因素主要是师生对运动损伤的认识不到位，态度不端正。有些教练员没有深刻认识到运动损伤所带来的危害，自身缺乏相关的知识和常识，也缺少对队员进行必要的知识和常识的传授；或是掌握了相关的知识和常识，对队员也进行了传授，但落实不到位。一般来讲，中学生队员自我保护意识差，自我约束力低，如果教练员缺乏对队员的指导和监督，很难使队员养成良好的运动习惯。例如训练过程中的准备活动和放松活动是训练工作的不可或缺的重要内容，准备活动做得不充分，在训练中很容易受伤；放松活动做得不充分，不利于身体的恢复，久而久之会产生疲劳堆积，很容易导致队员在训练中受伤。有的教练员，在队员做准备活动时，自己还待在办公室里；在训练结束，队员做放松活动时，自己却早早地离开了训练场，队员的准备活动和放松活动做得质量如何、是否充分，教练员都无从知晓。

二是训练因素。包括：1.训练不够科学。教练员未能根据训练所处的阶段、队员特点、气候特点等情况，合理安排运动负荷量与强度，导致队员身心疲惫产生伤病。2.训练方法不合理。不能够按照由简到繁、由易到难的正常顺序。3.技术动作不规范。例如在利用器械做负重练习时，关节的用力方向不正确等。4.指导不到位。在训练过程中，教练员不注意发现队员的错误动作，或者发现错误动作后不及时指导，甚至是错误的指导。5.不注重队员整体身体素质的发展。对柔韧性、灵敏性、小肌肉群、伸肌群的练习较少。6.过度的专项训练。

三是生理因素。青少年正处在身心发育的高峰期，骨的成分随年龄发生变化，年龄越小骨中的水分和有机物成分所占比例越大，骨质较为疏松，富于弹性而硬度小，在长期外力作用下容易发生变形。肌肉呈现水分多，蛋白质、脂肪、无机盐类偏少的"一多三少"特点，肌肉发育不平衡。心血管和呼吸系统的发育还不够完善。大脑皮质的神经细胞工作能力低，不稳定，容易疲劳。

四是其他因素。例如北京市田径传统项目学校运动会的某次初中女子跳远比赛，由于比赛组织者没有提供合适的判定起跳犯规的标志板，裁判组临时用沙子做了一个标志板。在比赛过程中，一名队员在起跳的一刹那，脚踩在了沙子上，结果滑倒摔了出去，造成这名队员小臂骨折。类似因场地、器材等因素造成队员受伤的情况很多。

四、中学生队员运动损伤的预防

在日常的训练过程中，应该以预防为主，减少或避免运动损伤的出现。

首先，在思想上高度重视。记得刚参加训练工作的时候，马老师就告诫我："有什么样的教练员就会有什么样的队员，教练员的训练态度端正与否、认真与否，决定了队员对训练的态度和认真程度，教练员的训练水平决定了队员的运动水平。"我在训练中对队员的要求是"不逞强，不装怂"。"不装怂"是针对拼搏精神而言，"不逞强"就是预防伤病。例如在使用器械做力量训练时，我告诫队员不要因为别人使用的重量重，自己也要勉强去尝试，这样很容易造成伤害。另外，除非我安排，否则队员不能单独进入力量房；队员使用器械做力量练习时我必须在场；遇有我不在场，队员自己训练时，不安排与器械有关的练习，只安排简单易行的技术动作练习，而且还要详细了解队员在训练过程中的表现。

第二，充分做好准备活动和放松活动，做好积极性恢复。对于准备活动，我经常向队员说的是"把你的运动系统叫醒"！因为准备活动可以提高中枢神经系统的兴奋性，克服身体的生理惰性，增加肌肉中毛细血管开放的数量，提高肌肉和韧带的弹性，提高运动器官的机能。青少年的大脑皮质的神经细胞工作能力低，不稳定，容易疲劳，但神经过程灵活性高，神经细胞的物质代谢旺盛，疲劳消除得也较快。在训练的间歇时要求队员做慢走等积极性恢复，不能"坐在地上养屁股"，在训练结束时必须做慢跑、抻拉练习、相互按摩等放松活动。有时，我还会利用休息时间，和队员拉家常，开玩笑，讲一些小故事，分散队员的注意力，减少精神疲劳。这些都可以有效地减少运动损伤的发生概率。

第三，训练方法要科学合理。教练员要掌握正确的训练方法，针对不同年龄、性别、健康水平的队员，科学合理地安排运动负荷量与强度。例如，我以中学六年学制给队员的训练进行分段，初一、初二为基础训练阶段，主要是培养队员对田径运动的兴趣，全面发展各项身体素质；初三、高一为初级专项训练阶段，在全面发展身体素质的基础上，开始发展专项训练；高二、高三为专项训练阶段，更加注重专项训练，并进行全面身体训练。在训练的一般准备期、专项准备期、赛前准备期、比赛期等不同阶段，及时了解队员的身体状况，对训练负荷有针对性地及时调整，这样才会取得事半功倍的效果。

第四，教练员要做好示范，传授准确的技术要领，加强易受伤部位的训练。在认真备课的基础上，对每一个技术动作要领指出难点、重点，做好示范。不同练习项目，易受伤的部位也不同。有研究表明，跳远起跳脚着板瞬间所受到的外冲击力最大可达 1000 多千克，三级跳远每一跳所受到的外冲击力也可达到 800 千克以上，主要的用力肌群是小腿三头肌、股后肌群、臀大肌、屈髋肌群和股四头肌，主要的受力关节和身体部位是膝、踝、髋、腰。对于跳远队员来说，以上的这些肌群、关节和部位也是最容易受伤的。加强对这些易受伤部位的力量和柔韧性训练，可有效地减少队员在训练和比赛时受伤的概率。

第五，提高防范意识，规范场地及器械。教练员应经常性地整修场地及器械，加强场地及器械的管理。在训练课前必须认真检查场地和器械，避免因为场地和器械的不规范、不安全，使队员在运动过程中造成运动损伤。

第六，认真学习与运动训练相关的医疗保健知识，加强医务监督。对于有运动损伤的队员的恢复训练，教练员要尊重医生的意见，也要了解不同性质运动损伤的恢复周期。例如，擦伤恢复一般需要 7 ~ 15 天，扭伤恢复一般需要 15 ~ 20 天，骨膜炎恢复一般需要 30 ~ 90 天，拉伤恢复一般需要 90 ~ 180 天。

总之，运动损伤不仅会影响队员的训练，更影响到其比赛和成绩的提高，甚至一生。作为教练员，在了解运动损伤产生原因的同时，必须做好运动损伤的预防工作，减少运动损伤发生的概率，确保队员健康发展。

不可忽视的专业理论知识

课余体育训练是学校体育教育的重要组成部分。在绝大多数学校，课余体育训练的教练员都是由学校的体育教师兼任。教练员作为体育训练计划的制定者、组织者、指导者，在体育训练过程中不仅要言传而且还要身教，教练员的知识水平决定了其训练的水平。因此，学习和掌握专业理论知识以及相关的知识是非常必要的。

以下是我在大学读书时的课本，也是教练员有必要经常温习的图书。

《运动生物力学》——生物力学是应用力学原理和方法对生物体中的力学问题定量研究的生物物理学分支。其研究范围从生物整体到系统、器官（包括血液、体液、脏器、骨骼等），从鸟飞、鱼游、鞭毛和纤毛运动到植物体液的输运等。生物力学的基础是能量守恒、动量守恒、质量守恒三定律并加上描写物性的本构方程。生物力学研究的重点是与生理学、医学有关的力学问题。依研究对象的不同可分为生物流体力学、生物固体力学和运动生物力学等。

狭义的运动生物力学研究体育运动中人体的运动规律。

《运动生物化学》——为什么有的人能够跑得那么快、那么久？为什么有的人跳得那么高、那么远？为什么经过科学系统的训练能使运动能力得到提高？为什么长期合理的身体锻炼可以增强体质？这些运动能力的外在表现都有着内在的坚实的物质基础。内容包括：运动与高能磷酸化合物、运动与糖代谢、运动与脂肪代谢、运动与蛋白质代谢、运动与维生素代谢、运动与水盐和酸碱平衡、体能训练生物化学原理、运动性疲劳的生化机制、运动员身体机能的生物化学评定、年龄性别的生化特点与运动、运动员合理膳食营养、运动分子生物学概述、运动与血睾酮、运动与自由基、运动性贫血、肥胖与运动减肥、高血脂与运动、糖尿病与运动、一氧化氮与运动、红细胞免疫功能与运动、运动与细胞凋亡的生物化学研究进展、运动与咖啡因补充、运动免疫学研究进展。

《运动人体解剖学》——运动人体解剖学是人体解剖学的一个分支，它是在正常人体解剖学的基础上研究体育运动对人体形态结构产生的影响和发展规律，探索人体机械运动与体育动作的关系，属于运动人体科学的一门重要基础课程，属于生物学中的形态学范围。运动人体解剖学是根据医药院校运动人体科学专业的特点和需要编写而成。要求在理解和掌握正常人体解剖学的基础上，进一步认识体育运动对人体结构产生的影响和发展规律，探究机械运动与体育运动的关系，从而为提高运动成绩，预防运动损伤和医疗保健提供一定的形态理论依据。

《运动生理学》——运动生理学是体育科学基础学科之一，是人体生理学的一个分支。人体生理学是研究人体机能活动规律的科学。运动生理学研究人体在体育活动和运动训练影响下结构和机能的变化，研究人体在运动过程中机能变化的规律，以及形成和发展运动技能的生理学规律，探讨人体运动能力发展和完善的生理学机理，论证并确立各种科学的训练制度和训练方法。

《运动医学》——医学与体育运动相结合的一门边缘科学，是医学的一个学科。研究与体育运动有关的医学问题，运用医学的技术和知识，对运动训练进行监督和指导，防治运动伤病，并研究医疗和预防性体育运动，以达到增强人民体质、保障运动员身体健康和提高运动成绩的目的。作为一门完整的、有理论基础的独立学科，运动医学是在1930年代才正式建立起来。奥林匹克运动会的恢复、医学和运动生理学等的进步，促进了运动医学的发展，1928年成立了国际运动医学联合会。20世纪50年代以来，运动医学发展较快，欧美一些国家建立了许多运动医学中心和运动医学研究所，不少大学也开展了运动医学的临床工作和科学研究，个别大学还开展了教学工作。内容主要包括：1.运动医务监督。研究运动者的健康状况、运动能力及其影响因素，研究和解决运动性疾病的防治、疲劳的消除、运动与环境、运动员选材、运动员自我监督和体育运动竞赛的兴奋剂等问题。2.运动损伤。研究运动损伤的发生规律、机理、防治措施和伤后的康复训练等问题。3. 运动营养学。研究合理利用食物以满足人体需要，以提高运动能力。4. 医疗体育。研究运用各种体育手段防治伤病，特别是常见病的体育疗法。

《运动心理学》——运动心理学是研究人在从事体育运动时的心理特点及其规律的心理学分支，它也是体育科学中的一门新兴学科，与体育学、体育社会学、运动生理学、运动训练理论和方法，以及其他各项运动的理论和方法有着密切的联系。运动心理学的主要任务是研究人们在参加体育运动时的心理过程，如感觉、知觉、表象、思维、记忆、情感、意志的特点，及其在体育运动中的作用和意义；研究人们参加各种运动项目时，在性格、能力和气质方面的特点及体育运动对个性特征的影响；研究体育运动教学训练过程和运动竞赛中有关人员的心理特点，如运动技能形成的心理特点。赛前心理状态、运动员的心理训练等。运动心理学这个术语首先出现于现代奥林匹克运动会创始人顾拜旦的文章中。在他的倡议下，国际奥委会于1913年在洛桑召开运动心理学专门会议，它标志着这个学科进入科学的行列。1920～1940年，苏联、德国、美国等国都对运动心理学方面的问题展开了一系列研究。20世纪60年代以来，运动心理学受到广泛重视，大多数国家都开展了这方面的研究工作，成立运动心理学会并召开专门会议，有关的文章和书籍也大量问世，使这门科学得到迅速发展。运动心理学研究的内容十分广泛，如技能学习、竞赛心理、运动对人的意义、从事运动的动机，以及运动员之间、教练员和运动员之间、运动员和观众之间的相互关系，心理训练和运动心理治疗方法等等。20世纪初期，研究的问题多集中在技能学习上，包括学习的分配、保持和迁移等，而后深入到运动行为的理论方面。

《运动训练学》——人们在描述运动训练学理论体系的时候可以从横向和纵向两个维度进行不同的构架。从横向来看，运动训练学的理论体系主要包括运动训练的原则、运动训练的内容、运动训练的方法、运动训练的安排、运动训练的负荷五个方面。而从纵向来看，可以解释为包含着一般训练学、项群训练学和专项训练学三个层次。适用所有的运动项目的运动训练学的理论，称做"一般训练学"；适用于部分运动项目的运动训练学理论，称做"项群训练学"；而适用一个运动专项的运动训练学理论，则被叫做"专项训练学"。构建这样一个三层次理论体系的关键在于项群训练学的提出和建立。

《人体测量学》——人类学的一个分支学科。主要是用测量和观察的方法来描述人类的体质特征状况。一般包括骨骼测量和活体（或尸体）测量。它的主要任务是通过其测量数据，运用统计学方法，对人体特征进行数量分析。骨骼测量提供人类在系统发育和个体发育的各个阶段的骨骼尺寸。帮助我们了解人类进化过程中不同时期和不同人种的骨骼发展的情况，以及它们的相互关系，同时也可以了解骨骼在生长和衰老过程中的变化等等。这不仅对人类进化和人体特征的理论研究有着重要的意义，而且对法医等医学部门都有实际的用处。另外，通过活体测量，确定人体的各部位标准尺寸（例如头面部标准系列和体型标准系列），可以为国防、工业、医疗卫生和体育部门提供参考数据。测量时必须严格按照规定的测点位置和测量项目的定义，使用可靠的测量仪器进行。

附：人体骨骼系统图

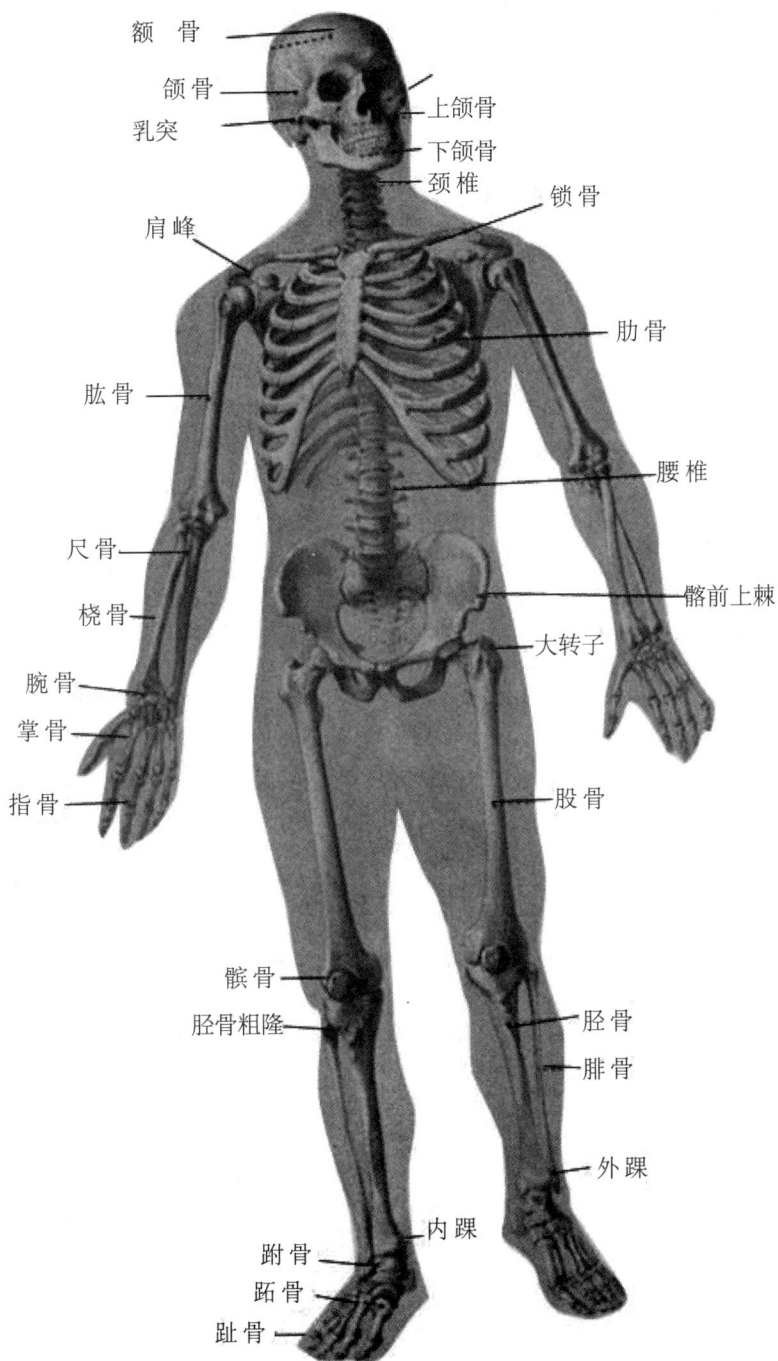

额 骨
颌 骨
乳突
上颌骨
下颌骨
颈椎
锁骨
肩峰
肋骨
肱骨
腰椎
尺骨
髂前上棘
桡骨
大转子
腕骨
掌骨
指骨
股骨
髌骨
胫骨粗隆
胫骨
腓骨
外踝
内踝
跗骨
跖骨
趾骨

人体肌肉系统图 1

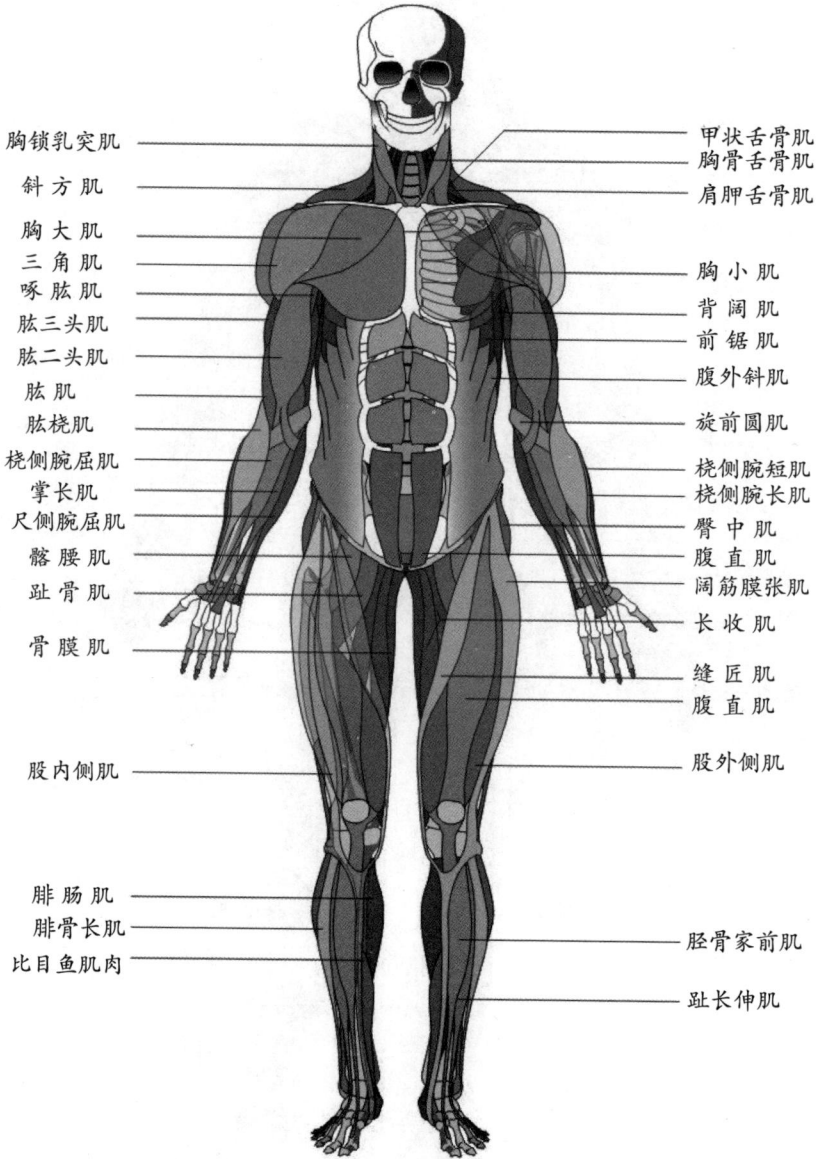

胸锁乳突肌
斜方肌
胸大肌
三角肌
啄肱肌
肱三头肌
肱二头肌
肱肌
肱桡肌
桡侧腕屈肌
掌长肌
尺侧腕屈肌
髂腰肌
趾骨肌
骨膜肌

股内侧肌

腓肠肌
腓骨长肌
比目鱼肌肉

甲状舌骨肌
胸骨舌骨肌
肩胛舌骨肌

胸小肌
背阔肌
前锯肌
腹外斜肌
旋前圆肌
桡侧腕短肌
桡侧腕长肌
臀中肌
腹直肌
阔筋膜张肌
长收肌
缝匠肌
腹直肌

股外侧肌

胫骨家前肌

趾长伸肌

人体肌肉系统图 2

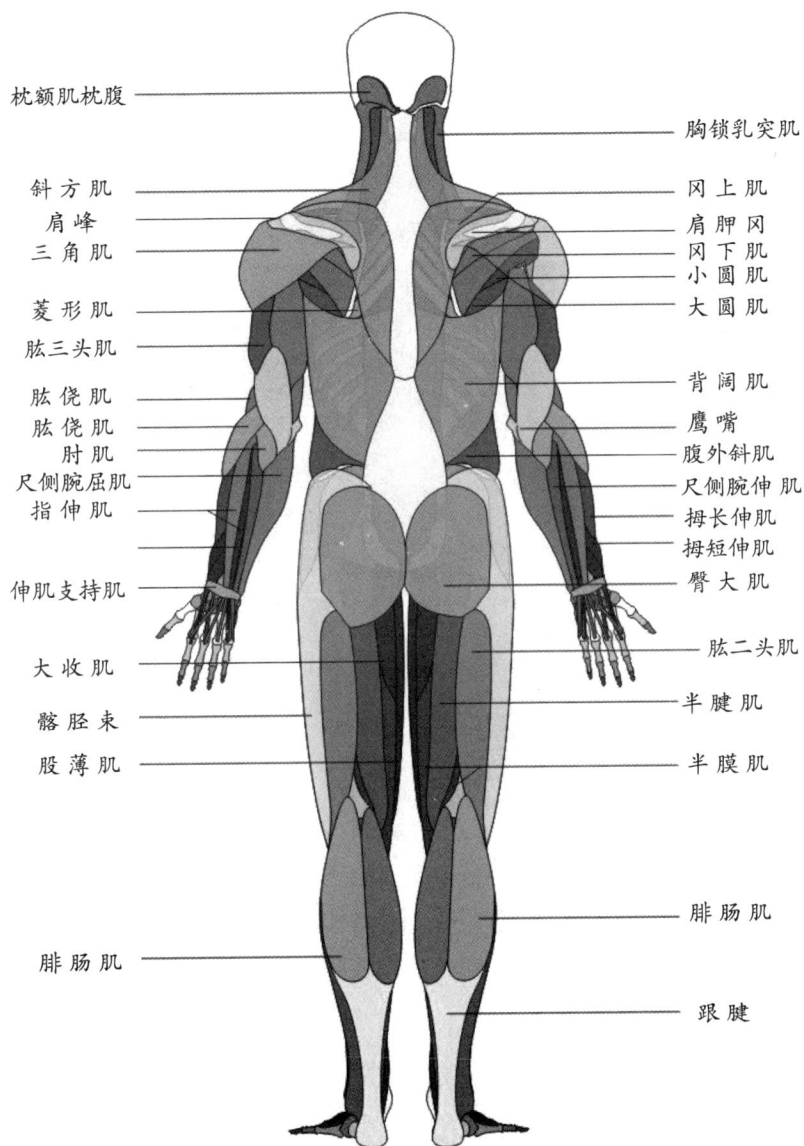

枕额肌枕腹

胸锁乳突肌

斜方肌
肩峰
三角肌

冈上肌
肩胛冈
冈下肌
小圆肌
大圆肌

菱形肌
肱三头肌

背阔肌
鹰嘴
腹外斜肌
尺侧腕伸肌
拇长伸肌
拇短伸肌
臀大肌

肱桡肌
肱桡肌
肘肌
尺侧腕屈肌
指伸肌

伸肌支持肌

大收肌

肱二头肌
半腱肌

髂胫束
股薄肌

半膜肌

腓肠肌

腓肠肌

跟腱

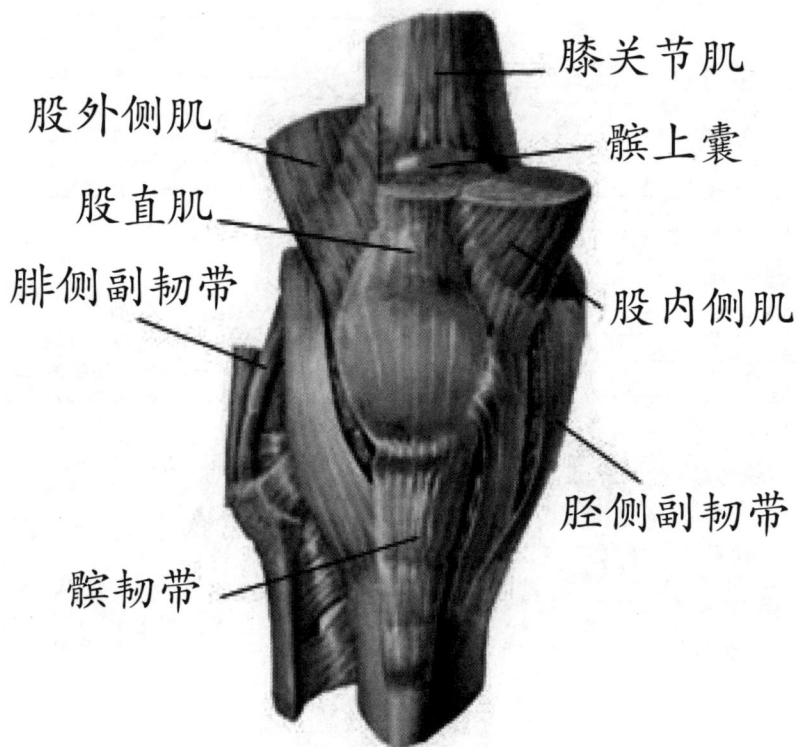

膝关节肌

髌上囊

股外侧肌

股直肌

股内侧肌

腓侧副韧带

胫侧副韧带

髌韧带

膝关节前面观

参考资料：

http://www.baike.com/wiki/ 三级跳远 . 百度百科
http://data.sports.163.com/item/home/0005000C0BIA.html. 网易体育资料库
http://baike.baidu.com/view/37722.htm#sub37722. 百度百科 . 跳远
http://data.sports.163.com/item/home/0005000C0BIA.html. 网易体育资料库

刘建国 . 田径运动 . 北京 . 高等教育出版社，2002 年 10 月

全国体育学院教材委员会 . 田径 . 人民体育出版社，1991 年 5 月

黄化礼 . 全国中学田径教练员培训教材 . 北京：清华大学出版社，2004 年 7 月

彼得·J·L·汤普森 . 教练理论入门 . 张英波 孙南译 . 北京：北京体育大学出版社，2011 年 3 月

延峰，实用运动训练问答 . 人民体育出版社，1993 年 6 月